国家出版基金项目 "十三五"国家重点出版物出版规划项目

本书系国家社会科学基金重大项目《新时代国家安全法治的体系建设与实施措施研究》(20&ZD190)阶段性成果

东非土地法改革

——传统抑或转型

［英］帕特里克·麦考斯兰 著

胡尔贵 吴圣凯 译

知识产权出版社
全国百佳图书出版单位
—北京—

© 2013 Patrick McAuslan. First published 2013 by Routledge, Authorized translation from English language edition published by Routledge, part of Taylor & Francis Group LLC. All rights reserved. 本书原版由 Taylor & Francis 出版集团旗下的 Routledge 出版公司出版，并经其授权翻译出版。版权所有，侵权必究。

Intellectual Property Publishing House Co., Ltd. is authorized to publish and distribute exclusively the Chinese (Simplified Characters) language edition. This edition is authorized for sale throughout Mainland of China. No part of the publication may be reproduced or distributed by any means, or stored in a database or retrieval system, without the prior written permission of the publisher. 本书中文简体翻译版授权由知识产权出版社独家出版并限在中国大陆地区销售，未经出版者书面许可，不得以任何方式复制或发行本书的任何部分。

Copies of this book sold without a Taylor & Francis sticker on the cover are unauthorized and illegal. 本书封面贴有 Taylor & Francis 公司防伪标签，无标签者不得销售。

图书在版编目（CIP）数据

东非土地法改革：传统抑或转型／（英）帕特里克·麦考斯兰（Patrick McAuslan）著；胡尔贵，吴圣凯译. —北京：知识产权出版社，2021.9
（社会治理丛书／但彦铮，胡尔贵主编. 第二辑）
书名原文：Land Law Reform in Eastern Africa: traditional or transformative
ISBN 978-7-5130-7651-7

Ⅰ.①东… Ⅱ.①帕… ②胡… ③吴… Ⅲ.①土地改革—研究—东非 Ⅳ.①F342.11

中国版本图书馆 CIP 数据核字（2021）第 160326 号

责任编辑：常玉轩	责任校对：潘凤越
封面设计：陶建胜	责任印制：刘译文

东非土地法改革：传统抑或转型

[英] 帕特里克·麦考斯兰 著
胡尔贵 吴圣凯 译

出版发行：知识产权出版社有限责任公司	网　　址：http://www.ipph.cn
社　　址：北京市海淀区气象路50号院	邮　　编：100081
责编电话：010-82000860 转 8572	责编邮箱：changyuxuan08@163.com
发行电话：010-82000860 转 8101/8102	发行传真：010-82000893/82005070/82000270
印　　刷：三河市国英印务有限公司	经　　销：各大网上书店、新华书店及相关专业书店
开　　本：720mm×1000mm 1/16	印　　张：17.75
版　　次：2021年9月第1版	印　　次：2021年9月第1次印刷
字　　数：272千字	定　　价：98.00元
ISBN 978-7-5130-7651-7	
版权登记号：01-2021-4713	

出版权专有　侵权必究
如有印装质量问题，本社负责调换。

前　言

达累斯萨拉姆大学法学院成立于1961年9月，我是三位创始人之一。在其50周年纪念大会上，时任院长约翰·卡布迪（John Kabudi）要求，以非洲土地及自然资源法的教学研究为题，提交一篇论文。不过，我没答应。因为，如果要将整个非洲纳入研究范围，无论是以前还是当时，我对这个课题都没有太多的涉猎。相反，法学院成立50年来，我一直在从事东非土地法方面的研究。于是，我便提交了一份关于东非土地法改革的论文。刚开始，我以为这篇论文会很短。但是，当我开始收集相关资料后，才意识到自己摊上了"大事"。本书因此而得以面世。

1965年年末，一个非常偶然的机会，我开始了东非土地法研究之旅。已故院长A. B. 韦斯顿（A. B. Weston）教授当时主讲这门课。后来他遭遇了可怕的车祸，住了好几个星期的院。我便主动接手了这门课。按原计划，我打算于1965年12月离开达累斯萨拉姆大学，去伦敦政治经济学院任法学讲师。但是，法学院时任召集人阿什·韦特克罗夫特（Ash Wheafcroft）教授和时任院长西德尼·凯恩（Sydney Caine）爵士（马来亚大学前副校长）一致认为，在当时的情况下，我应该留至该学年结束，以便完成土地法课程的教学任务。1966年4月，该学年结束时，法学院举办了一场关于东非法律和社会变革的研讨会，我在会上提交了一篇关于肯尼亚和坦桑尼亚土地管理和农业发展的论文。这也是我第一次就该领域公开发表论文。[1]

---

[1] McAuslan, P. (1967) 'Control of Land and Agricultural Development in Kenya and Tanzania', in Sawyerr, G. F. A. (ed.) *East African Law and Social Change*, Contemporary African Monographs Series No. 6, Nairobi, East African Institute of Social and Cultural Affairs, 172–257.

此后，针对本书所涵盖国家（莫桑比克除外）土地法的方方面面，我写了很多文章，也非常荣幸地受到相关政府的邀请，参与起草了坦桑尼亚和乌干达的土地法，参与了卢旺达、索马里兰和桑给巴尔的土地法审定工作，并提供顾问服务。我要指出的是，关于索马里兰和桑给巴尔，这两个区域分别有不同于索马里和坦桑尼亚的政府和法律体系，各自有不同的土地专属管辖权。因此，在讨论这两个区域内土地法的发展和变化时，没有对其更广泛的政治地位作任何假设。* 这 50 年中，我在肯尼亚、坦桑尼亚和乌干达一共生活和工作了九年；另外，我至少又花了一年左右的时间在该区域担任顾问或研究人员。作为一名外籍人士，我是一个局外人。但是，我认为我对其法律、社会、政治和经济背景皆有比较理性、深入的了解，这些都将在本书中得以体现。对于该地区的土地法这一课题，我认为其具有永恒的挑战性，且令人着迷不已。因此，从多方面来讲，本书可视为我此生在此领域的最高成就。

尽管达累斯萨拉姆法学院最初是为肯尼亚、坦桑尼亚和乌干达三国而设立，这三国也是 1961 年该学院的主要生源国，但我有意把研究范围扩大至上述三国以外。因为，东非不止这三个国家，加之该区域其他国家在土地法方面出现了一些创新且有意思的进步，比如有比利时和葡萄牙殖民地背景的国家。愿此举能为比较法及域内其他法律的进步尽绵薄之力，当然不仅仅指土地法，还包括土地政策和其他公法。本书不会对所涉及全部国家之成文土地法进行全面而详细的调查分析，而是专注于相关国家 1990 年后成文土地法改革的方方面面，以便能对其改革特点和动因得出一些结论。除索马里兰外（该地区 1887 年至 1960 年曾是英国属地），书中其他国家如今都是英联邦成员，也是东非各种政治和经济集团的成员，它们自成一体。

在没有研究水平评估（RAE）和研究卓越框架规范（REF）的年

---

* 索马里兰属于索马里联邦共和国，于 1991 年自行宣布独立，未被国际社会公认。中国与索马里 1960 年建交。桑给巴尔是坦桑尼亚联合共和国的组成部分，桑给巴尔和坦噶尼喀于 1964 年组成坦桑尼亚联合共和国，此后联合问题时有起伏。中国 1961 年与坦噶尼喀建交，1963 年与桑给巴尔建交，两者联合后，中国自然延续与二者外交关系，将 1964 年 4 月 26 日坦桑联合日定为与坦桑尼亚联合共和国的建交日。——编者注

代，人们往往会通过会议论文集或者期刊文章去发表一些新观点。或者，当你准备要出版一本新书时，你以前发表过的文章可能出现在你的新书中去论证某种观点，或其中某些观点与新书完美吻合，尽管写作时并不一定能意识到。因此，与其说拒绝或否定自己以前的作品，或者用不同的语言重写同一篇文章，人们会更自然地借用自己过去的观点。然而，这种实用的学术方法却存在着危险，因为一本由以前发表的论文编撰而成的新书，可能在水平评估时被视为原创性不够。本书观点很大程度上属于原创，但第 4、7、12 三章中使用了一些以前发表过的观点，第 13 章中也有很大部分。我不会为使用这些非原创的内容而道歉，因为这类"借用"的内容只占整本书的大约 15%。

在我 50 年的学术生涯里，我要感谢很多学术界和顾问界的同人。我虽然没法在此一一列举，但我想重点提到其中最主要的几个人。首先，我想到的是已故的伟大的哈斯廷斯·奥科斯－奥根多（Hastings Okoth－Ogendo），他和我的第一任院长 A. B. 韦斯顿一样，都毕业于牛津大学瓦德汉学院。相比其他人而言，在东非土地问题的论辩方面，他采取了更加智慧的方法，从社会和政治的角度出发，敏锐地发现了法律在解决或者造成这些问题时的局限性及作用。同时，我从法官乔治·坎耶汉巴（Geovge Kanyeihamba）身上也学到了很多东西。他是我在华威大学的第一个博士生。从 20 世纪 70 年代初起，我们便成了朋友和同事。虽然我和伊萨·希夫吉（Issa Shivji）偶尔会有观点分歧，但我很感谢他对坦桑尼亚土地问题的见解和著述。同样，我也一直认为姆贡戈·飞布（Mgongo Fimbo）是一个在坦桑尼亚土地法方面有着很多点子的智多星和信息宝库。在我英国学术界的同事中，有几位也是我在达累斯萨拉姆大学的同事，他们当中我尤其要感谢威廉·吐宁（William Twining），谢谢他在 50 多年里，无论是我身处达累斯萨拉姆、华威还是伦敦，所给予我的友谊和学术激励。我也欠雅士·盖伊（Yash Ghai）一个巨大的人情。他曾是我在达累斯萨拉姆大学和华威大学的同事，感谢他多年来为我的学术进步所给予的帮助。同时，我还要感谢约翰·麦克尔唐尼（John McEldowney）、阿卜杜勒·帕利瓦拉（Abdul Paliwala）和索尔·皮乔托（Sol Picciotto），感谢他们一直以来愿意和我共享学术见解，以及对我的学术研究所给予的鼓励。最后，我必须特别感谢萨诺斯·扎塔罗蒂斯（Thanos Zartaloudis），他是我在伦敦大学伯贝克学院的同事，感谢他帮我审阅了整个手稿的早期版本，正是他那些中肯的点评极大地提高了本书的质量。

在我咨询行业的同事中，我必须感谢利兹·奥尔登·怀利（Liz Alden Wily）和马丁·亚当斯（Martin Adams），感谢二位给我机会从他们那里学到了很多关于东非土地问题的知识。我还要感谢世界银行法务部的环境和国际法高级顾问乔恩·林赛（Jon Lindsay），他曾在联合国粮农组织法务部任职，感谢他对我向世界银行提交的许多关于土地问题的报告所给予的支持和犀利点评，让我在土地问题的理解上受益匪浅。

我非常幸运，我工作过的单位对我都很好。20世纪60年代初的达累斯萨拉姆大学法学院是知识的圣地，属于当时坦噶尼喀新社会。对于我们很多人来说，它就是学术催化剂，催生新思想，更新法律教育路径，获得法律学术知识，并让我们一辈子为土地这一令人着迷的研究对象而奋斗终身。

那个时候，达累斯萨拉姆大学是大家向往之地。作为一名年轻的讲师，该校给我提供了机会，在那里与法学、社会科学和政治学的学术大咖们交流。法学方面，有来自英国的奥布里·戴蒙德（Aubrey Diamond）、托尼·布拉德利（Tony Bradley）、吉姆·里德（Fiw Read）等教授，我们在法学院一起共事过三年；也有来自美国的昆廷·约翰斯通（Quintin Johnstone），他去年才以96岁的高龄从耶鲁大学法学院退休；还有已故的伟大人物汤姆·弗兰克（Tom Franck），他将我们引入法律和毕生的研究领域，我和其他许多人一样把它带回英国，影响了这里的法律教育和学术进步。把挑战看成工作动力，与同事们一起创建一所新的法学院，草拟新的土地政策或法律，这些都让我更加快乐。

20世纪60年代末，我有幸能成为一名土地法方面的律师，英国华威大学法学院给予了很多帮助；90年代初起，我能继续教授本科生和研究生土地法，伯贝克学院法学院也给予了我非常宽容的环境和极大的帮助。同样不可忽略的是，1990年至1993年的3年间，我在联合国人类住区规划署担任城市管理项目土地管理顾问一职；国际公务员的这个经历让我从来自不同学科和不同国家的同事那里受益匪浅，特别是联合国人居署的马克·希尔德布兰德（Mark Hildebrand）和延斯·洛伦岑（Jens Lorentzen）以及世界银行的凯瑟琳·法尔瓦克-维特科维奇（Catherine Farvacque–Vitkovic）。当然，本书的错误和缺点与这些人或机构没有任何关系。

同时，我想在此特别讲一下伯贝克法学院和那里的同事。当时，我属于兼职，经常缺席学院各种咨询顾问活动，有时甚至要缺席一个学期。但是，我的同事和学生对我的缺席非常宽容，他们充满活力、批判和智慧的氛围使本书得以成形。同样，我在该领域写过的最好的著作，包括本书，也受益于我在阿富汗、孟加拉国、柬埔寨、肯尼亚、老挝、索马里兰和坦桑尼亚参与任务的经历。

最后，我要向与我结婚45年的妻子多雷特致敬。在我们的婚姻生活中，她不得不忍受我很多，比如我出国不在她身边，比如我在家写作时不能陪她，等等。然而，自始至终，她为我撑起这个家，给予我关爱。否则，就没有今天的我。谨以此书献给她。

目　录

引　言　*1*

第一部分　独立的立场

第1章　土地法调查　*19*
第2章　土地改革缺乏动力（1961—1990）　*44*
第3章　两个案例研究　*48*

第二部分　1990年起迈入土地法改革时代

第4章　全球土地法改革状况考察　*63*
第5章　桑给巴尔　*70*
第6章　莫桑比克　*78*
第7章　乌干达　*88*
第8章　坦桑尼亚　*102*
第9章　索马里兰　*122*
第10章　卢旺达　*132*
第11章　肯尼亚　*143*
第12章　城市规划法改革：区域概览　*166*
第13章　性别和土地法改革　*204*
第14章　变革、传统或政治：改革概述　*233*
Appendix：Principal land laws enacted in states since 1961　*247*
Bibliography　*256*

引　言

　　本书旨在对七个东非国家（与地区）（以下不再强调）于1961—2012年在土地法改革方面所做出的努力进行调查和评估。首先再明确一下本书研究的局限性。本书着重研究过去50年里已经成为法律改革对象一部分的土地法，尤其是最近20年里成为法律改革对象的土地法，而不是研究那些本应成为改革对象而事实上却最终没有的法律。在此以乌干达的情况为例进行说明。虽然1922年首次颁布的《产权登记法》极其糟糕，早就该改革了，但该国改革的重点却是1998年的《土地法》，而该法并没有包括产权登记。虽然1974年的《抵押贷款法令》在性别和土地法改革方面进行过尝试，但迄今未果，所以也不在此次讨论范围。同样，我于2005年在坦桑尼亚参与了一部关于房地产公司法的制定，并对其进行了完善，还参与了土地登记的改革实施，我于2009年还参加了一个顾问小组，为改革提出了详细方案。但是，这些方案还没有付诸实施，因此本书也将不予讨论。

　　本书对传统土地法亦不做讨论。但是，这绝不意味着贬低或低估传统的土地所有权制度在本书所涉国家的绝大多数公民的生活与生计中的极端重要性。因为本书篇幅有限，加之研究七个国家50年来传统土地所有权制度的变化耗时耗力，如果再加上传统法问题，本书将难以问世。毕竟，有很多人都比我更有资格写一本讨论传统土地所有权制度总体情况及本书所涉东非国家在这些方面具体情况的书。①

---

　　①　获取最新综述，参见 Alden Wily, L.（2012）*Customary Land Tenure in the Modern World*, Washington D. C., Rights and Resources Initiative。

同样，本书研究的重点就是法律改革的评估。比如，这些改革有何影响？有何优劣？可能引起哪些冲突和问题？尽管本书所涉地区至少有莫桑比克、卢旺达、索马里兰和乌干达等卷入过因土地而起的冲突，而且，土地也是导致2007—2008年肯尼亚选举后法律和秩序崩溃的主要因素[1]，但是，本书并不关注这种冲突背景下的土地管理问题。

本书所讨论的国家与地区包括肯尼亚、莫桑比克、卢旺达、坦桑尼亚、索马里兰、乌干达和桑给巴尔（桑给巴尔保留了独立于坦桑尼亚大陆的土地法和土地管理体系，索马里兰也是自己宣称独立的地区，尽管国际社会未曾承认）。本书分为两大部分：第一部分提出了有关改革的基本概念，将公平正义作为一个关键概念提出；阐述转型与传统两种方式；转型方式旨在通过改革，以确保土地法的社会正义，而传统方式却旨在继续以殖民方式全面推进土地法和土地管理。而后，以概述形式对独立时期的土地法及其后三十年对该法的修订进行了回顾。对肯尼亚和坦桑尼亚土地法及土地管理的发展做了更为详细的阐述，因为当时这两个国家有着截然不同的土地管理模式，这两种模式都在整个东非地区极具影响力。然而，这两种制度均系通过殖民继承而建立。第二部分对1990年前后开始的所涉国家的土地法改革逐一进行了更为深入而严谨的探讨。这部分指出，这个地区的认知环境已经发生变化，人们重新认识到法律的重要性。法律成为促使东非各国在国际社会的支持和压力下进行土地法改革的重要因素。通过对这些国家和地区的分析，得出总体结论如下：（1）各国都接受和提供土地市场；（2）尽管各个国家的改革进度不同，但都推动了传统的土地所有权制度的终结；（3）所有改革在很大程度上都体现了中央政府对土地管理的持续参与和关注；（4）这些改革既没有充分解决城市土地问题，也没有充分解决改革后的城市规划立法的问题。

---

[1] 我在两篇文章中讨论过这些问题：McAuslan, P. (2011) 'Post–Conflict Land in Africa: The Liberal Peace and the Transformative Agenda', in Home, R. (ed.) *Local Case Studies in African Land Law*, Pretoria, Pretoria University Law Press, 1–19; and 'Postconflict Statebuilding: the Liberal Peace and the Transformative Alternative' (2011). 后者是2011年4月第六届海牙网络法治大会中，在关于安全领域改革与法治的会议上发表的一篇论文。第一篇论文讨论了索马里兰问题，第二篇讨论了卢旺达和索马里兰问题。

引 言

尽管大多数改革都包含变革的因素，但以转型还是传统的视角来看土地法改革，会发现改革的总体效果仍是传统的：土地市场的开启、土地所有权的个体化和传统土地所有权的消亡都是拜殖民政策所赐。土地法改革的实施仍有很大的完善空间，因为资金短缺以及举棋不定，有关人士很难以变革方式进行土地法改革。第二部分的最后对土地侵占问题作了评论，并对本书所涉及的土地法改革分析情况进行了总体介绍。

本书的概念框架

要想对50多年来的土地法改革进行研究，必须要依据一定的原则、概念、理论或观点，从而对所出现的情况做出相应判断；否则，该研究进行下去不过是罗列一份法律清单而已。在试图建立适当原则的过程中，我认为可以借鉴该区域内各国土地问题的相关著作，因为这些国家也正是凭此实践发展了它们的基本原则和理论，当然我也可以运用该区域的这些学术研究成果来构建我的分析框架。

特别值得强调的是，我认为，此类著作应该更加凸显公平正义的理念。由于殖民主义对非洲土地权利的影响，在相关著作中，缺乏公平正义一直是一个永恒的主题。虽然针对东非区域国家土地问题的著作颇多，甚至其中一些或多或少受到过有关正义或公平等类似概念的启发，但是有一个很重要的例外，即妇女土地权的问题。在讨论土地问题时，无论是笼统还是具体论述某个特定问题或特定国家，很少有文章将妇女土地权问题作为中心概念加以论述。同样令人惊讶的是，2010年由非盟（AU）、非洲开发银行（ADB）和非洲经济委员会（ECA）三巨头联合出版的关于非洲土地政策的整个报告中，一次也没有使用过"公正"一词。[①]

本书所讨论的所有国家均存在许多矛盾冲突——经常出现暴力冲突和死亡——在土地、土地权利和土地管理方面也存在诸多分歧，该区域

---

① 参见 African Union, African Development Bank and Economic Commission for Africa (2010) *Framework and Guidelines on Land Policy in Africa*: *Land Policy in Africa*: *A Framework to Strengthen Land Rights, Enhance Productivity and Secure Livelihoods*, Addis Ababa, ECA。

有关国家涉及这一基本问题的文章确实非常少。如果我们再看看自 1994 年种族隔离结束以后南非所涌现出的探讨土地公正问题的著作,问题就更加突出了。

除了自 1994 年以来非洲人国民大会(非国大)政府所推行的,并载入《宪法》的土地改革方案提出了公正问题,这些著作还大量讨论了城市规划①方面所涉及的城市的正义和权利问题,观点新颖。但是,这些公平正义的方式在东非却尚未被采用②。尽管在莫桑比克被纳入南非范畴时,讨论过公正和土地话题,③但这些公平正义的方式却未出现在东非。的确,我对基于南非城市规划实践和南非城市现实而发展起来的理论和思想在整个非洲的普适性感到过担心,但在此暂不作讨论。我完全赞同在评估城市和农村土地改革时全面关注正义,南非的重点是恢复黑人和白人之间有关土地正义的平衡。我认为,在评估东非土地改革时应当同样加以关注,并采用同样的方式。我认为,这正如爱德华·索雅(Edward Soja)所说的空间正义一样。他关于空间正义的观点,我在后

---

① 具体参见 Watson, V. (2009) 'The planned city sweeps the poor away... Urban planning and 21st century urbanisation', 72 *Progress in Planning*, 151 – 193. 然而,必须指出的是,这篇文章大篇幅所讨论的开普敦,实际上仍然是一个高度隔离和不平等的城市。Polgreen, L. (2012) 'Blacks See Divides in a Rainbow City', *New York Times*, 1 April; Myers, G. (2011) *African Cities: Alternative Visions of Urban Theory and Practice*, London, Zed Books, 93 – 94, 96 – 97 and especially 121 – 136; and Pieterse, E. A. (2008) *City Futures*, London, Zed Books. See further on this, Chapter 12。

② 东非土地法学术著作的主题从来不讨论与土地有关的公正问题。以下是关于东非土地法各方面的代表性论文选集:Obol – Ochola, J. (ed.) (1969) *Land Law Reform in East Africa*, Kampala, Milton Obote Foundation, 16 篇文章; Kiriro, A. and Juma, C. (eds) (1991) *Gaining Ground: Institutional Innovations in Land – Use Management in Kenya*, 9 篇文章; Fimbo, G. M. (1992) *Essays in Land Law Tanzania*, Dar es Salaam, Faculty of Law, University of Dares Salaam, 8 篇文章; Juma, C. and Ojwang, J. B. (eds) (1996) *In Land We Trust: Environment, Private Property and Constitutional Change*, Nairobi, Initiatives Publisher, 14 篇文章; Okoth – Ogendo, H. W. O. and Tumushabe, G. W. (eds) (1999) *Governing the Environment: Political Change and Natural Resources Management in Eastern and Southern Africa*, Nairobi, ACTS Press, 10 篇文章; Wanjala, S. C. (ed.) (2000) *Essays on Land Law: The Reform Debate in Kenya*, Nairobi, Faculty of Law, University of Nairobi, 13 篇文章; Kameri – Mbote, P. (2002) *Property Rights and Biodiversity Management in Kenya: The Case of Land Tenure and Wildlife*, Nairobi, ACTS Press. 以上所有文章均未涉及公正话题,索引中也没有提及。

③ Action for Southern Africa (ACTSA) (2010) Position Paper: *Southern Africa and Land: Justice Denied*.

文还会提到：

> 寻求增加公正或减少不公是所有社会的一项基本目标，是维持人的尊严和公平的一项基本原则。本文会围绕罗尔斯正义理论展开法律和哲学辩论……"自由"这个词带有强烈保守色彩，"平等"使文化政治更具差异性，且使人权脱离具体时空成为普世人权；相较之下，"公正"对公众和政治想象力的影响尤为强烈。[①]

因此，公正是所有社会用来评估公、私行为是非曲直的一个概念。在评估东非的土地改革时，我们必须首先讨论公平正义的概念，并试图提出关于公平正义与土地改革的指导原则。若想达到这一目的，我认为需要考虑两种可能与土地有关的正义：空间正义及"正义之城"。此外，任何试图在实际情况中讨论公平正义问题的人，都不能忽视罗尔斯和森关于公平正义的一般性讨论。

空间正义源于列斐伏尔的思想和著作，但将其思想发展为空间正义概念并形成具体表述还要归功于地理学家们。为了解释这个概念，我将借助爱德华·索雅最新的《寻求空间正义》[②]一书，它在探索空间正义时，将其作为一个理论概念与讨论洛杉矶激进主义运动结合在一起，他认为从空间想象力的角度来看，该运动是计划和战役可以一起实现的例子。

索雅在2008年一篇关于《城市与空间正义》的文章中总结了他关于空间正义的认识：

1. 在最广泛的意义上，空间正义与非正义是指有意识的、集中强调正义和非正义的空间或地理方面。据此，这就包括了对具有社会价值的资源及利用这些资源的机会的公平、平等的分配。
2. 空间正义本身并不能替代社会的、经济的或其他形式的正义，而是从批判空间的角度看待正义的一种方式……

[①] 索雅2008年9月3日参加在法国楠泰尔举行的空间正义大会时提交的论文：Soja, E. W. (2008) 'The City and Spatial Justice'.

[②] Soja, E. W. (2010) *Seekings Spatial Justice*, Minneapolis, University of Minnesota Press.

3. 空间正义与否可以从事物的结果和过程来看，可以从地理或分配模式公正与不公正来看，可以从产生这些结果的过程来看……

4. 地域歧视是将偏见强加给某些处于一定地理位置的人群而形成的，这是造成空间的非正义性和长期具有空间结构特权及优势的根本原因……

5. 将空间与正义这两个术语结合起来，为社会和政治活动以及社会理论形成和实证分析开辟了一片新天地；反之，如果将其分开使用，就不会那么清楚……

对于索雅来说，空间正义远远不仅局限于理论分析，它还为大家提供了一个行动的平台。这一点似乎是空间正义支持者们的共同特征。因此，美国杂志《批评计划》（Critical Planning）① 的编辑们在 2007 年特刊中曾致力于阐释空间正义，他们这样讲道：

> 本文源于一个概念：正义在其各种制度形式和具体表现形式上，是也应该是城市规划的一个基本目标……批判性空间思维和实践对正义追求有何贡献？对"公正"社会的呼吁已经成为大量社会正义运动一个强大的聚焦点……正如本文所述，重新认识空间问题不仅为理解空间中如何产生非正义提供了新见解，而且也为非正义的空间分析如何促进社会正义斗争提供了新的见解……

关于运用激进方法去理解空间正义概念的重要性，安德烈亚·帕沃尼（Andrea Pavoni）在 2010 年年末为一本书写的评论中阐述了这一点②，该评论针对的是索雅在伦敦的讲学。

> 空间正义……是对必要行动的呼吁。然而，行动总是重叠的、偶然的、有空间的。因而，不可避免的是伦理的、政治的——这与相信公正的后政治信念背道而驰，因为它们只专注于务实的、非意

---

① （2007）14 Critical Planning, a UCLA student – managed and refereed journal of urban planning, 1.

② Pavoni, A. （2010）. 'Looking for Spatial Justice', Critical Legal Thinking, http://criticallegalthinking.com/2010/12/01/looking – for – spatial – justice/, 2.

识形态的"可行的想法"和固定的空间。这就是为什么空间正义不只是强调对空间进行干预的必要性，而且还从更根本的角度强调任何干预都无法避免冲突和暴力。

因此，空间正义的支持者们，一反固有的保守立场，将空间正义视为对现有土地管理和城市规划制度的一种对立力量。空间正义作为一种批评模式，与本书所讨论国家的土地具有高度相关性，因为在土地分配和造成这种土地分配不均的过程中，存在着不可否认的巨大的空间非正义。我将在下文再谈这一点。

帕沃尼指出，索雅特别将空间正义与"公正城市的概念"区分开来。我们看看苏珊·费恩斯坦（Susan Fainstein）关于"正义之城"的概念①，就能理解这种区别了。苏珊·费恩斯坦谈道：

> 本书中，我的目的是发展一个城市正义理论，并用它去评估已有的和将来的机构和项目……在城市环境下，我尽力使正义涵盖公平、民主和多样性，并主张所有公共决策都应在其影响范围内进行……作为替代选择方案，其公平标准并非否定了效率或有效性，而是要求决策者明白效率或有效性的目的是什么。

> 南希·弗雷泽（Nancy Fraser）② 对解决非正义的肯定性策略和变革性策略进行了区分。肯定性策略在不扰乱社会根本结构之下，纠正了不公平的结果；而变革性策略则是通过改变导致非正义的社会框架……她找到了一个折中的办法，呼吁进行"非改革主义改革"，这些改革将在现有的社会框架内运作，但"铺开了改革的轨道，随着时间的推移，更激进的改革将变得切实可行"……

尽管费恩斯坦故意不强调发展中国家的城市规划问题，但她的方法却有许多可取之处，可应用于土地改革的问题，比如怎么进行非改革主义的改革，以及如何利用这些改革来推动变革的发展，从而走向更彻

---

① Fainstein, S. S. (2010) *The Just City*, Ithaca, Cornell University Press, 5, 18.
② Fraser, N. (2003) 'Social Justice in an Age of Identity Politics', in Fraser, N. and Honneth, A., *Redistribution or Recognition? A Political–Philosophical Exchange*, New York, Verso, 72–80.

底、更根本性的改革。

这两种与土地正义相关的不同方法贯穿了一个共同的主题——分配。社会价值资源在空间上的公允分配以及利用这些资源的机会（空间正义），或者从规划者对经济发展的痴迷，转向对社会公平的关注（正义之城）。下面我将回到分配的问题上。

在运用正义的概念来评价审视东非土地情况之前，我想先谈谈罗尔斯（Rawls）和森（Sen）两位的正义观。

费恩斯坦总结罗尔斯的基本论点如下：

> 众所周知，罗尔斯开篇便假定一个最初的社会环境，在这种环境下不了解情况的人们都不知道自己将处于什么样的社会地位。这种社会环境下的人们将采取公正的行动，因而出现一个公正的社会。他认为，行为理性的自由个体会选择大致相同的基本物品，以保证自己不会处于劣势。他在最近的阐述中指出，这涉及"一个调整经济力量长期趋势的政治和法律体制框架，以防止财产和财富过度集中，特别是那些可能导致政治支配的财产和财富"[1]。罗尔斯之所以具有如此大的影响力，是因为在理性选择理论支持者们可以接受的语义范围内，他提出了一种逻辑论证，主张初级产品的平等是正义的基础，而不诉诸自然法则、神学、利他主义、马克思主义目的论或对人性的诊断[2]。

罗尔斯的《正义论》一直占主导地位，直到森的《正义的理念》[3]问世。森对正义提供了另一种途径，我认为这更贴近土地改革问题，也会在实践中为索雅和费恩斯坦所采用。森将罗尔斯的正义观描述为一种"先验制度主义"，即追求完美公正的制度。罗尔斯的正义方法有着源远流长的传统，可追溯到政治哲学家霍布斯等。反观森的观点，他采用了"现实聚焦比较主义"，这一方法也有着悠久的传统，可以追溯到亚当·

---

[1] Rawls, J. (2001) *Justice as Fairness: A Restatement*, edited by E. Kelly, Cambridge, MA, Harvard University Press, 44.

[2] Fainstein, op. cit., 15.

[3] Sen, A. (2009) *The Idea of Justice*, London, Allen Lane.

斯密。"那些专注于现实聚焦比较主义的人,通常的兴趣点是从他们所看到的世界中消除不公。"① 森是这样描述的:

> 必须重视开端,特别是选择一些需要回答的问题(如怎样促进正义),而不是其他问题(如什么是完美正义体系)。两者之间的差距体现出两个方面的效果,首先是采取比较路线,而不是先验路线;其次,关注所涉社会的现实情况,而不仅仅是制度和规则②。

他在书中对那段历程有所探讨。在我看来,比较法和现实聚焦更实用,更有可能带来积极的结果。举个例子,难道没人认为费恩斯坦的"非改革派改革"是比较法的经典例证吗?不通过土地改革来构建理想的土地管理体制,如何把事情变得比现在更好?特别是,当我们在评估七个不同国家的土地法律制度的正义时,有必要记住哈维的观点。用费恩斯坦的话说:"他认为'正义'一词的内涵会因社会、地理和历史语境的不同而不同。同时,他坚持认为这个词作为一个动员概念仍然有用。"③

如果把正义作为一个关键的起始概念,去评估所涉东非国家的土地改革,那么改革的方法及其与正义的联系就是我要讨论的重点。南希·弗雷泽(Nancy Fraser)提到了改革的肯定之法和转型之法,前者实际上根本就没有改革,而只是肯定现状;她认为,"非改革派"改革方法可以导致更深层次的转型改革。在对南非土地改革进行法律分析的背景之下,我想讨论后一种方法。

转型取向

对于土地问题,南非律师范德沃特(van der Walt)有重大理论研究,但是到目前为止,南非城市规划理论学家们还没有注意到他。我认

---

① Ibid., 7.
② Ibid., 9.
③ Ibid., 11. *The reference to Harvey is*: Harvey, D. (2002) [1993] 'Social Justice, Postmodernism and the City', in Fainstein, S. S. and Campbell, S. (eds) *Readings in Urban Theory*, 2nd edn, London, Wiley-Blackwell, 386-402.

为，他为分析东非土地法改革开了个好头。① 范德沃特在他以南非财产制度为背景的书中就其写作目的总结道：

> 简言之，财产制度（包括现行财产持有制度以及起巩固和保护作用的规则和实践）往往通过传统和法律文化寻求安全和稳定，使自己免受变化的影响（包括社会和政治转型），包括对嵌入权利范式之安全与稳定的假设……权利范式倾向于建立在假定现有财产是合法取得、具有社会重要性、政治上和道德上合法的基础上，保障现有财产的所有权，从而保持目前财产所有权的分配。权利范式的这一功能倾向于抵制或将变革最小化，包括在道德、政治、法律上都属合法和授权的改革或者一切由变革本身引起的改革。②

作者着手研究了权利范式在多大程度阻碍或削弱了旨在保护边缘化和弱势的土地使用者及占有者的变革努力。他也研究了南非、德国、英国的反驱逐政策和法律。据此，他认为这些法律和政策实际上是对权利范式的直接挑战。权利范式强调私有财产权利的神圣性以及土地占有者、租户和其他占有者有限的利益。

鉴于范德沃特的观点在其书中有详细论述，此处不再赘述。然而，我觉得最有启发性的是，他在论文中使用了"变革"和"转型"的概念作为指导原则。

他对土地法改革背景下的转型阐述如下：

> 本书的中心问题是，是否可能在社会和政治转型的背景下建立产权理论，凸显通过某种形式的再分配政策，保护既有产权利益和促进社会经济正义之间的根本紧张关系……我将这个问题置于一个致力于大规模政治、社会和经济改革，远离不公正和不平等的社会大背景中，将在一个致力于建立以人的尊严、平等和正义为基础的宪政民主的社会中来阐述这个问题。

---

① van der Walt, A. J. (2009) *Property at the Margins*, Oxford, Hart Publishing. 还需要注意的是，南非的城市规划专家们忽视了范德沃特的著作，但范德沃特也没有提及皮埃特斯（Pieterse）的书。而皮埃特斯的著作运用转型概念解释了南半球城市如何才能接受城市贫民，从而让他们也成为这些城市的正式成员。

② Ibid., viii.

总的来说，从结果来看，最新的产权理论为以下论点提供了理由：财产不是绝对的，它可以而且经常受到限制性规定的制约，这种限制性规定的制约是基于道德和公共利益的合理考虑……但在我的脑海中，财产分析还有更根本的问题，也就是说，处于变革背景下，传统的财产概念是不够的。财产制度本身的基础现在受到质疑或本应受到质疑，因为即便就广义的公共利益而言，监管限制根本无法完成必要的变革工作。从这个角度来看，仅仅证明财产受到公共目的限制（常规的、通常是广泛的但却又例外的）是不够的；关键是要确定和解释一些实例，在这些实例中的改革证明了那些质疑当前财产分配基础的变化是合理的……

从最根本的意义来讲，变革是指财产失去了传统的中心地位，获得了边缘属性。承认财产的社会根源和性质，也意味着社会正义影响和塑造着财产制度。反之，承认社会改革的必要性意味着接受改革财产制度的合理性……①

因此，变革是指土地法的变化，其公开和明确目标是纠正过去社会和经济中的非正义，创立新的土地法体系，从而确保给那些曾经受到土地法不公平对待者一个平等的机会，最好使其能在新的土地法制度中处于一个有利地位，也可以通过权利和机会的重新分配使他们获得更好的生活机会。因此，变革性改变在很大程度上可被视为解决空间非正义的一个很好的例子，比如处理"空间非正义的产生和创造持久特权和优势的空间结构……"② 简言之，这是评估土地法改革方案公正性的一种方法。

虽然南非是非洲不平等产权制度的典型代表，实际上，各大列强于19世纪末和20世纪初引入非洲的整个殖民地产权制度都是如此不平等，

---

① Ibid., 13, 16, 21. 虽然在他的书中没有提到，但南非土地法改革办法的一个早期例子便是1998年南非《一些农村地区第94号改革法令》，旨在处理有色人种社区拥有的土地问题。Pienaar, J. M. (2010), 'Lessons from the Cape: Beyond South Africa's Transformation Act', in Godden, L. and Tehan, M. (eds) *Comparative Perspectives on Communal Land and Individual Ownership*, Abingdon, Routledge, 186–212.

② Soja, op. cit., 3.

东非土地法改革：传统抑或转型

以至于有这样一个或许合理的假设：一旦恢复独立，各国将着手改变这些财产制度，将土地和财产权重新分配给那些在殖民时期被剥夺这些权利的人。因此，采用转型这一概念，来评估过去50年来东非土地法改革的公正性，这是非常适合的。

传统取向

在非洲这一背景下，我用"传统取向"一词来描述一种方法，它接纳相关国家土地法结构的殖民渊源，也接纳从外部对土地使用权"问题"及其解决办法进行殖民和后殖民分析。我认为传统法是南希·弗雷泽（Nancy Fraser）所说的肯定法，也就是不作为法或至多是非改革派的方法，即在现有的社会框架内运作的改革，不触及根本的非正义，特别是非正义分配。

这需要简短地回顾一下历史[①]。抛开英属殖民地（我认为还应包括其他欧洲国家所属殖民地）适用的殖民土地法的早期起源不讲，掠夺性土地法的关键步骤是在属地范围内制定土地法，这实际上使土著居民边缘化，使他们几乎不可能以一种安全的方式占有他们的土地。一方面，这种土地法是根据适用于完全保有土地（包括其他欧洲帝国的类似土地）的帝国权力的土地法发展而来；另一方面，殖民地政府保留由土著法管理的土地——英国属地的王权土地——并以最少的手续和较少的补偿处理这些土地。因为其背后的理论是，殖民政府只不过是继承了土著统治者对土地的根本所有权，而这些统治者治下的臣民，由于在统治者占领的土地上没有公认的私有权利，因而没有土地保有权。

这种土地法制度的功劳便是创造了一种双系统的土地使用权：承认欧洲人（随着时间的推移，也包括殖民地的一些土著居民和/或属地的其他一些非土著居民，例如其他亚洲人或黎巴嫩人）的财产权和地位。在英国法律术语中，从最好的角度来看，这是一种王权的随意租赁，从

[①] 想更充分地了解我在这个问题上的立场，请见 McAuslan, P. (2007) "Land Law and the Making of the British Empire", in Cooke, E. (ed.) *Modern Studies in Property Law*, Vol. 4, Oxford, Hart Publishing, 239–262.

最差的角度来看，这种地位也不比单纯代理人好多少，后者占用"空置土地"几乎是不可容忍的。

我们可以从附录的表中看到，葡萄牙当局根据其1901年的法律，在莫桑比克所持立场也正是1903年《皇家土地条例》（Crown Land Ordinance）在乌干达（以英国为例）所持立场。适用于刚果的1886年比利时法律的立场也是1927年适用于卢旺达的立场（比利时是国际联盟下的列强国家，并于1919年接管了卢旺达的行政）。

《皇家土地条例》同样适用于同是托管地的坦噶尼喀。虽然该基本法声称，相比于其肯尼亚和乌干达的同胞而言，1928年的一项修正案给予了被占领土地上的人民更多权利。但是，法院却认为，他们也只是对其土地进行了许可性占领而已。①

因此，在独立时，各国继承了殖民政府的地位：它们成为土地的全权所有者。土地发生了一些变化，由私人所有开始产生变化。不过，最关键的是，非洲公民所生活和耕种的土地却成为公共土地，比如乌干达、坦噶尼喀；或成为信托土地，比如肯尼亚；或成为空置土地，比如卢旺达、莫桑比克；或者归属于国家或总统的其他什么土地；又或者成了归属于"人民"却由政府代为管理使用的土地。

如果这是土地所有权传统法的一个方面，那么另一方面就是广义和持续接受的关于传统土地保有制"问题"（所有国家的大多数人的土地使用权）的外部分析——实际上是一个前殖民地的分析——和一系列建议。我认为这也可以追溯到殖民时代。20世纪50年代，殖民主义开始逐渐平息，这一决定是为了有意将非洲附属地的土地保有权私有化和个体化。

这一政策最著名的例子，当属肯尼亚20世纪50年代中期开始的土地裁定和登记方案。但人们往往忘记了，推动这一政策的是1955年东非皇家委员会的报告。② 该报告涉及当时的坦噶尼喀、乌干达和肯尼亚，对英国总体的殖民发展政策也产生了深远的影响。该报告建议：

---

① James, R. W. (1971) *Land Tenure and Policy in Tanzania*, Dar es Salaam, East African Literature Bureau, 96–97.

② (1955) Cmd. 9475, London HMSO. The quotations are from pp. 428–429.

关于土地保有和配置政策应在不忽视现有产权的情况下，以土地所有权的个体化和土地转让的流动性为目标，使人们能够获得用于经济用途的土地。

不能简单地让土地保有权法在现代社会的影响下发展。各国政府必须发挥带头作用，通过实施一项更令人满意的土地保有权法，满足社会进步人士的要求。

……土地的排他性个人所有权必须登记……个人土地所有权的确认应当经过裁定和登记的过程……

《关于土地保有权及配置的报告》全部章节都是以这种方式提出的，上文引述部分就是其部分总结性摘要。它不仅影响了英国政府的政策，而且影响了世界银行的政策，[①] 还制定了支撑性的、沿用至今的培训政策和法制建设。因此，世界银行关于土地的最新政策文件——《促增减贫的土地政策》[②]——虽比1975年那份文件对传统土地保有制更为宽容，但仍然强调土地市场和权利形式的重要性：

土地产权应以易于识别和低于基本价值进行交换这样一种方式进行定义……

与非正式产权相比，正式产权的关键优势在于，那些拥有正式产权的人可以请求国家权力的干预来行使他们的权利。要实现这一目标，相关机构需获得法律支持和社会合法性，适用于当地居民并让其承担责任……

在许多发展中国家，无保障土地权使得大部分地区的人通常难以实现与土地产权安全相关的经济和非经济利益，如更大的投资激励，土地转让，改善信贷市场准入，对资源进行可持续管理，排除

---

① 世界银行发布的《坦噶尼喀经济发展报告（1961）》和《乌干达经济发展报告（1962）》都赞同该报告，并建议两国（地区）按照报告所建议的方式，实行土地保有权的个体化。值得一提的是，这类报告对于20世纪60年代的新兴独立国家而言，算得上一次过渡仪式。同样，影响力巨大的《世界银行土地改革政策文件（1975）》主张在现代成文法的基础上，以土地保有权的个体化取代习惯保有权（下文讨论）。

② Deininger, K. (2003), Washington D. C. a co – publication of the World Bank and Oxford University Press.

官僚的随意干涉等。①

总之，东非土地法及其改革的传统方法，一直采用并将继续采用殖民主义的方式，国家保留土地，维持土地保有权的双重制度，坚持以土地注册权为基础的通往土地市场的整体政策观。这意味着，或如我们所见那样，在某些情况下，习惯保有权消失了。也许，最重要的是，没有或很少努力去解决国家独立时所继承的土地保有制度中的不平等和不公正，实际上也同样没有尽力制止该制度的延续及防止其进一步恶化。

谈到采取转型或传统的方法，我们是以过去 50 年来土地法的变化与土地权息息相关为理论前提，这也是本书的主题。此处讲的土地改革，是指立法和行政带来的土地权利规则的变化。因此，这些变化应该参照土地权问题给予判断。或许，可以这样狭隘定义：谁拥有土地？谁应该拥有土地？谁负责管理？争议如何解决？最重要的是不能忽视一个根本点，即土地改革是一个高度政治性的问题，这也是本书的重点。而改革背后的动力可能并非如世界银行所声称的那样，比如改善土地保有权的保障、提高农业生产力或创造土地市场等。相反，应该是来自内部的政治压力。所以，对引入和实施何种土地法改革措施，不应以抽象的变革或传统概念来判断，而应以国家政治的现实状况来判断。如果国家政治要求变革，那就变革；如果国家政治只需要将现状冠之以改革之名而已，那么传统将占上风。这些问题将在本书最后一章再次讨论，但整本书都有所体现。②

要想更详细地概述本书所调查的相关国家，首先必须强调一点：在某些国家，变革和传统是混合在一起的；在某些国家，这两种办法又并行不悖；而在其他国家又是先有某种办法，然后才有另一种方法。一个明显的问题：是什么促使相关国家的政策发生了变化？我们能看到各国在持续不断的外部压力之下，沿着一个特定方向发展吗？或者，在确信现有政策需要改变的情况下，这些国家是否会改变自己的国家意志？本

---

① Ibid., xxii, xxii, xxv.
② Manji. A. (2006) *The Politics of Land Reform in Africa*, London, Zed Books; Boone, C. (2007) 'Property and Constitutional Order: Land Tenure Reform and the Future of the African State', 106 *African Affairs*, 557–586.

书将为此提供一些初步答案。

尽管我们已经考虑到此次调查中各国可能存在差异，但肯尼亚、坦桑尼亚、乌干达和桑给巴尔有着非常显著的不同，存在大量详尽的土地法。下面，我将探讨上述四个地区土地法的基础及其最初所做的改变。

第一部分

独立的立场

第1章 土地法调查

1.1 肯尼亚[①]

殖民时期,肯尼亚的土地一直备受关注,这主要反映在其土地法对非洲人占有的土地和以英国定居者为主所拥有的土地之间的明显划分上[②]。Migot – Adholla[③]等人很好地总结了殖民时期的土地情形:

> 殖民统治时期,1908年《土地所有权法》确立了双重保有权制度,白人定居者和私人公司被授予自由保有权或租赁权。后来,该法修订案规定,需在托伦斯制度(1919年《所有权登记法》)下进行登记。[④] 在该时期,大多数非洲地区被当作信托储备区,而其

[①] Berman, B. (1990) *Control and Crisis in Colonial Kenya: The Dialectics of Domination*, Oxford, James Currey; Parsons, T. H. (2010) *The Rule of Empires: Those Who Built Them, Those Who Endured Them and Why They Always Fall*, Oxford, Oxford University Press, chapter 6:'British Kenya: The Short Life of the New Imperialism'.

[②] McAuslan, P. (1967) 'Control of Land and Agricultural Development in Kenya and Tanzania', in Sawyerr, G. F. A. (ed.) *East African Law and Social Change*, Contemporary African Monographs Series No. 6, Nairobi, East African Institute of Social and Cultural Affairs; Ghai, Y. P. and McAuslan, P. (1970) *Public Law and Political Change in Kenya*, Nairobi, Oxford University Press, chapters 1, 3. Okoth – Ogendo, H. W. O. (1991) *Tenants of the Crown: Evolution of Agrarian Law and Institutions in Kenya*, Nairobi, ACTS Press.

[③] Migot – Adholla, S. E., Place, F. and Oluoch – Kosura, W. (1993) 'Security of Tenure and Land Productivity in Kenya', in Bruce, J. W. and Migot – Adholla, S. E. (eds) *Searching for Land Tenure Security in Africa*, Dubuque, Kendall/Hunt Publishing Co, chapter 6, 119 – 140, 123.

[④] 这句话不完全准确。1908年《土地所有权法》仍然存在,只适用于沿海地区。1919年的法令将托伦斯制度引入肯尼亚,旧保护领地以外可以根据该法律转让和重新登记。这两项法律都被2012年《土地登记法》所取代。

传统的土地保有权制度完好无损。作为一种政治控制战略，殖民地行政官指定一些当地名人和"酋长"或任命某些边缘人担任这一职务，创造了除刑事审判外几乎对所有当地事务都有管辖权的乡土权力。

20 世纪 50 年代末有一项重大政策举措——斯温纳顿计划①，即开始在肯尼亚的土地保有权制度之外，进行非洲人个人所有权登记，这需要大量法律支撑。最终，在 1962 年颁布了《土地注册条例》。虽然该条例在多年实践过程中一直饱受负面批评，下文将对此详细讨论，但它仍然成为肯尼亚成文土地法的基础……初步看来，斯温纳顿计划似乎也可以被视为变革型法律改革，旨在消除不公平的双重土地法制度，用适用于所有肯尼亚人的、统一的土地法取而代之。作为该进程的一部分，肯尼亚独立后不久，就取消了只针对欧洲人的某些土地法律的保留。事后看来，这种分析可能是存在问题的。2008 年，三位作者②根据独立时的相关决定和安排，回顾并总结了肯尼亚的情形：

> 为了保护私权及管制获得土地的权力，肯尼亚几乎毫无改变地保留了殖民时期的法律框架和土地管理条例。这加强了国家对土地的控制，使国家成了"主要地主"；也有助于巩固土地私有制，并在此过程中批准了殖民定居者对征用土地的绝对所有权。因此，这决定了无地者和佃农的命运，加剧了穷人保有权的不安全性。当前的立法框架再次明确了土地剥夺和土地掠夺的历史，并将其与种族因素关联起来。

后文将就这些问题做详细讨论。

---

① *A Plan to Intensify the Development of African Agriculture in Kenya*, compiled by R. J. M. Swynnerton (1954) Nairobi, Colony and Protectorate of Kenya.
② Karuti, K., Lumumba, O. and Amanor, K. S. (2008) 'The Struggle for Sustainable Land Management and Democratic Development in Kenya: A History of Greed and Grievances', in Amanor, K. S. and Moyo, S. (eds) *Land & Sustainable Development in Africa*, London, Zed Books, 100 – 126.

1.2 坦桑尼亚[①]

同样，坦噶尼喀也在双重土地法系统背景下取得独立：定居者的法定占有权[②]就是非洲占领者，依据习惯保有权而占有土地的权利；而这种占有权只是"可容许"的土地法定权益，这部分土地只是德国殖民时期遗留下来的小部分自由保有土地。

坦噶尼喀或坦桑尼亚（1964年由坦噶尼喀与桑给巴尔合并而成）决定进行土地改革。乍一看，这似乎是一场与肯尼亚截然不同的变革。首先，1962年政府废除了非常少量的终身保有权，[③]并将其全部转为99年期的政府租契。其次，在独立后的15年里，坦桑尼亚根据相关法律，颁布了乌贾马（ujamaa）政策或村镇化政策。

肯尼亚的土地所有制个体化政策制定于殖民主义的最后一个时代，并一直延续到独立时代。坦桑尼亚的村镇化政策——让农民进入村庄定居，以便提供更好的社会、卫生和教育设施——同样基于殖民政策[④]，这一点或许不太为人所知。就在1954年肯尼亚制定《斯温纳顿计划》时，坦噶尼喀也开始实行有监督的定居计划，对坦噶尼喀农业公司下的定居者进行密切监督[⑤]，这些计划在独立后被迅速扩大。1963年成立了一个村庄安置机构（VSA）来接管一些现有方案。该机构还为村镇化项目试点了一些定居地。第一个五年计划"到1969年，安置了70个方案

[①] Iliffe, J. (1979) *A Modern History of Tanganyika*, Cambridge, Cambridge University Press.

[②] For the genesis of rights of occupancy, James, R. W. (1971) *Land Tenure and Policy in Tanzania*, Dar es Salaam, East Africa Literature Bureau, note 3; 93 – 95.

[③] 我记得，当时一些外籍人士认为，这项决定严重违反了独立前就财产权利做作的神圣承诺。但是，具有永久所有权的土地约占该国总土地的1%，而且1961年《独立宪法》中也没有保障私有财产权的《权利法案》。

[④] Cliffe, L. and Cunningham, L. (1973) 'Ideology, Organisation and the Settlement Experience in Tanzania', in Cliffe, L. and Saul, J. S. (eds) *Socialism in Tanzania Vol. 2: Policies*, Dar es Salaam, East African Publishing House, 131 – 140. See too Fimbo, G. M. (1974) 'Land, Law and Socialism in Tanzania', in Ruhumbika, G. (ed.) *Towards Ujamaa: twenty years of tanu leadership*, Dar es Salaam, East African Literature Bureau, 230 – 274.

[⑤] 有趣的是，受到严密监督的政策被视为变革方法，而这项政策最终被独立政府接管。世界银行在坦桑尼亚独立初期是定居点计划的坚定倡导者和支持者。

中的近五十万人（原文如此），投入超过 1200 万欧元……"①

乌贾马是这些早期项目的延伸，通过 1965 年《土地占有（乡村安置）法》确定了它的法律框架。这个法案用法定权利代替了传统保有权：该村将从地政专员处获得一项名为定居权的占有权，而村民个体最终会获得一项带有附加条件的衍生权利。这些附加条件强调，个人在创造其利益的同时，要保障社区利益。

但正如肯尼亚一样，坦桑尼亚的目的也是用法定保有权代替传统保有权。1961 年东非皇家委员会（EARC）和世界银行工作报告②的潜在信息显示，在一个现代非洲国家，传统保有权没有长远的未来，而这一信息似乎已被独立政府所采纳。关于这一点，可从 1965 年《尼亚鲁班加保有权法案》中获得进一步证据。这部法案赋予了尼亚鲁班加租户传统保有权，但要视情况将传统保有权转为法定保有权。因此，坦桑尼亚已经采取并将继续实行殖民政策，且在很大程度上将殖民土地法带入独立时代。后文将更详细地讨论这一点③。

1.3　桑给巴尔④

详细讨论桑给巴尔独立前那些复杂的土地法和实践很具有吸引力。因为，即便是坦桑尼亚人对这些法律也知之甚少。或许更重要的是，这些土地法律的不平等引发了一场重大革命，推翻了桑给巴尔的苏丹，并于独立 1 个月后的 1964 年 1 月，颁布了新的《独立宪法》。⑤相反，琼

---

① Cliffe and Cunningham, op. cit., 132.
② World Bank, (1961), op. cit., especially 90 – 100.
③ For details, see James, op. cit., 70 – 90.
④ Lofchie, M. F. (1965) *Zanzibar: Background to Revolution*, Oxford, Oxford University Press; Bissell, W. C. (2011) *Urban Design, Chaos, and Colonial Power in Zanzibar*, Bloomington, Indiana University Press.
⑤ Törhönen, M. (1998) *A thousand and one nights of land tenure: The past, present and future of land tenure in Zanzibar*, London, Royal Institute of Chartered Surveyors, 25. 本书非常详细地讨论了独立前的土地法，具体详见 Middleton, J. (1961) *Land Tenure in Zanzibar*, London, HMSO.

斯（Jones）① 对独立前期所做的如下有益的总结足以反映当时的情况：

> 20世纪50年代到60年代早期，关于各类土地保有权法的是非曲直的辩论愈演愈烈。正如我们所见，非洲人、阿拉伯人以及印度人在土地法律的制定上有显著差异，这些差异在各种土地保有权的辩论中一览无余。
>
> 非洲土地保有权的特点是共有制和反进步性，而阿拉伯则强调私有化和进步性。即使伊斯兰继承法带来土地分散（例如：一公顷土地被大家庭中的多个继承人所拥有）的不足，但这可以随着土地的出售而得以解决。因此，尽管一块土地可以用其他家庭成员中某个成员的名义进行登记，从而可以作为一个农业单位来管理，但是，土地会在市场中流向富人，且会随着经济状况的恶化而加剧。
>
> 大米作为一种主食出现严重短缺，人们要生存，这引发了对土地的争夺。因此，土地的实际耕种者就被曾经舍弃土地的那些土地所有者驱逐。这些耕种者被称为"佃农"，他们中很多人于1957年加入了非洲席拉齐党；19世纪末，这些"佃农"们创造了神话，战胜了英国殖民官员们的早期努力，试图让英国殖民官员们理解非洲土地保有权。但1964年的桑给巴尔革命，最终对这些"佃农"们进行了惩罚。②

桑给巴尔独立后的土地法，推翻了长久以来盘踞在这个岛国的阿拉伯式土地霸权，③ 具有划时代意义，也符合人们对于通过革命上台的政府所抱有的预期。1964年颁布的《不动产没收法案》作为基础性法律

---

① Jones, C. (1996) 'The Evolution of Zanzibar Land Law from Colonial Times to the Present', in Debusmann, R. and Arnold, S. (eds) *Land Law and Ownership in Africa*, Bayreuth, Bayreuth African Studies, 131–183. 本章以史诗级案例 *The Secretary of State for Foreign Affairs v Charlesworth Pilling and Co* [1901] *AC* 373 开篇，详细研究了习惯土地使用权和殖民地立法以及法院关于土地法的主要司法判决。虽然该案件起源于肯尼亚和乌干达铁路征地补偿东非沿海地带保护国（后来肯尼亚）的争论，但它涉及桑给巴尔土地法与英格兰土地法的关系，其中桑给巴尔土地法应用于桑给巴尔苏丹沿海一带。

② Ibid., 154–155.

③ Lofchie, op. cit.; Field-Marshal John Okello (1967) *Revolution in Zanzibar*, Nairobi, East African Publishing House; Mapuri, O. R. (1996) *Zanzibar, The 1964 Revolution: Achievements and Prospects*, Dar es Salaam, Tema Publishers Co., 60, Appendix 1 Tables 10 and 11.

文件，预示了多项土地改革措施，最终一举清除了几个世纪以来农民所受地主的压制。根据原来的法律，大部分真正的农民，只是地主们土地上的"佃农"，毫无保障可言。新法颁布后，所有土地划归为公有财产，专门成立了土地改革办公室监督土地再分配工作。到1973年，24000多公顷的土地分给了贫困家庭。因此，"这些人第一次获得了土地"。[1] 琼斯（Jones）对这次土地改革做出这样的总结：

> 没收法案的目的在于，集中并再分配不动产……在革命委员会的建议下，总统只允许分配农业用地，这一点可以通过列明授予条款的"文书"得到佐证。所有土地授予条款规定，土地受让人及配偶拥有终身保有权；当他们过世后，权利由受让人直系后代继承……这让人想起摄政时期的英国农业官员们，他们把娴熟的饲养技术作为续约的条件写在租契中，与受让权进行绑定。例如：（要求）熟练的管理能力和养殖能力……

> 这些条款规定了土地的农业用途性质，也就保护了受让人或政府对土地上的树木的控制……据估计，农业土地分配涉及2.2万个左右的家庭。就土地而言，只涉及约14%的农业用地。[2]

托瑞赫姆（Törhönen）补充了一些细节：

> 分配给人们的土地是免费的，没有租金，不用缴税……在公开的庆典上，每个受让人都获得了契约和500先令……主要受益者是农民，包括哈迪努斯人以及20世纪上半叶的大陆移民，都是非洲席拉齐党的主要支持者。很多土地获得者，即早期划分混乱的土地上的佃农，同样也曾经上交过部分自己耕种的庄稼。换言之，在某种意义上，佃农们被授予了早前自己耕种的那块土地。

> 到1972年，所有没收的土地，除了非常贫瘠的，都予以分配了。1976年左右，在土地受让权被分给了为数不多的人之后，推出了新的《三亩均田法》。1974年，政府决定不再分配永久占有的土

---

[1] Mapuri, ibid., 60–61.
[2] Jones, op. cit., 157–158.

地，只分配种植粮食作物和经济作物的土地。但是，不包括种植丁香树和椰子树的土地。因为，这些树种意味着永久种植。政府鼓励人们重返佃农体系，即在别人拥有的永久树木下，种植短期作物。在改革十年后，由于担心粮食产量下降，政府鼓励人们重返改革前类似的农业体系，这也就意味着，具有革命性的土地改革走到了终点。土地保有权游戏的玩家发生了些许变化，但游戏本身基本没变。①

所以，尽管上述改革法案给人以主要土地被再分配的印象，但从再分配土地的实际情况来看，这个土地改革还是过于温和。公益捐赠（Wakf）土地（穆斯林法律规定中一种永久性的土地，也称为 waqf）分配完全没有触及，盛产稻米的山谷土地也未分配，受让者只获得三英亩土地。但是，用法定保有权替代传统保有权的政策具有重大意义。然而，正如下文讨论的那样，这项土地改革并未解决非洲的贫困问题。

1.4 乌干达②

在接受殖民土地所有制法律安排方面，乌干达是典型代表。即使在 1962 年 10 月独立后，相关制度也没有做大的改动，而是继续沿用。而唯一发生重大改变的，则是其殖民地地位。不过，东非皇家委员会（EARC）表示过强烈反对，提出过相关建议，最后乌干达殖民政府接受了相关建议。

有三个地区（基杰奇，安科莱，布吉苏）在私有土地的划分和注册上沿袭土地所有者的权利，并力图消灭土地所有权和土地边界的争端。这三个地区拥有该国最多的人口，也正好是土地争端的高发区。所以，在这三个地区建立了试行方案，根据习惯法来裁定各

---

① Törhönen, op. cit., 35, 37.
② Thompson, G. (2003) *Governing Uganda: British Colonial Rule and its Legacy*, Kampala, Fountain Press; Chrétien, J. -P. (2003) *The Great Lakes of Africa: Two Thousand Years of History*, New York, Zone Books.

地块的私人所有权。一旦土地完成测量和边界标示，裁定的土地所有者就可向土地和测量官员申请注册成为不动产永久产权人，并根据《产权登记条例》授予所有权证。从法律方面讲，像其他永久保有土地一样，传统土地法不再适用，取而代之的则是成文法和普通法。乌干达独立后，东非解放组织所倡导的土地政策也几乎完成了使命。①

早在1962年3月，颁布了《公共土地条例》（独立后改名为《公共土地法令》），也是对1961年宪法会议相关建议的一种体现。该法令取代了1903年颁布的《皇家土地条例》，并根据《独立宪法》第118条之规定，成立了乌干达土地委员会，依法持有和管理名下所有土地。皇家土地改名为公共土地，划归乌干达土地委员会持有。在各个联邦国家和地区建立土地管理局，对接土地委员会相关职能，保障了所在地区人民的利益。该法令在很大程度上沿用了《皇家土地条例》中的法律条文，穆加穆瓦（Mugambwa）对其功能总结如下：

> 尽管后殖民政府拒绝了东非解放组织的建议，但他们没能形成一个替代政策去推动传统土地保有制。之前的皇家土地在独立后改名为公共土地。从法律角度来看，传统土地保有制的地位得以保留。虽然1962年的《公共土地法令》规定，乌干达原住民有权占有任何未转让的公共土地，且无须征得先行同意，但是，该法令第22（1）条款规定，并不禁止相关政府机构对公共土地进行自由保有权或租赁权的授予……仅仅以事实为依据，表明在传统土地保有制下，人们还是可持有这样的土地或者部分土地。②

这意味着，大多数根据习惯保有法占有土地的乌干达人，继续成为事实上的国家土地的任意承租人。乌干达独立前，有非常复杂的传统土

---

① Mugambwa, J. (2007) 'A Comparative Analysis of Land Tenure Law Reform in Uganda and Papua New Guinea', 11 *Journal of South Pacific Law*, 39, 42.

② Ibid., 43.

地保有制，是成文法和习惯法①的混合，也是独立谈判过程的直接产物，得以继续存在。只是在独立后，法律体系才有些变动。穆斯斯（Musisi）对此作了如下描述：

> 从1962年开始，乌干达独立后的最初几年里，政府在土地问题上几乎没有采取什么行动。到目前为止，这是可以理解的。因为，任何新体制的影响力都会更多地体现在乌干达地区。在乌干达的布干达，私有土地所有权最为集中。但是，由于《独立宪法》根深蒂固的影响，其在政治领域的情况非常不稳定。与此同时，农民感受到的敌意却正在加剧。1964年，布干达规划委员会把国家的落后归咎到农民头上，笼统地认为土地制度阻碍了经济进步，尤以基巴尼亚的土地租赁制度为甚。毫无疑问，持这些想法的是已经登记为土地所有人的这部分人。他们希望，农民成为挣工资的劳动力，在自己的土地上劳动。可以肯定的是，这种敌意与政策制定者的初衷是背道而驰的。一方面，有必要通过剥夺农民的利益来看到"进步"；反过来，又鼓励为市场生产更多产品，满足社会所需。但另一方面，一直以来让人焦虑不安的生产，即使最终受益方在乌干达以外，也要给乌干达人民带来利润。然而，要产生利润，只能向生活在土地上的农民们支付低工资。
>
> 土地制度的争端，最终以一种对农民不利的方式得以解决。自20世纪60年代以来，为了将欧亚资本及管理技能引向农业，政府土地政策明显向资本主义倾斜。1966年的"革命"废除了《独立宪法》，迈出了后独立时代官方贯彻这一政策的第一步。1967年《宪法》第108（5）条第b款规定，公共土地的自由保有权和管辖权，收归乌干达土地委员会所有。1969年，通过了《公共土地法案》（1969年第13号）。由此，官方之前所有记录在案的土地使用权，变更为永久产权。根据这一法律，民众最多可以获取并登记

---

① The whole system as it was at independence is well summarised by Morris, H. F. and Read, J. S. (1966) *Uganda: The Development of its Laws and Constitution*, London, Stevens and Sons, chapter 15.

500公顷土地（政府特批的可以获得更多）。

这一举动有利于乌干达的富人。他们获得了外国捐赠机构的帮助，可以驱逐农民，从而获得更加肥沃、条件更有利的土地，修建农场及从事经营性农业。因此，尽管在官方政策层面来看，这一步对全国农业发展都有利。但是，却只有一部分人获得了实际利益。相反，大多数人，也就是农民，却被遗漏了。

其实，从20世纪40年代起，这种"大规模"支持鼓励农民的政策，一直在延续，即使阿敏独裁（Amin regime）时期也一样。1975年，新的《土地改革法令》得以通过。从民粹主义角度来看，这部新法律的目的，不仅要更好地促进、推动和保持土地和国家资源的使用和发展，振兴乌干达经济，改善人民福祉，还要终结和阻止土地所有者或占有者对土地的不合理使用，尤其是当他们没有资格如此处置这些土地的时候。

因此，该法律规定，所有乌干达境内的土地都是公共土地，由公共土地委员会履行管辖权。自此，所有特殊用途土地、自由保有土地或绝对所有权土地均被取消。这样一来，原来的土地保有权变为公共土地委员会颁发的土地租用权，无须支付租赁费用或保费。一并取消的，还有原来佃户需要支付给地主的费用（这些费用在1927年的殖民地法律中有明确规定，用以确立乌干达布干达地区地主和佃户之间的关系。这项法律曾经被称为热带非洲第一部租金限制法律，该法在1928年有修改）。此后，人人都无权改变成文法下公共土地的权利，只能对其完善。未经委员会授权，禁止在习惯保有权下占用公共土地。同时，该法令也引入了"分区制"制度。分区制规定，某些特定位置的土地必须要符合分区制要求；不遵守该规定的，则会被判定"不能用"，其他愿意遵守该分区制的人可以接管。

这部法律，尽管声称废除了半封建的土地所有权制度，其实并没什么进步性可言，它只是将土地保有权从以前的所有者转到新主人手上。而且，新法令禁止向银行借款购买或开发土地。因此，显然只有有钱人才可以获得或开发土地。①

上述分析引起了本文相当大的兴趣,原因有二。第一,分析表明,乌干达独立20年以来,在具有重要意义的宪法(或非宪法的)和法律层面的改革表象下,乌干达根本性的土地关系并未得到改变:占有土地的农民并没有保障,大规模占有土地的地主仍然享有优待;第二,尽管这部《土地改革法令》在土地保有权问题上似乎采取了激进的做法,比如全部废除当时已有土地所有权,但该法令却是基于法定保有权形式,"废除了"传统土地保有制。因此,这些土地改革,不具有划时代意义,而是传统殖民地土地法的延续。

1.5 卢旺达②

下面,我们来看看卢旺达的情况。通过布拉尔(Blarel)的研究,我们可以一窥其独立前后的相关情况:③

> 卢旺达当下的土地所有权制度,是土著规则与成文法之间复杂互动的结果。16世纪左右,在图西族牧民到来之前,胡图族农学家们采取的土地使用权制度是集体所有制(the ubukonde,乌布肯德)。在此制度下,土地所有权归社区所有。氏族或宗族首领为受托人。他们对土地使用权和让渡权进行了区分……
>
> 巴图西人(batutsi)逐步实行的土地所有制规则,主要包括:一是适用于农业区的土地保有制(isambu),二是适用于牧区的土地保有制(igikingi)。根据这两种制度,土地所有权不再属于社区,

---

① Musisi, J. S. A. (1982) 'The legal superstructure and agricultural development: Myths and realities in Uganda', in Arntzen, J. W., Ngcongo, L. D. and Turner, S. D. (eds) *Land Policy and Agriculture in Eastern and Southern Africa*, UN University, chapter 11. 当时,论文作者是麦克雷雷大学法学院商法讲师。

② Chrétien op. cit.; Prunier, G. (1995) *The Rwanda Crisis: History of a Genocide*, Kampala, Fountain Press, chapter 1.

③ Blarel, B. (1993) 'Tenure Security and Agricultural Production under Land Scarcity: The Case of Rwanda', in Bruce and Migot - Adholla, op. cit., chapter 4, 71 - 95. 本章基于1988年的相关研究。

而是由统治当局单独分配给个人。所以,这种新的土地所有制度,在很大程度上,取决于图西酋长自己的政治考量,而非亲族成员关系。除了亲属关系和政治所有权制度本身的区别,殖民统治者还引入了一项新法律制度,以区分土著土地和非土著土地(关于1886年法令适用情况,见附表中卢旺达相关表述)。外国人取得的土地,经登记注册后,同样适用土地所有权制度,也就是西方意义上的完全所有权。

1960年7月11日通过了一项重要法令。该法令规定,根据习惯法或占有权,凡是那之后未注册的土地,都归国家所有;而对于土地所有者而言,则享有有偿征用的权利;同时,该法令也明确了习惯权的确立和取得程序;允许习惯权的现有持有者,可以通过土地等级注册程序,将土著所有权制度中的私人专属使用权重新归类于成文法和法定所有权,从而获得私人的个人所有权。

1962年版《卢旺达宪法》颁布后,卢旺达独立并颁布了上述法令。由于传统的乌布贡德(ubukonde)制度及其后续制度(clientele system)均失去法律效力,宗亲关系(bahutu)和政治因素(batutsi)在保有权制度中的不平等地位亦不复存在……①

独立后,国家对土地事务干预甚少,只颁布了三项法令。其中,1976年法令规定,对于习惯法或占有权下的土地,要求卖方至少保留两公顷土地,且事先获得政府批准,否则不能出售。② 1975年7月23日和25日颁布的另外两项法令,明确了国家强制征收的规则、程序及相应的赔偿原则……③

罗斯(Rose)对独立后土地法的看法略有不同,他提出:

---

① 'A high level of social tension between landowners and tenants throughout the country at the end of the 1950s caused a system of land clientelism to be legally suppressed and prohibited by a decree at the birth of the first republic.' Andre, C. (2003) 'Custom, Contracts and Cadastres in North West Rwanda', in Benjaminsen, T. A. and Lund, C. (eds) Securing Land Rights in Africa, London, Cass, 154.

② 据Andre,该法令禁止买卖土地。但是,农村地区没有遵守该法令。因此,自20世纪90年代初以来,原本萎靡的土地销售呈指数级增长……同上,154。

③ Ibid., 79, 80, 81.

1962年，卢旺达脱离比利时而独立。独立后，在国家层面，习惯土地法越来越受到正式法律的影响。1978年版《宪法》第93条和1991年版《宪法》均从总体上限制了习惯法的范围，比如规定习惯法只有在未被正式法律取代且不违宪的情况下，才能有效。[①]

布拉尔与罗斯的看法有很大的分歧。1994年之前，在传统土地改革方面，卢旺达是一个很好的例子，即摆脱习惯所有权制度，强调正式注册所有权制度和土地市场化。

从独立到20世纪90年代中期，卢旺达的土地状况每况愈下，越来越多的人试图依靠越来越少的土地谋生。[②] 安德烈（Andre）和普拉托（Platteau）希望人们关注种族灭绝与土地持有危机之间的联系。显然，传统方法无法解决这场危机。正如后面即将讨论的，种族灭绝之后，接管的政府对土地所有权采取了一种强有力的改革方式。然而，这又引发了相当多的批评。

1.6　莫桑比克[③]

1.6.1　殖民经历

下面，我们谈谈莫桑比克。也许，首先得回顾一下这个国家的殖民历史。早在16世纪，和非洲东海岸的许多阿拉伯人主导的城市和国家一样，莫桑比克人就与葡萄牙人取得了联系。葡萄牙人最初认为，莫桑比克盛产白银和黄金，可以作为贸易基地。因而，在葡萄牙殖民早期，没有发生过任何重大的土地分配案例。直到17世纪中叶，葡萄牙人建

[①] Rose, L. L. (2004) 'Women's Land Access in Post - Conflict Rwanda: Bridging the Gap Between Customary Land Law and Pending Land Legislation', 13 *Texas Journal of Women and the Law* 197, 207.

[②] Andre, C. and Platteau, J. - P. (1996) 'Land Tenure under Unendurable Stress: Rwanda Caught in the Malthusian Trap', CRED Centre de Recherche en Économie du Développement, Faculté des Sciences économiques et sociales, Facultes Universitaires Notre - Dame de la Paix, Namur.

[③] Duffy. J. (1961) *Portuguese Africa*, Cambridge, MA, Harvard University Press.

立了基于中世纪封建组织的普拉佐（prazo）制度，由此才真正开始在莫桑比克定居。所谓普拉佐，是指很大的庄园。理论上讲，庄园所有人负责开发土地和保护庄园里的居民。但实际上，许多这样的庄园主却是过着奢侈生活的地主，住在果阿、里斯本或莫桑比克岛上。① 加之，他们一方面奴役驾驭着非洲人，另一方面挥霍摆阔，名声极其不佳。② 19世纪初，莫桑比克试图废除普拉佐制，这些大庄园主们却不予理会。1880年，所有的普拉佐庄园都被划为王室财产。对于该制度的继续运行，达菲（Duffy）曾做出如下重要评论：

> 人头税、当地人为地主们劳动的义务、普拉佐庄园边界内的商业垄断等均未受影响……大庄园主们通过采取这些压迫性措施（其他非洲殖民国家也都同样采取这样的措施），使得非洲人一直处于被征服和剥削的状态。③

1890年，普拉佐制度得到了改革，出现了新的存在形式，直到20世纪30年代被萨拉扎政权（Salazar regime）废止。原来的普拉佐制变成了25年的特许权，出价最高者可以获得这种权利。而且，最终的承租者对承租土地上的非洲居民负有一定的义务。当然，旧制度的许多基本要素仍然得以保留，且滥用权利的行为依然很多。与17世纪一样，19世纪，葡萄牙人修建了成百上千的规模较小的农场，而当地非洲人却被迫从最好的土地上迁出，不得不被安置到更边缘的土地上。

20世纪初，颁布了几部法律，从表面上看，这些法律似乎让非洲人获得了更多拥有土地的权利。1901年5月颁布的法律规定，凡是根据葡萄牙法律不属于私有财产的土地，都归国家所有，非洲人民可以获得。1918年的一项法令规定，某些地区的土地，只能非洲人使用。1955年，葡萄牙颁布了《安哥拉和莫桑比克的本土法规》，其第38条规定，"居住在部落组织中的土著人，可按传统方式使用和开发安营扎寨、耕种及

---

① Duffy. J. (1961) *Portuguese Africa*, Cambridge, MA, Harvard University Press, 82–85, 307–310.
② Ibid., 82–89.
③ Ibid., 86.

放牧所需之土地"。

20世纪上半叶所颁布实施的这几部法律并没有得到较好的效果,坦纳(Tanner)① 对当时的形势进行了总结:

> 20世纪中叶,当时的农业经济主要由如下几部分构成:数个大型的种植园、成百上千的私人小型商业农场(主要归葡萄牙人所有)、一个由中小型贸易企业构成的商业网络,以及成千上万的土著家庭农场(这些农场往往处于边缘地带,但并非总是如此)。
>
> 这样,莫桑比克的小农场、定居者和大种植园都与殖民地和国际经济联系在了一起……不能简单说成是外国人以侵害莫桑比克人的利益为代价而获利,一些土著生产商,甚至连拿工资的工人也都得到了好处;而当地地方上的领导人和主要家族,仍然能够以今天看来依然比较明显的方式,享有经济、政治优势……
>
> 根据《关于海外省份土地占用和出让的规定》(1961年第43894号法令),土地分为三类:城市和城镇周边的城市土地、当地人民维持生产制度的村庄周围的土地、殖民地国家认为"免费"且可供该国其他新投资者使用的土地……大多数"免费"区域是通过长期建立的文化和历史因素联系在一起而被"占领"的,而且很显然,这些"空旷"的空间对于整个生产系统的运行来说,往往是必不可少的……
>
> 然而,殖民地法律为这个国家将大片土地分配给殖民者和种植园企业的行为提供了法律依据。国家及其投资者的利益往往凌驾于"人民"的利益之上……虽然殖民政府协助当地人民迁移到新的地区,并提供象征性的补偿,但主要河谷资源的丧失,导致了当地生产系统的急剧变化……

1.6.2 独立(1975—1992)

1975年,一场武装斗争实现了国家独立:

---

① Tanner, C. (2002) *Law – Making in an African Context*: *The 1997 Mozambican Land Law*, FAO Legal Papers Online No. 26, Rome, FAO, 4, 5.

成千上万的农村人民参加了武装斗争……只是为了驱逐葡萄牙人并夺回属于他们自己的土地。然而,独立却导致了社会主义农业模式,许多人对此感到失望。先前被殖民者占领的种植园非但没有归还给原来的主人,反而在1975年被国有化;而且,在某些情况下还扩大了规模,并以人民的名义由国家管理。而其他土地,则借鉴坦桑尼亚得出的丰富经验,采取"村庄化"、合作方案。①

莫桑比克议会于1979年通过的《土地法》对此进行了规定。当时,这部土地法被赞为一部具有革命性的法律。依照本书的观点来讲,这部《土地法》在很大程度上也是一部非常具有变革性的法律。当年在莫桑比克工作的阿尔比·萨克斯（Albie Sachs）对此作了详尽解释：

> 在独立了几十年的许多国家,我们没有看到土地从殖民主义者手中转移到人民手中。大多数情况下,都是民族资产阶级取代了殖民地资产阶级,为了使殖民地法和习惯法适应这种新情况,便有了改革。对我们来说,土地权的恢复,是莫桑比克革命进程的组成部分。因此,这意味着,它既不是只替换财产所有权证书的名字,也不是回归封建传统特有的占有和使用形式……
>
> 从本质上讲,上述《土地法》的原则……吸纳了几代贫穷和一无所有的莫桑比克人在夺回土地的斗争中的经验。如果土地法的目标是通过征服而合法占有土地的话,那么新的莫桑比克法律则是以革命的方式合法收复土地……
>
> 根据改革法律,强制法与传统法之争一定是错误的。新《土地法》的基本主题是农民阶级自身。而当时,他们正与外国统治阶段和本土权力阶级进行激烈的斗争。《土地法》强调,人民不能简单地执行法律,也不能屈从于外部强加给他们的法律。最终,他们要创造法律,并成为他们所制定的新法律准则的执法者……
>
> 在革命的吼声中,律师们一点儿也不会保持沉默。相反,他们在用清晰易懂的措辞定义公民权利和义务方面发挥着重要作用,帮

---

① Tanner, C. (2002) *Law-Making in an African Context: The 1997 Mozambican Land Law*, FAO Legal Papers Online No. 26, Rome, FAO, 6.

助准确地解释和适用新的法律准则，消除随意性，促进变革朝着预期推进。他们不是变革的反对者，而是争取进步的积极分子……①

遗憾的是，现实并没有达到人们的预期。坦纳描绘了当时的现状：

> 事实证明，这个国家……被证明没有能力管理这些庞大的新企业，到了20世纪80年代中期，绝大多数企业因不能清偿到期债务而不得不技术性破产……农民们也拒绝新的村庄化模式，他们在竭尽所能地去适应新形势……
>
> 国有农场要求驱逐那些在独立后立即重新占领了殖民土地的当地人，这也加剧了人们对马普托新政权的敌意。在南非和罗得西亚的史密斯政权的支持下，莫桑比克全国抵抗组织（RENAMO）利用这些紧张局势及莫桑比克解放阵线（FRELIMO）内部的政治分歧，发动了长期而痛苦的内战，这场战争摧毁了大部分农村经济……

1992年10月，这场内战终于结束，并达成了《全面和平罗马协定》，这为恢复农村经济带来了机遇，并对市场自由化和其他的改革措施进行了响应。实际上，莫桑比克解放阵线已经在20世纪80年代末期着手开始上述改革，当时农业部门的有限私有化已经被允许。可以说，在独立的前17年里，莫桑比克兜了个圈又回到原点。从理论上讲，通过建立起了更加公平的法律制度，土地国有化和农村合作社得以建立，这些法律改变了葡萄牙人之前极不平等的土地所有权和土地使用形式。然而，在大型国有农场取代大型私人种植园的实践过程中，仍然存在着旧的法律制度的成分，当地人再次被迫放弃他们的土地权益，为新企业打工。因此，与坦桑尼亚一样，村庄化形式的变革同样受执行方法的掣肘，像殖民时期一样，只得继续依赖武力执行新政策。

---

① Sachs, A. and Welch, G. H. (1990) *Liberating the Law: Creating Popular Justice in Mozambique*, London, Zed Books, 31, 37, 44, 45. 这一章最早于1980年作为一篇论文在哈佛大学非洲研究所发表。

1.7　索马里兰*①

在1887年至1960年，索马里兰受英国保护。1960年6月26日，英国同意其独立。五天后，这个独立的国家经过投票表决，与1960年6月1日刚成立的索马里共和国合并。② 然而，索马里共和国虽然有着欣欣向荣的开局，却在1969年遭遇了军事政变。西亚德·巴雷（Siad Barre）总统日益残暴的统治，最终导致这个国家陷入内战，其政权于1991年被推翻。地处索马里西北部的前索马里兰人，作为反对总统巴雷的主要内战力量遭受重创。哈尔格萨（Hargeisa）是索马里西北部最大的城镇，被巴雷在哈尔格萨基地的空军轰炸，并遭到军队炮击，损失十分巨大，有5万多人丧生，无数人受伤并失去了家园和财产。

1991年年初，巴雷逃离摩加迪沙后，索马里不同团体间的内战仍在继续进行。然而，1991年5月，在布拉奥（Burao）举行的索马里兰共同体（Somaliland Communities）会议上，地处西北部的索马里兰重申独立，并于5月18日生效。③ 自此，索马里兰即将自己作为一个

---

* 索马里兰属于索马里共和国，国际社会对其独立一直未予承认，参见前言编者注。

① Lewis. I. (2008) *Understanding Somalia and Somaliland*, London, Hurst and Company; Bradbury, M. (2008) *Becoming Somaliland*, Bloomington, Indiana University Press/Progressio; Battera, F. (2004) 'State – and Democracy – Building in Sub – Saharan Africa: The Case of Somaliland – A Comparative Perspective', 4 (1) *Global Jurist Frontiers* 1 – 21; Poore, B. (2009) 'Somaliland: Shackled to a Failed State', *Stanford Journal of International Law*, 117 – 150, a thorough analysis of the case for international recognition (one of a plethora of articles in US law journals arguing the case for recognition of Somaliland as a state); Caplin, J. (2009) 'Failing the State: Recognizing Somaliland', 30 *Harvard International Review*, 9 – 10, a useful overview of the case for recognition; Kaplan, S. (2008) 'The Remarkable Story of Somaliland', 19 *Journal of Democracy*, 143 – 157, an enthusiastic encomium for Somaliland. 很难确定，有多少不同的潜在受众可能了解或准备了解索马里兰。也就是说，人们是否愿意接受这样一个事实：在西北部有一个独立运行了20年的著名政治实体索马里，拥有一个国家通常具有的所有表现；甚至，在许多方面，比许多得到非洲联盟和国际社会承认的国家实体表现更突出。索马里就是一个明显的例子。当然，下面的总结在某些方面作了假设，不过，这个假设也并非完全没有根据。

② Cotran, E. (1963) 'Legal Problems Arising out of the Formation of the Somali Republic', 12 *International and Comparative Law Quarterly*, 1010 – 1026.

③ 这一声明进行了全民公决，与东帝汶相比，此次全民公决大多数都赞成独立。国际观察员，包括来自美国的非官方观察员，宣布此次公决是自由公正的。

"独立国家",同时该国公民也开始着手重建他们的国家和家园。由于索马里兰宣布独立没有得到国际社会和其他国家在法律上的认可,它只能依靠自己的资源,依靠散居国外的索马里兰侨民提供的每年约4.5亿美元的捐助,以及依靠联合国各机构、欧盟和其他捐助方的援助。最终,他们建立了一个自给自足的、民主的、运行良好的"国家"。

其实,索马里兰在"建国"前非常不容易,经常受到内外军阀的不断威胁。但是,政府还是坚持住了,最终解除了军阀武装。现在,各地几乎都恢复了和平与安全,只有哈尔格萨的警察能携带武器。现在唯一的威胁来自与邦特兰(Puntland)①的边界争端——邦特兰是地处索马里东北部的另一个未被承认的分离国家。②正如一项统计数据所展示的令人惊讶的转变一样,14年前,在索马里兰内战最为严重的时候,哈尔格萨几乎没有法律制度,只有大约1万名居民。③而今天,哈尔格萨却有50多万人口,虽然其中有许多贫困人口,但是这个城市几乎没有犯罪发生。

索马里兰《宪法》得以通过,并对总统、两院议会(第二议院指定由传统长老组成)、《权利法案》和独立的司法机构进行了规定。1960年索马里兰独立时的领导人穆罕默德·埃加勒(Mohamed Egal)担任第一任总统。在2002年穆罕默德·埃加勒去世时,索马里兰国内外普遍认为,该国在总统选任问题上会爆发冲突。但事实并非如此。埃加勒总统去世当晚,原副总统直接升任到新总统的位置。在第二年索马里兰全国举行的总统大选中,反对党仅以80票之差落选,并对选举结果提出异议,但是,长老们最后和平地解决了这一问题。2011年6月再次举行

---

① 邦特兰认为自己是索马里联邦的一个成员国。但是,最近它已经与索马里过渡联邦政府闹翻了。

② 然而,最近索马里兰境内发生了数起绑架和杀戮事件。几乎可以肯定的是,这些系列事件是由伊斯兰组织阿尔·沙巴阿巴(al-Shaabab)所策划。该组织在索马里与过渡联邦政府作战,而它的许多领导人都来自索马里兰。

③ 我看到了哈尔格萨1991年的照片,几乎没有一栋房子有屋顶,而现在都已经得以重建。

了一次延期较久的总统大选，最后反对党获胜，① 前任总统对新总统当选表示了祝贺并宣布退休。地方政府也重新成立，地方选举重新开始举行，相应的机构也开始为公民提供服务，并在地方开始征税。尽管有些牧民抢夺和圈占公有牧场，并声称这些牧场是私有土地，导致牧民与政府当局发生了严重的冲突，但是，最后大部分争端都得以和平解决。

殖民时期的索马里兰的法律制度属于习惯法体系的一部分。索马里兰加入索马里时，关于"法律一体化"的重大工作便开始了，该工作由一个意大利小组负责。② 要说一体化工作主要是将意大利法典适用于索马里兰，这还是有一定的正确性的。例如，该国《刑法》是于20世纪60年代初期由一名意大利律师起草的，最后逐渐适用于整个独立的索马里；尽管在操作层面没有太多的指导作用，但它的确曾经是一个伟大的智力创举，即使到今天仍然在理论上发挥着作用。

巴雷总统开展了一场精心谋划的运动，旨在消灭和破坏索马里兰的法律遗产。这摧毁了过去所有英国殖民时期的索马里兰成文法汇编，原来的高等法院的法律报告也被废除。目前，在哈尔格萨，没有任何类别的法律汇编。③ 但是，这并不妨碍索马里兰法治化的发展。

这些情况很清晰地表明，索马里兰基于自己的传统，正在慢慢地建立一个新的本土宪政法律体系，以满足其自身的需要和原则。对此，卡普兰（Kaplan）认为：

---

① 竞选期间，我和一个索马里团队，一起在吉布提拟制《摩加迪沙市法》。我走进会议室时，吉布提电视台正播放一场喧闹的选举游行，在哈尔格萨蜿蜒而过。摩加迪沙的索马里人，看到索马里正在举行一场和平竞选活动，这让他们大吃一惊。时至今日，他们仍然这样认为。如果在摩加迪沙，人们知道他们一直在和我这样的人，一起制定世俗法律的话，他们就会有来自阿尔·沙巴阿巴的生命危险。他们团队的队长，也禁止摄影师为我们的会议拍照。

② Contini, P. (1969) *The Somali Republic: an Experiment in Legal Integration*, London, Frank Cass & Co.

③ 为我提供这一说法的是司法部长，同时也是新哈尔格萨大学法学院院长。我不能参观那些可能存在旧法律的图书馆或其他地方。与我共事的一名市议会官员，拟制了《城市规划条例1947》（《索马里兰保护国法律汇编》1950年版）。据我所知，理论上，该规划条例仍然有效。也正是这位官员，拥有一本珍贵的英文版《刑法》。2009年12月，我参观了新哈尔格萨大学法律图书馆，除了约翰·格里沙姆（John Grisham）的几部小说，几乎没有任何法律书籍。索马里兰的其他城镇确实有些古老的记录。布劳区议会（Burao District Council）前议长告诉我，他们议会的土地记录可以追溯到18世纪，而当时还是奥斯曼帝国（Ottoman Empire）主导着沿海地区。

第1章　土地法调查

　　索马里兰所取得的成功是在索马里传统的协商和同意治理理念下建立了一套管理机构。索马里兰与非洲和中东的大多数后殖民时期的国家不同，它能够利用习惯规范、价值观和关系网进行自我管理。事实上，它将传统治理方式纳入现代国家机器的治理过程，这帮助它获得了更大的凝聚力和合法性。相比大多数类似地区而言，它为竞争性选举和公众批评创造了更大的空间。而这一切，都并非巧合。①

　　在2003年我所遇见的人或者所共事过的同事，其中包括议员、官员和律师，都很关心能否制定一部他们能够理解的、能与本国公民产生共鸣的法律。因为，他们都曾经历没有得到大众认可的法律的时代，不想再次经历痛苦。我在2009—2011年制定土地政策和土地法改革任务过程中，也有同样的担忧。我当时的任务不是起草政策或相关法律。当然，这也绝不是我想要的。相反，我的工作是与政府和社区合作，营造一个参与性强、包容性强的氛围，从而引导制定相关政策和法律。索马里兰绝不是所谓的"失败国家"，也不是非洲之角上的一个"黑洞"。相反，该国公民一直致力于建设一个法治国家，他们愿意接受但又绝不依赖外部援助，决心在一个充满敌意的世界中追求自我。

　　有评论家说过，对国际社会而言，索马里兰是一个"挑战"，在许多方面甚至是一种威胁。因为，如果它仅靠自己的力量和最少的援助就能在发展和法律改革方面取得成功的话，那么国际社会为什么要试图对那么多国家施加影响力？国际社会为什么要让那些国家的统治者们像现在这样过着奢侈的生活，邀请他们出国旅行，这些钱和邀请从何而来？所以，有人反对承认索马里兰是一个国家也就不足为奇了。但是，索马里兰却符合国际法对一个国家的每一项正式条件的要求，比如拥有明确界定的领土（旧的英属索马里兰保护国）、拥有一个在国家内部能够操控的政府、拥有人民的支持等。

　　索马里兰的发展简史，为其土地法的演变提供了必要的背景支持。

---

① Kaplan, op. cit., 144.

东非土地法改革：传统抑或转型

联合国粮农组织（FAO）[①] 的一份报告概述了索马里兰1969年政变前土地所有权和土地法的演变情况。但是，1969年的政变却带来了根本性的改变。由于人们对这一问题知之甚少，因此有必要在此概要介绍一下：

在殖民之前，索马里社会有一套有效的治理体系，并沿用至今。这一传统治理体系，运用习惯法管理着社区之间的所有社会关系，如冲突、资源共享和法治等，规定着牧场、水和其他自然资源的分享，规定部族的每个成员都有权使用他/她所在部族居住区的牧场和水资源。

牧场资源归集体管理。每个人对他创造的任何东西都拥有产权，比如一口浅井。根据伊斯兰教的一般继承规则，这类财产是可以继承的。在雨量较高的地区，土地常常被圈起来或者围起来，以方便耕作种植。在这样的农业社区，每人都有权使用一块可耕种的土地。而在城市地区，土地和其他资产则归私人所有⋯⋯

在英国殖民统治时期，索马里兰的土地所有权制度，从公有制转为私有制，并在城市地区引入了新的管理规程，如土地注册、地契和土地税。农业用地可以租用50年，城市土地可以无限期出租。在19世纪初的那些年，由于许多以前的牧民定居在Awdal和Waqooyi Galbeed地区，殖民当局便划定了放牧业和畜牧业之间的边界，将一些公共牧场分配给那些希望从牧民变为农民的人，以改善他们的生计。这便违背了牧民的意愿⋯⋯

索马里兰和索马里独立统一后，政府采取了新的土地所有权制度，允许所有索马里人，无论其部族或原籍地在哪里，均可在全国任何地方居住耕种。牧场传统的自由放牧权和殖民地土地权皆得以保留。鼓励商业性牲畜生产，并将开放牧场作为出口牲畜饲养基地，这使得牧场日益私有化⋯⋯

1969年政变后，情况发生了重大变化。贝斯特曼（Besterman）和

[①] FAO (2009) *Land Use Planning Guidelines for Somaliland*, Project Report No L-13, Nairobi, Somalia Water and Land Information Management, 1-3.

罗斯（Roth）解释说：[①]

随着社会主义革命的开始，新政府宣布了一系列旨在刺激经济增长经济发展的土地改革措施。1970年至1976年，政府颁布了多达22项法规，以规范农业部门……当时，索马里民主共和国政府的规划者们认为，游牧农业是索马里农业萎靡不振的病根，共同所有权有损环境，游牧生产没有生产力，传统体制无效。改革的目的在于：一是将土地控制权掌握在国家手中；二是吸引公民到定居定业区从事新的职业，以缓解因干旱带来的农业进口减少；三是以现代生产和销售机构取代过去被视为无效的传统组织。

从1975年起，《农业土地法（1975）》及其之后颁布的相关法令，调整了整个索马里的正式土地所有权关系。该法规定，所有土地资源归国家所有；土地资源管理责任和土地分配权由农业部部长直接负责和控制。农业部部长可以给合作社、国有农场、自治机构、地方政府机构、个人或私营公司等颁发基于农业用途的土地特许权（租赁权）。由于所有的土地都归国家所有，所以拥有注册租赁权的个人只能是那些拥有某些权利和限制的国家租户。

随着土地法的颁布，土地注册必须强制执行。从理论上讲，任何人在法律颁布后的六个月内不对土地进行注册的话，他或她都将失去所有的国家承认的土地权。除了合作社和国有农场，其他土地所有者，都必须自愿申请期限为50年的可变期限租约，该租约可续签；每个家庭只能签一份租约，租约要明确其持有土地总面积：可灌溉土地不得多于30公顷、不可灌溉土地不得多于60公顷，香蕉种植园最多为100公顷。合作社、国有农场、私营公司和自治机构的土地持有面积则无限制。

已经注册的土地租赁权不能买卖、出租或抵押；但是，承租人在丧失行为能力或死亡的情形下，可以转让……对于超过土地面积限制、用于非农业用途、没有必要用途而分割土地，或者连续两年

[①] Besterman, C. and Roth, M. (1988) *Land Tenure in the Middle Jubba: Issues and Policy Recommendations*, Madison, Land Tenure Centre, 6, 9, 10.

不耕种土地等情形，政府可能会收回土地……

索马里兰在1991年再次宣布独立时，这部土地法在名义上也是适用的。但是，事与愿违的是，索马里早在1975年就公开宣称它是一个社会主义政府，它比当时该区域的其他大多数国家更进一步地走上了"废除"传统所有权制度而转向法定所有权制度的改革之路——这一制度与东非皇家委员会的方法是一致的。但是，它并没有走土地所有权私有制这一道路。

1.8 结论

到目前为止，本书调研土地法和相关政策所涉及的七个国家或地区均独立于20世纪60年代和70年代。其中，桑给巴尔是个例外，因为它在许多方面都不一样。虽然从1964年4月起，桑给巴尔成了坦桑尼亚联合共和国的一部分，但在土地事务和索马里问题上它却坚持自己的道路。其他几个国家在土地法的问题上或多或少都采取了传统方式。肯尼亚以英国土地法为基础，颁布了大量的殖民政策和所有权个人化、产权注册证书等相关法律，这样出现的一个必然结果，就是以法定土地法取代了习惯保有权。1968年政府审查了该国所采取的这些方法，并对原来的法律框架进行了修订和扩充，但并没有改变相关法律的主旨。坦桑尼亚接管并大幅增加了有关定居计划的殖民政策和法律，并有针对性地进行了翻天覆地的变革。但是，它在以下两个方面却采取了传统做法：一是村庄的法定保有权旨在取代习惯保有权；二是使用武力将农民赶入村庄（必须指出的是，在坦噶尼喀殖民时期，武力从来不是土地保有权管理的主要手段）。乌干达接管并延续了土地所有制的殖民模式，并通过《土地法令（1975年）》强化了国家的作用，弱化了传统保有权下土地所有者的权利。

在传统方式方面，独立早期的卢旺达也是一个很好的例子：它改变了传统所有权，强调正式注册所有权和土地市场化。莫桑比克和坦桑尼亚一样，最初采取了貌似变革的方式，实际上这种变革却存在着许多传统因素。虽然它对拥有农业劳动者的大型庄园实行国有化，尽管也采取了村庄化政策,但无一例外,农民们都是被迫离开他们自认为"属于自己的土地"。但是,到1992年内战结束时,卢旺达采取了更加传统的方式来处理土地问题,即接纳了私人占有和使用的土地。卢旺达内战的结束加速了这一进程,之前数百万流离失所的国民和境外回归者返回他们原来居住的地区,并依据习惯所有权制度继续占有和使用该地区的土地。索马里也试图采取如前所述的那种变革的方式,但实际上,在成文法制度和习惯法制度之间迅速爆发了冲突,以至于索马里当时作为一个国家却被瓦解了,到了1991年索马里兰作为一个独立国家再次出现,正式合法的土地管理制度实际上已不复存在。

第2章　土地改革缺乏动力（1961—1990）

在此期间，除了桑给巴尔和索马里两个公开宣称社会主义的国家外，没有任何国家在协商一致的情况下，挑战现有的有关土地权利的社会、经济制度，或者说没有任何国家提出过一项重大的土地改革法律计划，旨在通过实质性地增加穷人控制农村土地的比例，以减少贫穷，从而增加他们的收入、壮大他们的力量、提升他们的地位。[1] 利普顿（Lipton）对这一时期土地改革没有被列入日程的原因作了如下分析：

> 非洲大陆撒哈拉以南地区有充足的土地和不太平等的传统或共同的所有权形式，那是上了年纪的人对50年前的非洲的记忆。[2] 那么，土地改革确实与非洲大陆撒哈拉以南地区无关吗？当时，尽管肯尼亚、莱索托、苏丹、卢旺达等国家和其他地区的土地已经明显稀缺，但非洲大部分地区确实也存在未耕种的土地，且这些土地几乎与已耕种的土地质量一样好。农村人口变成了原来的三倍，加之由土地侵蚀、耗竭和城市化而造成的土地流失，已经把原来的记忆变成了神话……此外，大部分非洲东部（尤其是南部）地区在后殖民时期的严峻的土地不平等问题没有得到解决，而这种不平等直到现在才受到重视。土地改革并非与非洲无关，相反，它还会是将来特别重要的内容。[3]

---

[1] Lipton, M. (2009) *Land Reform in Developing Countries: Property Rights and Property Wrongs*, London, Routledge, 1.
[2] 20世纪50年代中期，迈克尔·利普顿和我同一时代在牛津大学。
[3] Lipton, op. cit., 295.

第 2 章 土地改革缺乏动力（1961—1990）

因此，纵观本书所涵盖的大部分地区，当地的土地改革并没有任何政治压力，因为，总的来看，土地很容易获得。但是，像肯尼亚这种国家，情况就不同了。20世纪50年代，肯尼亚发生武装叛乱，殖民政府便开始实施相关计划，以满足对土地的需求，但其目的是维持土地私有制这一基本原则。1964年桑给巴尔和1975年莫桑比克的独立政府也是如此。

这也就解释了，为什么1961年至1990年国际金融机构、联合国相关机构和双边捐助者等国际组织没有真正协调一致地推动和对非洲各国施压，让相关国家放弃习惯所有制，对土地法进行改革，以促进土地市场运作、所有权的个人化并实行注册制。普拉托（Platteau）指出，与亚洲和拉丁美洲相比：

> 第二次世界大战后的前几十年里，非洲多数国家并没有将土地改革列入日程。只有少数国家认为看起来值得对其农业结构进行重大改革，比如埃及……埃塞俄比亚等国家，在这些国家，土地关系是典型的封建所有关系。还有，在南非和津巴布韦（以前的罗得西亚），优质肥沃土地为白人这一少数群体所垄断（时至今日情况仍然没有改变）。除此之外，在非洲尤其是被视为"一个特例"或者"一个没有问题的地域"的撒哈拉以南地区……由于其丰富的土地资源和公共土地保有制度的灵活性……
>
> 1975年以前，世界银行对土地改革没有任何积极兴趣，在体制改革计划方面也没有任何兴趣……毫无疑问，世界银行忽略了土地所有权的问题……事实上，世界银行认为土地改革对银行融资来说"过于政治化"。世界银行认为，"土地分配是国家政策和内部政治问题"。[1]

普拉托指出，1975年，世界银行出版了关于土地改革的开创性政策文件，重大变化随之开始出现：

---

[1] Platteau, J.-P. (1992) *Land reform and structural adjustment in Africa: controversies and guidelines*, Rome, FAO Economic and Social Development Paper 107, 5, 6, 7.

> 该政策文件把与土地相关的问题毫不含糊地放在人们不平等占有生产资源这一更为广泛的背景下思考……这强调了在土地占有热背景下,对公平的考虑……这明显表明,世界银行的注意力仍然主要集中在当前亚洲和拉丁美洲的形势上。[①]

但是,该政策文件中也有一些与非洲国家直接相关的内容。该政策文件"建议放弃共同所有制,支持实行不动产所有权和公共土地分割"。世界银行的政策文件制定的观念基础就是要发展稳定的财产权,有利于促进土地市场化的操作。"良好运转的土地市场,能够促进高效率土地转让,这一点得到了广泛认可。"为了使土地市场能够高效运转,有必要采用正式的所有权制度,"所有权的授予过程需要有明确的法律基础和精简的机构配置,方能对过程进行有效管理"。如果减少或取消限制土地使用和转让的政策规定,土地市场的运转就可以得到改善。因为"回顾这些政策不难发现,它们很少达成其预期目标"。这些政策经历了时间的考验,基本没有变化,归纳如下:

> 该文件发表后的25年里,这些指导原则一直保持不变。但是,现在人们已经认识到:共同所有权制度可能比正式所有权制度更具有价值和效益;应根据其公平和效率来判断所有权授予方案;土地租赁市场的潜力往往被严重低估;土地买卖市场只有纳入发展农村要素市场的更广泛的努力中才能提高其效率;土地改革如果能有利于(而非破坏)土地市场运行,并能以分散的方式实施,更有可能减少贫穷。要实现并整合这些要素,就需要有一个协调一致的法律和体制框架,同时还要依赖更多的试点项目来检验在当地条件下相关干预措施适用的可能性。[②]

直到20世纪80年代,非洲各国才开始出现在世界银行关于土地问题的具体考虑中。法拉克斯(Falloux)在1987年发表的一份报告中指

---

① Platteau, J.-P. (1992) *Land reform and structural adjustment in Africa: controversies and guidelines*, Rome, FAO Economic and Social Development Paper 107, 11.

② Deininger, K. and Binswanger, H. (1999) 'The Evolution of the World Bank's Land Policy: Principles, Experience, and Future Challenges', 14 *World Bank Research Observer*, 247–276, 246, 248, 252, 263. 两位作者都是世界银行的雇员。

出，许多非洲国家需要"全面重新起草"其土地法，因为这些国家的土地法已经变得"与现实情况不协调，并最终与实际情况不相适应"了。撒哈拉以南的非洲地区所需要的不仅仅是土地改革，更应该建立起正式的土地法律框架的整体机制，因为非洲大陆大多数国家"既没有实际的地籍服务，也没有土地税制度"。[①] 然而，当时世界银行从研究非洲国家的土地问题转向土地项目，并不是因为关心公平问题，而是将之作为其结构调整方案的一部分。世界银行认为，大多数非洲国家都透露出深层次的结构性问题，如基础设施不足、市场不发达、行政能力有限以及人才严重短缺等。非洲各国有必要提升从村庄到以上层级的政府机构、行业部门及其人员的能力，这包括土地法、土地市场和土地机构，至少应该有金融机构和金融市场。自由的土地市场对于提高撒哈拉以南地区的农业生产效率和增长效益是必不可少的。

---

① Falloux, F. (1987) 'Land management, titling and tenancy', in Davis, T. J. and Schirmer, I. A. (eds) *Sustainability issues in agricultural development – Proceedings of the Seventh Agricultural Sector Symposium*, Washington D. C., World Bank, 190 – 208.

第 3 章 两个案例研究

3.1 导言

上一章讨论的方式方法,为世界银行、联合国相关机构和捐助者从 20 世纪 90 年代起开始大力推动土地改革奠定了基础,这激励有时甚至要求对非洲的相关政策、实践操作、法律和机构进行改革。然而,在对这一时期的情况进行详细讨论之前,我想先详细地讨论该区域的两个主要土地管理计划,因为无论是过去还是现在,这两个计划对于该区域土地改革政策和方案的制定一直都有着重大影响。它们分别是肯尼亚土地所有权计划、坦桑尼亚村庄化计划。

尽管肯尼亚土地所有权个体化和注册制计划受到诸多批评(下文将对此进行讨论),但是,在土地改革这一具体问题上,人们仍将它视为典型,人们从中可以学习到在土地改革中能做什么或不能做什么。肯尼亚《国家土地政策(2009)》中的许多改革建议并没有提及这一计划;实际上,人们关注的是如何加快推进和扩大该计划。肯尼亚最先针对土地所有权个体化和注册制颁布的相关法律以及实际操作方法已经为非洲其他国家所接纳并采用。比如,在东非,坦桑尼亚和桑给巴尔在土地改革方案中都借鉴了肯尼亚的法律;在其他地区,马拉维也大量借鉴了肯尼亚土地所有权法。因此,对该计划进行更详细的研究,是与它可为其他地方提供一定的经验教训密不可分的。

坦桑尼亚的村庄化计划也为一些国家提供了一种样本。比如,独立初期的莫桑比克和 1994 年之后的卢旺达。这个计划对农民的农业活动采取的"高度现代主义"的方法也受到了索马里的密切关注。① 当然，它也成为批判和研究的对象，特别是来自国内的批评。现在，它几乎已经被摒弃，不再作为该国土地政策和法律的基本组成了。然而，它却继续在坦桑尼亚发挥着强大影响力，这不仅体现在土地管理方面，也体现在执政方面，因为成千上万的村民现在已经成为地方政府中一股强大的力量。由此看来，我们应该从这个重大的社会经济活动中汲取经验教训，这一点值得高度重视。

3.2 肯尼亚的所有权个体化

上文提到，肯尼亚独立时沿用殖民时期的相关土地所有权政策和法律，没什么改变。唯一的重大变化就是，所有土著保留地和信托土地，在独立时都被指定为信托土地，由县议会托管，而不是由中央政府托管。但是，土地所有权的个体化和法定注册等主要政策，以及执行这些主要政策所必需的法律框架继续保留。米戈－阿多拉（Migot－Adholla）等人对实施情况总结如下：

> 虽然个体化政策在经济上是合理的，但其早期实施有着明显的政治动机。殖民政策制定者们认为，这一政策将会是一个新进程的开始，将创造非洲农村精英阶层，根植于土地，致力于私营企业，也将提供自由政治领导力。该政策并没有完全背离殖民早期仁慈的家长式风格，这也就解释了其长期含糊不清的原因。政策制定者认为，为保护非洲农民不被剥夺土地所有权，地方土地委员会应密切监督土地交易。
>
> 事实上，地方土地委员会只允许当地社区成员之间进行土地交易，这种监督反而破坏自由土地交易。所以，尽管土地注册制经历

---

① 本书定稿寄给出版商后，我在老挝为联合国开发计划署工作，协助制定该国土地政策。老挝的村庄化政策与20世纪70年代坦桑尼亚的政策非常相似，原因也相同；如果村民不愿搬到更大的村庄，他们同样愿意诉诸武力。然而，也有两个细微差别：如果村民不搬离，军队可能会给他们解释说，如果村民不搬，可能会遭到土匪袭击，军队是不会来帮他们的；另一边，偶尔也有妥协，比如两个村庄 a 和 b，可能在名义上合并为 c 村，但村民则继续留在原地。

了30多年，尽管土地市场被视为权属转换的关键受益方，但这种市场在以前的保留地中尚未明显出现。反过来，这种情况却使土地注册制的信誉和投资目标受损。《土地争端裁决法令》（1990）的最新修正案规定，土地案件一审交由官方批准的"长老"仲裁，进一步导致了土地登记管理的混乱。

权属转换似乎并未使肯尼亚土著年有权制度失效。事实上，最近的修正案表明，官方承认了土著土地所有权的存在。然而，官方挑选的"长老"，既没有公认的土著保有权专业知识，也没有对注册土地法相关规定有很好的了解，让他们来解决争端，似乎体现了官僚主义的高昂代价。因此，从经济利益出发，肯尼亚目前实行的土地注册制管理是否合理，仍值得商榷。

有一种假设认为，所有权通过它对信贷、投入和土地改良的影响，可以带来更高的收益。然而，这种假设却没有我们的数据和分析所提供的证据去证实……我们发现，土地所有权与权利的广度并没有密切的关系……这个发现表明了土著所有权制度仍然存在，这也表明，对政府来讲，要通过立法来改变社区控制其最宝贵资源（土地）的方式十分困难。同样，土地所有权也没有阻止争端的频发……[1]许多农民发现，拥有土地所有权，似乎并没有让他们通过信贷变得更容易或是因为产量提高而获益，甚至他们获得所有权的成本还要大于收益。在本研究所涉及的地区，大多数交易的依据都是土著惯例而非成文法。虽然未经注册的交易被认为是非法的。重新引入"长老"的做法本身就是对土著保有权持续存在的默认。但更重要的是，肯尼亚的局势反映了法律融合所产生的政策矛盾。人们并不清楚"长老"将使用什么法律：习惯法、成文法或者自由裁量？这种矛盾意味着，需要简化土地管理制度、统一和更新现有立

---

[1] 'Reduction of disputes was a major objective of land registration but our study finds that most reported disputes have occurred after the land adjudication and registration process', in Bruce, J. W. and Migot‐Adholla, S. E. (eds) *Searching for Land Tenure Security in Africa*, Dubuque, Kendall/Hunt Publishing Co 134.

法，以符合当前的社会和经济现实。①

最后一个观点并没有得到进一步的研究，我们也只能干着急，除了猜测作者们在考虑什么样的新法律，别无他法。无论如何，在2010年新宪法出台之前，没人注意到他们的建议，下文将对此作讨论。尽管如此，他们的全面批评与肯尼亚独立前后所推行的政策和法律一样，几乎都是毁灭性的（到1993年他们的研究著作出版时，这些政策和法律一直延续使用超过50年了）。上述引文所在的原文，是由世界银行赞助并联合出版的一项学术/实践研究成果。因此，作者们在文字表达上稍微受到了一些限制。当然，这并不是批评他们。只是说，这是一份带有谨慎政治色彩的经济学论文。

坎英加（Kanyinga）等人的论文没有受到类似限制。② 他们也调查了从殖民时期到现在相关政策和法律的延续情况。但是，他们更多地采用一种政治分析方法。他们的调查揭示出，在肯尼亚独立期间少数政治和行政精英是如何运用和错误适用与个体化所有权相关的政策和法律的，他们积累和占用大量土地是以牺牲普通农民为代价的。他们对相关方法进行了详细说明。肯雅塔（Kenyatta）政权、莫伊（Moi）政权先后滥用法律赋予的权力，或者无视法律获取公共和私人土地，奖励支持者并摧毁对手。即使在齐贝吉/奥廷加（Kibaki/Odinga）执政期间，也做过一些敷衍塞责的努力来扭转过去糟糕的过度行径，但是，用作者的话说："他们缺乏直面精英阶层的政治意愿。而这些精英阶层利用政治进程来保护自己的私利，使他们免受无地穷人要求土地改革的影响。"

他们对肯尼亚过去50多年土地政策和实践的社会经济影响的研究所得出的总体结论，比先前引用的研究结论涵盖面更广：

---

① 'Reduction of disputes was a major objective of land registration but our study finds that most reported disputes have occurred after the land adjudication and registration process', in Bruce, J. W. and Migot–Adholla, S. E. (eds) *Searching for Land Tenure Security in Africa*, Dubuque, Kendall/Hunt Publishing Co 124, 139.

② Kanyinga, K., Lumumba, O. and Amanor, K. S. (2008) 'The Struggle for Sustainable Land Management and Democratic Development in Kenya: A History of Greed and Grievances', in Amanor, K. S. and Moyo, S. (eds) *Land & Sustainable Development in Africa*, London, Zed Books, 100–126 at 123.

许多社区面对国家征用，甚至暴力征用时，斗争时组织不力，导致抵抗混乱无序。来自社区的抵抗使得明目张胆地掠夺公共土地成了在政治上吸引眼球的做法……这导致社区为保卫自己的土地而进行的自发斗争与中产阶级民间社会组织的需要之间的距离越来越大，这种斗争往往涉及对政府镇压的暴力抵抗。中产阶级民间社会组织要求问责，要求实行法治，要求保证公共空间完整性，包括保护森林资源……

后殖民国家的土地所有权和土地管理结构以殖民地土地政策的连续性为特点，而不是以变化为特点……新精英们既继承了政权，也完整地继承了指定区域（原白山区）的所有权，还通过安置方案占用了农民的农地……大地主们，通过不良土地市场积累越来越多的土地，并通过政治赞助来获得公共土地的分配。这样导致的结果就是小农场数量大幅增加，而规模却在缩小：其中许多农场已不足以维持生计……[1]

后殖民时代的肯尼亚不仅继续推行相关殖民政策和法律，而且，这篇引文的分析表明，后殖民政府和拥有土地的精英们的运作方式类似一个世纪前早期殖民政府的做法。他们利用法律剥夺非洲农牧民的土地，并在对方表现出反抗时惩罚他们，[2] 这将在后面继续讨论。在第 11 章，我们将会讨论为实施《2010 年宪法》而制定的新的土地政策和法律，也将进一步探讨这种政策的连续性。

3.3 坦桑尼亚的村庄化进程

坦桑尼亚独立的前 25—30 年里，村庄化是该国农村土地使用权和

---

[1] Kanyinga, K., Lumumba, O. and Amanor, K. S. (2008) 'The Struggle for Sustainable Land Management and Democratic Development in Kenya: A History of Greed and Grievances', in Amanor, K. S. and Moyo, S. (eds) *Land & Sustainable Development in Africa*, London, Zed Books, 100–126 at 123, 124, 125.

[2] Ghai, Y. P. and McAuslan, P. (1970) *Public Law and Political Change in Kenya*, Nairobi, Oxford University Press, chapters 1, 3.

所有权的主要形式，作为一项正式的政府政策，它既没有在1961年12月开始全面铺开，也没有在一夜间突然消失，70年代早中期至80年代末这段时间才是该国村庄化的鼎盛时期。尼雷尔（Nyerere）在1967年发表的著名小册子《社会主义和农村发展》被视为推行村庄化的思想基础；同样，1992年成立的、著名的希夫吉（Shivji）土地委员会①可能被看作是敲响了斯科特（Scott）所提到"高度现代主义"村庄化的丧钟。

村庄化能在斯科特所称的东非殖民式高度现代化农业中找到源头。但是反过来，随着"二战"以后的发展，它的起源又归功于20世纪30年代在美国成立的田纳西河谷案例，这个案例是美国总统罗斯福新政的一部分。用斯科特的话说：

> 殖民主义政策的出发点就是，一方面完全相信官员们对"科学农业"的看法，另一方面几乎完全否定了非洲人在农业实践中的实际情况。②

正如我们所见，这种态度已经渗透到政党和政府官员中，甚至也渗透到尼雷尔本人的村庄化计划中。

"在坦桑尼亚独立初期，村庄化是尼雷尔和坦噶尼喀非洲民族联盟（TANU）的主要目标。"在这个过程中，虽然世界银行只关心农业产出的增加，从而有更多产品可以出口，但是尼雷尔还是得到了世界银行的大力支持。尼雷尔有三个目标：提供服务、发展更加现代的生产性农业、鼓励社会主义集体合作形式。

他认为，村民们应该住在由专家规划的像样的村庄，即规划好的村庄。从一开始他就坚持强调建立乌贾马村（ujamaa）要采取渐进和完全

---

① 坦桑尼亚联合共和国土地、住房和城市发展部（1994年），总统土地问题调查委员会的报告，乌普萨拉，斯堪的纳维亚非洲事务研究所。伊萨·希夫吉（Issa Shivji）教授是9人（8男1女）委员会的主席，该委员会于1991年任命，并于1992年提交报告。该委员会非常全面地介绍和分析了村庄化和农民的困难问题。如果我在本节中没提及，并不是因为我对它有任何反对意见；而是因为就我的目的而言，斯科特在关于上述方案的章节中提出了本书所需的重要观点。具体参见Scott, J. C. (1998) *Seeing like a State: How Certain Schemes to Improve the Human Condition have Failed*, New Haven, Yale University Press, chapter 7: 'Compulsory Villagization in Tanzania: Aesthetics and Miniaturization'.

② Ibid., 226.

自愿的方式。但是，即使在这个方案实施的初期，他同时也做好了思想准备，那就是如果农民不按要求种植作物，就有必要采取强制措施。尼雷尔既遵循了殖民做法，也参照了世界银行1961年关于坦噶尼喀经济报告中所提的做法：

> 那个时代流行的说法就是必须克服落后而顽固的农民习惯和迷信，当时那份报告也采取了类似的口吻……该报告的作者希望"扩大社会竞争合作和社区发展服务"，以期改变人们的态度。但是，他们暗地里也警告道，"如果激励、竞争和宣传无效的话，则将考虑采取适当的强制措施"。①

采取强制性手段推行村庄化，既有殖民因素的考虑，也有纯粹的国际化认识的考虑，或许更重要的支持是来自国际化的考虑。认识到这一点是非常重要的。1973年12月，强制村庄化成为正式的官方政策。朱马·穆瓦巴楚（Juma Mwapachu）解释了政策背后的考量：

> 1974年的村庄化行动，不是劝导性的，而是强制性的。正如尼雷尔所主张的那样，此举必须是强制性的，因为坦桑尼亚政府不能坐视不管，眼睁睁地看着大多数人过着"生不如死的生活"。因此，国家必须扮演"父亲"的角色，确保人民能够选择更美好的、更繁荣的生活。②

这种认识和考虑产生的实际影响便是：暴力不可避免，威胁无处不在。人们被告知，如果在要求搬迁时不按照要求去做，他们将被剥夺饥荒赈济物资和其他资源。虽然这些村庄本身当时已经高度组织化了，但需要更加组织化以迎合官方的要求。

也就是说，同样的村庄可以建在任何地方，而事实也如此：

> ……坦桑尼亚所规划的现代村庄，本质上是对现有农村地区所有做法的逐一否定，包括轮垦、畜牧、种植多种作物；房屋沿主要道路而建；依照血缘关系和宗族权威来划分；房屋错乱建造

---

① Ibid., 231, 232.
② Ibid., 234.

不齐形成了小而分散的定居点；农业生产分散导致国家不能有效地进行监管……

直到1975年，坦桑尼亚采取了典型的殖民主义方式，努力控制国家计划外的生产：法律规定，每个家庭必须种植某些作物，必须达到最低面积要求。为此，还出台配套了各种罚款和惩罚措施……

下一步是规范集体生产……1975年《村庄和乌贾马村庄法令》对此有涉及……

1967年至20世纪80年代初，坦桑尼亚农村政策的目标是重新配置农村人口，以方便国家实施发展计划，并在配置过程中控制农民的生产。这一点在第三个"五年计划"（1978年）中体现得非常明显：在农村，本政党在安置农民方面取得了巨大的成功，将能够识字、体格健全并可以工作的人挑选了出来……村政府要确保本政党在发展方面的所有相关政策都得到遵守……

无论尼雷尔的农业政策在传统文化方向上涉及多少华丽的辞藻，但就其根本前提而言，与殖民地农业政策的认识前提没什么区别。这一认识前提就是，非洲种植者和牧民们的做法是落后的、不科学的、低效的，对生态环境是不负责的。只有农业科技专家们的密切监督、培训以及必要的强迫，才能使他们和他们的做法与现代坦桑尼亚相匹配……

根据一位坦桑尼亚公务员的说法，正是基于"人们的传统观念和不愿改变"这种认识假设，才有了整个系列的农业计划，从乌贾马村到强迫搬迁，再到殖民政权和独立政府均要求的指导耕作。这种对于农民的认识观点贯穿于1964年世界银行的报告和坦噶尼喀的第一个五年计划……因此，该计划提出："如何克服人们的消极保守主义，进行激烈的土地改革，才能让国家得以生存下来，是坦桑尼亚政治领导人必须面对的最棘手的问题之一。"

大多数推进该计划的官员认为，他们的工作就是"克服农民的冷漠和对过去做法的依恋"。尼雷尔也完全赞同他们的这种观点……

显然，将人们搬迁安置到受监督的村庄，并不是独立后的坦桑尼亚民族主义精英们的独特想法。在坦桑尼亚及其他地方，村庄化均有着悠久的殖民历史，因为一个接一个的计划就是为了把人集中起来而设计的。一直到这场改革运动的后期，世界银行、美国国际开发署（USAID），以及其他为坦桑尼亚发展做出过贡献的开发机构，都有着同样的技术经济愿景。对于坦桑尼亚的政治领导人而言，无论他们多么有激情地领导着竞选活动，但就起源于其他地方的高度现代主义的信仰来说，与其说他们是该信仰的制造者，不如说他们是该信仰的消费者……

由于坦桑尼亚政府的相对软弱，不愿采取斯大林式的强硬做法，加之坦桑尼亚农民具有一定的战术优势，比如采取躲逃、非正式生产及贸易、走私和故意拖延等方式，该国的村庄化做法造成的破坏远比理论上要小得多。①

以上引自斯科特的论述，侧重于政府的村庄化政策，旨在大概揭示实施村庄化的现成方式、如何延续对农村土地的殖民式管理以及坦桑尼亚最初（至少）从世界银行得到了哪些支持。必须指出的是，从政府方面来看，尤其是尼雷尔政府，在追求村庄化的过程中并不是孤立无援的，在解决农民"落后"和"保守主义"问题上，该届政府与主流国际思想及行动保持了步调一致。

然而，我们没有详细讨论的问题是，农民搬迁后，他们的土地权发生了什么变化？他们在新安置的村庄得到了哪些土地方面的利益？这方面正是希夫吉（Shivji）教授领导的委员会所研究的内容，我不打算重复他们的研究。相反，我想研究一下，在1965年至1970年和1987年至1989年两个阶段，斯旺茨（Swantz）对达累斯萨拉姆附近的Bunju村所进行的土地所有权和村庄化的研究：②

---

① Ibid., 238, 239, 241, 242, 247.
② Swantz, M.‐L. (1996) 'Village Development: On Whose Conditions?', in Swantz, M.‐L. and Tripp, A. M. (eds) *What Went Right in Tanzania: People's Responses to Directed Development*, Dar es Salaam, Dar es Salaam University Press.

在沿海地区……许多人被安置在其他村民的土地上以及别人的树下……当重新组建村庄时,这些土地属于新的村庄,但一般规则就是,每个家庭会分配到半英亩到一英亩房屋附近的土地及一至三英亩的可种植耕地。

通常情况下,如果新分配的土地是在新组建的村庄范围内,人们就不会失去村庄组建前所拥有的耕地。

官员们很少关注村民们的建筑损失和旧耕地的损失。在这种情况下,也很少考虑传统的土地流转和土地继承方式。在村庄化过程中,沿海地区的村庄抛弃了土地流转惯例。

在乞力马扎罗地区及其他山区,传统制度却得到不同程度的遵循。这是因为,几个世纪以来,传统土地权在这些地区已根深蒂固;同时,在这些地区,继承而来的土地几乎不受村庄化过程的影响,也很少有人搬迁至新的村庄。

即使强行要求人们迁移到新的村庄,也没有强迫他们放弃对旧土地拥有的权利。因此,在村庄化过程中,土地权利的处理在全国各地差别很大,这主要取决于人们主张旧土地所有权的力度。这意味着,在那些市场经济更为根深蒂固的地区,传统土地权利得到了维护,而那些反对融入外部市场经济的群体,则失去了他们的土地权。

同样,在村庄化过程中也没有充分重视妇女的权利。

人们认为,村庄化的政策基础就是土地属于共同财产,且归国家所有。但是,每个村庄是它的边界范围内的所有土地的保管者。然而,1975年《乌贾马村庄法令》却并没有详细说明村委会分配土地给村民的权力范围。

由于土地问题、村庄范围内自然资源权属关系方面的模糊不清,村庄常常与上级国家机关发生冲突。我曾经采访过的一些村庄,领导人对规范村民权利的法律不清楚,普通村民对这些法律更是知之甚少。

土地分配程序明显含糊不清,极易导致土地管理不善和对土地进行违规操作;特别是自1985年以来,个人经批准,可以持有土地租约。虽然到1992年年底土地才能合法交易，但土地已经逐渐成为一种商品。①

接下来，斯旺茨揭示了村庄化过程中，土地销量是如何得以大幅增加的：因为城市土地越来越昂贵，萨拉姆人不得不在城市周边寻找土地；而村民们也把出卖土地当作实现收入多样化和增加收入的一个途径。她还指出，当地村民出售土地，也是一种面对外界控制其生活方式时的自主和反抗的表达；从某种意义上说，这与沿海人民长期拒绝融入外来价值体系也是一脉相承的。他们不接受殖民政府或独立政府所谓的"现代化"。② 她的论述印证了上面引述的斯科特观点的最后一点，即农民们采用不同的方法来避免村庄化对自己产生不好影响。

这两个人的文章都非常准确地描述了政府在对待适用于村庄化和村民的法律时漫不经心的态度，希夫吉委员会也如此。这在 *AG v. Akonaay*③ 标志性案件中彻底暴露，并受到了谴责。在这个案件中，坦桑尼亚政府主张：依据习惯保有权而持有的土地与依据法定保有权持有的土地是不同意义上的财产；在任何情况下，所有土地都归共和国总统所有；当根据习惯保有权获得的土地被中途夺走后，法院没有法律依据要求支付没完没了的整治费；上诉法院驳回了政府的这一主张。令人难忘的是，正如尼亚拉利（Nyalali）首席大法官所讲："如果总检察长是对的，那么坦桑尼亚大陆的大多数居民，与他们自己国家棚户区居民没什么两样。"④ 人们的土地被剥夺了，就应该可以得到补偿。所以，原则上，应当向那些在村庄化过程中被剥夺了土地的人们支付赔偿。

3.4 结论

独立后的肯尼亚和坦桑尼亚在土地政策和土地法方面采取了两种根

---

① Ibid., 144, 145, 148, 157, 159, 160.
② Ibid., 137.
③ (1995) TLR 80.
④ Widner, J. A. (2001) *Building the Rule of Law: Francis Nyalali and the Road to Judicial Independence in Africa*, New York, W. W. Norton & Co., 371.

本不同的方式。但是，二者也有相似之处。两国政府都热情满满，花了很大精力并推行了殖民政府时期的相关政策，且都得到了世界银行的大力支持。我们容易忘记的是，50多年前，这种支持是一种何等的认可，需要热切追求方可获得，获得后会非常珍惜，这就意味着走上了康庄大道。对于世界银行的支持和认可，没人会质疑。这也就意味着，两国政府获得了世界银行和捐助方两方的财政支持。两国政府都通过行政手段取消了习惯保有权，独立前后的早期法律就是为此而生的。最后，正如各种引文所谈到的那样，两国政府为了实现政治精英们的目标，还是选择了无视和违反法律，牺牲普通民众的利益，即使是今天的肯尼亚也仍然如此，坎因加（Kanyinga）等人的论文也印证了这一点。

  从两个国家的情况来看，他们的政策和法律都变质了。在肯尼亚，政治精英们推进市场化和所有权个体化的进程，不是为了创造一个分配土地的民主国家，而是为了创造一个拥有土地的专制国家，剥夺人民的土地。在坦桑尼亚，精英们的愿望是好的，他们想利用法律和手中的权力，帮助人民选择"更美好、更繁荣的生活"，但事与愿违，人们不得不按照政治精英们的要求行事。这样很多人在此过程中就失去了自己的土地。在高度现代化的时代，坦桑尼亚的政治精英们公开谴责农民的落后思想；而肯尼亚的政治精英阶层虽然没有出台诋毁农民的政策，但是，在对待他们及他们的土地时，却采取了和坦桑尼亚相同的做法。两国现在的情况，虽然很多是殖民时代的遗留问题，但是政府对土地关系的现状却难辞其咎。到了20世纪90年代，整个东非地区才逐渐进入了开启土地法和土地政策的改革时代，这也正是本书的主题。

第二部分

1990年起迈入土地法改革时代

第4章 全球土地法改革状况考察

4.1 导言

本书调查的所有国家和地区1990年以来均对其基本土地法进行过重大改革。虽然附录里详细列出了50年来的主要土地法，但是，我在本章一开始就先将相关国家和地区及其新颁布的土地法列出见表4.1。这或许对我们会有所帮助。

表4.1 土地法改革时代的新土地法

国家	法律名称	颁布时间/年
肯尼亚	《实体规划法》（Physical Planning Act）	1996
	《国家土地委员会法》《土地法》《土地登记法》(National Land Commission Act, Land Act, Registered Land Act)	2012
莫桑比克	《土地法》（Land Law）	1997
	《城市土地规则》（Regulation on Urban Soil）	2006
卢旺达	《系统土地法》（Organic Land Law）	2004
	《土地利用和发展规划法（草案）》[Land Use and Development Planning Law（draft）]	2011
索马里兰	《土地管理法》（Land Management Law）	2001
	《城市土地管理法》（Urban Land Management Law）	2008
坦桑尼亚	《土地法》（Land Act）	1999
	《乡村土地法》（Village Land Act）	1999
	《土地利用规划法》（Land Use Planning Act）	2007
	《城市规划法》（Urban Planning Act）	2007
	《土地法》（Land Act）	1998

续表

国家	法律名称	颁布时间/年
乌干达	《实体规划法》（Physical Planning Act）	2010
	《土地仲裁法》（Land Adjudication Act）	1990
桑给巴尔	《土地登记法》（Registered Land Act）	1990
	《土地保有权法》（Land Tenure Act）	1992
	《土地转让法》（Land Transfer Act）	1994
	《土地裁决法》（Land Tribunal Act）	1994
	《城乡发展和规划法案》（Urban and Rural Development and Planning Bill）	2010

那么，到底是什么原因导致了立法活动在这一地区频繁出现呢？仅仅是这些国家和地区恰好提出了共同的倡议？还是在这些举措背后存在某些潜在因素的作用或者他们都面临来自捐助者的压力，抑或两者都有？当对各国和地区的立法历程进行研究后，我们发现，每个国家和地区都有特定条件在推动土地法改革，这种情况是正常的。除此之外，我认为，在国际上还存在着一种新的认知，正是这种认知鼓励或促使各国进行土地法改革，让各国形成这样一种认识：并不是非要进行土地法改革，但是改革土地法肯定是一种更为恰当的土地管理途径。

4.2 全球土地法改革大环境

从本节开始，我将用我个人的经历来探讨东非土地法的发展和改革问题，并针对改革背后可能的大环境提出自己的看法。[①]

在此，我们有必要首先回顾一下《城市管理方案》[②]（以下称

[①] 基于2001年在巴西贝洛哈里桑塔（Belo Horizonte）举行的一次会议和2002年在伦敦举行的一次法律与发展会议上的一篇未曾公开发表的论文：《自格陵兰冰山、印度珊瑚礁：土地市场全球化及其对各国土地法的影响》。这篇论文也借鉴了我的其他未公开发表和已发表的相关著作。

[②] Wegelin, E.（1994）'Everything you always wanted to know about the urban management programme（but were afraid to ask）', 18 *Habitat International* 127–137；McAuslan, P.（1997）'The Making of the Urban Management Programme: Memoirs of a Mendicant Bureaucrat', 34 *Urban Studies*, 1705–1727. 1990—1993年，我是土地管理顾问；1992—1993年，我是UMP的召集人；后来，Welgelin接替我担任召集人。

UMP）。该方案涉及联合国人居署（我在那里工作过三年）、联合国开发计划署（UNDP）和世界银行三个主要合作方。该方案启动于20世纪80年代中期，其总体目标是为发展中国家的中央和地方政府提供城市管理所涉五个主要领域的咨询和援助，土地管理就是其中一个领域。20世纪80年代后期，我就担任该计划的顾问，并于1990年全职加入该计划，为期三年。

由于内部原因，联合国人居署和世界银行对作为UMP一个组成部分的土地管理进行了划分。由世界银行负责土地所有权和土地交易（土地市场），由联合国人居署负责土地的使用规划[①]。最初几年，该方案（UMP）认为，相较于土地利用规划，土地市场更重要。即便该方案后来在土地市场和土地规划间作了更为平衡化的处理，但仍然认为土地规划应该促进土地开发而非阻碍土地开发。这一看法是正确的。但是，最好是利用市场力量进行土地开发，而不是依赖公共部门。

UMP在制定全球土地市场政策方面发挥了重要作用。那么，法律在其中是如何发挥作用的呢？1986年《城市管理方案》出台之初，法律作为一门相关学科，在当时关于一般城市管理的讨论或者关于城市土地管理的特别辩论中没有一席之地；同样，在联合国人居署[②]以及世界银行的城市发展部门（作为联合国人居署UMP的合作部门）也不受重视。即便到了1989年，虽然在该方案研究论证阶段，法律已经作为土地管理的组成部分，但是它对政策制定的影响并没有立竿见影。

1991年世界银行[③]和联合国开发计划署[④]的主要城市政策文献并没

[①] Dowall, D. E. and Clark, G. (1992) *A Framework for Reforming Urban Land Policies in Developing Countries*, Urban Management Programme 7, Washington D. C., World Bank; Farvacque, C. and McAuslan, P. (1992) *Reforming Urban Land Policies and Institutions in Developing Countries*, Urban Management Programme 5, Washington D. C., World Bank.

[②] 令人难以置信的是，直到2011年，联合国人居署发起一个所谓的城市法律知识（ULK）的项目时，他们才招聘并任命了一名专门从事ULK的律师。而这名律师以前就专门从事农村土地问题研究的粮农组织工作。早在1990年，我就被聘为土地管理顾问，而不是律师。

[③] World Bank (1991) *Urban Policy and Economic Development: An Agenda for the 1990s*, Washington D. C., World Bank.

[④] Cheema, G. S. with Work, R. (1991) *Cities, People and Poverty: Urban Development Cooperation for the 1990s*, New York, UNDP.

提及法律在执行政策方面的作用。事实上，如果说当时对法律有某种偏见的话，那就是人们将法律视为监管、控制和过多管制的代名词；虽然法律现已成为社会治理的一种哲学和策略，但在早期，人们敌视任何"干预"，对待法律就像当时对待市场的态度一样。这种对待法律的态度，与20世纪60年代初起的30年里各种开发援助机构（无论是多边还是双边的）对法律在开发中的重要性的普遍看法是一致的，即法律没有价值，并不十分重要。

就在重要的城市政策文件颁布5年后，1996年联合国人居署在伊斯坦布尔城市峰会上通过了《人居议程》和《全球行动计划》。这些文件通过并推动了土地市场惠益效应的全球议程。然而，对于《全球行动计划》而言，更为重要的是在其执行过程中，特别是在国家层面上强调了法律的中心作用。那么，是什么原因导致了这些变化呢？

我在1998年①的一篇文章中论述过，这种变化主要有市场和治理两个方面的原因。在此，我给大家简单复述一下当时我提出的观点。市场变化得益于中东欧、独联体指令性经济（计划经济）的崩溃；治理变化则得益于非洲各国政府被要求民主化的内外部压力。

首先，很明显，整个计划经济法律体系不得不被市场经济法律体系所取代，仅仅靠政策指导是不够的。而市场经济学家和世界银行人士都认为，政策都必须要有法律的支撑。因此，20世纪90年代初以来，所有为东欧国家提供外部援助的方案，比如在土地法、住房法和城市规划法等方面的法律改革以及建立金融机构为城市发展服务等，都明显地体现了法律改革的特点。

其次，在非洲的民主化进程中，往往会产生新的宪法，并在新宪法中引入《权利法案》，改革选举法，促进多党政治活动和政治选举，采用新的或更有效的手段纠正对先前非法政府行为的不满。然而，更重要的是，站在世界银行、国际货币基金组织及其他援助机构的立场，必须

---

① McAuslan, P., Bringing the Law Back In: Land, Law and the Habitat Agenda, Paper at an international seminar; School of Government of the João Pinheiro Foundation, Belo Horizonte; published as Chapter 6 in McAuslan, P. (2003) *Bringing the Law Back In: Essays in Land, Law and Development*, Aldershot, Ashgate.

要注意到结构调整对非洲经济的影响。起初，掀起经济改革的外部力量旨在消除对市场运作的束缚。一般来讲，这意味着需要借助东欧变革经验，来消除现有法律的掣肘。但是，人们很快就发现，调整结构也会牵涉法律改革。

如果说，上述两点是20世纪90年代初国际金融机构对法律看法发生改变的两个主要原因的话，那么，我认为，法律再次吸引他们注意的另外的原因就是，法律是主导市场发展的核心工具。法律之所以出现在《全球行动计划》中，在一定程度上得益于拉美经验。第一，过去20年里，拉丁美洲一直在实施市场主导的土地改革计划，① 而且是依靠法律手段进行的。第二，虽然20世纪60、70年代人们对法律之于改革发展的促进很失望，但是人们从未对法律和发展问题失去信心。

但是，世界银行和开发计划署确实再次对法律改革产生了实际兴趣，尤其强调拉丁美洲的经验。② 同时，针对法律和发展问题的研究及著作也如雨后春笋般出现。法律也开始被视为市场经济改革的核心工具。根据这一分析，《人居议程》和《全球行动计划》就更加注重在法律适用下的应用而不是去引领法律的制定。

当然，我们并不是要忽视《全球行动计划》的重要性。我认为，从法律角度来看，《全球行动计划》真正的独到之处和重要意义在于前面我们所提到的法律改革涉及的市场和治理两方面，这些因素在《全球行动计划》中得到了统一。仅凭这一点，《全球行动计划》就值得特别关注，作为执行国内政策的一个主要工具，法律改革却得到了国际支持。然而，《全球行动计划》还具有更加重大的意义。认真阅读《全球行动计划》便可明白，它将调整法律改革的内部政治议程与外部市场议程联系起来，涉及人权、性别政策、政府开放性、正义实现、法院对政府行动提出质疑的权利、参与及民主权利等内容，这些都与市场主导的改革相联系。《全球行动计划》便是最早将民主改革和市场联系起来的国际

---

① Hendrix, S. E. (1995) 'Property Law Innovations in Latin America with Recommendations', XVIII *Boston College International and Comparative Law Review*, 1–58.

② Rowat, M., Malik, W. H. and Dakolias, M. (1995) *Judicial Reform in Latin America and the Caribbean*, Technical Paper 280, Washington D. C., World Bank.

官方文件之一。

我们的看法就是，《全球行动计划》既回应了将土地市场和法律作为土地管理和发展主要工具的全球议程，又推动了该全球议程的发展。该计划的具体政策有哪些呢？我们在此用一些具体表述来加以说明：

> 为确保市场效率，相关政府依法应该：
>
> > 定期审查和调整法律、金融和监管框架，包括各种合同、土地使用、建筑规范和标准框架；
> >
> > 采取各种机制明确产权，比如法律体系、法规、规则或财产评估等；
> >
> > 在不受不当限制的情况下，允许交换土地和住房，并借助透明的和可追责的财产交易程序，以防止腐败行为的产生。
>
> 为确保充足的土地供应，相关政府应依其法律框架：
>
> > 认可不同的土地交付机制，并将其合法化；
> >
> > 制定土地法和法律框架，以确定土地和不动产的性质以及正式承认的权利；
> >
> > 确保土地转让和土地用途变更的程序简化……
>
> 为促进土地市场的高效和土地利用中的环保与可持续发展，相关政府应该：
>
> > 重新评估或必要时定期调整规划，建立监管框架；
> >
> > 通过有效的法律框架支持土地市场的发展，并形成灵活多样的机制，以调动不同法律性质的土地；
> >
> > 审查限制性、排他性、成本较高的法律和监管流程、规划体系、不同标准和发展条例。
>
> 为提高现有住房融资制度的有效性，相关政府应：
>
> > 必要时，建立一套全面详细的财产法和财产权制度，执行丧失抵押品赎回权相关法律，促进私营部门参与度。①

---

① (1996) *Habitat Agenda*, Nairobi, UN – Habitat, paras 72 (b), (c), (d); 76 (a), (k), (n); 77 (a), (b), (e); 81 (e).

《全球行动计划》中有很多类似的表述。因此，在各国调整各自土地管理政策和做法以增强全球经济竞争力方面，该计划成为所有国家遵循的全球性规则。实际上，该计划在某些方面是作为一种国际软法而得到遵循的。在该计划发布后，联合国人居署紧接着又启动了"全球保障土地持有权运动"，该运动作为一项持续且有影响力的工具，其目的之一就是促进立法改革。

最后，我们必须关注另一项非常重要的全球性影响。除了"第二次联合国人类住区会议"相关成果，全球房地产市场蓬勃发展对房地产法律的共同标准和"国际"标准的建立也产生了一定作用。一些社会科学家[①]对此发表了评论。从本章本节的角度看，以下关于土地法一致性的法律评论非常重要：

> 统一的法律可以使商人更容易超越行政边界，拓展生意版图，促进经济发展。统一的法律可以简化交易流程。虽然商业法领域对统一的法律需求最为明显，比如商品销售、商业票据和个人财产担保权益等。但是，随着房地产融资越来越复杂，统一土地法的优势也得以凸显。[②]

必须指出的是，除了在促进土地市场方面营造了有利于土地法改革的学术氛围，世界银行、美国国际开发署以及其他捐助方在推动或协助各国完善市场友好型土地法方面，也发挥了重要作用。在本书第3章，我们分析了世界银行在这方面的转变。

[①] Leaf, M. and Pamuk, A. (1997) 'Habitat II and the Globalization of Ideas', 17 *Journal of Planning Education and Research*, 71–78.

[②] Schreiberg, S. L. and Levy, H. A. (1993) 'The Uniform State Law Movement in the United States as a Model for the Development of Land Privatization Legislation in the Newly Independent States' (unpublished manuscript) quoted in Burke, D. W. (1995) 'Argument for the Allocation of Resources to the Development of a Well-Defined System of Real Property Law in the Czech Republic', 29 *Vanderbilt Journal of Transnational Law*, 661–690.

第5章 桑给巴尔

从本章起，我将根据颁布和改革土地法的先后顺序，审查和评论本书所涉的七个国家或地区的土地法改革方案。第一个就是桑给巴尔。琼斯在20世纪80年代初就对桑给巴尔当时的情况进行过总结：

> 与其作为英国保护国时期相比，尽管桑给巴尔的法律环境发生了改变，但其经济形势仍像过去一样岌岌可危。尽管根据政府生产计划，所有政府土地占用者或依据习惯法而获得土地者都有义务种植农作物，但还是无法避免粮食危机。[①]

托瑞赫姆（Törhönen）介绍了土地法改革进展或新土地法的背景：

> 20世纪80年代初，桑给巴尔政府着手处理农业问题……实践证明，后革命时代土地所有权制度无法有效提供有保障的所有权，也无法满足政府需要……显然，处理农业问题需要同时解决土地和农业政策两方面的问题，需要按以下原则制定土地政策：
> - 土地国有化
> - 重新登记土地并制定国家土地使用计划
> - 设立土地委员会
> - 地方政府设立土地委员会，负责合理使用土地和耕种
> - 开展土地保护立法工作
>
> 土地所有权和土地利用受到特别关注。土地所有权原则如下：
> - 修订《三英亩土地分配法》

[①] Jones, op. cit, 161.

- 对撂荒、疏于管理或非法占有的土地，再分配给那些更加珍惜土地者
- 土地和环境委员会负责土地再分配工作
- 通过合法分配，固定土地所有权

早在1981年，桑给巴尔政府决定设立一个指导委员会，负责审查该国当时土地管理中存在的问题，并为其本身和奔巴岛（Pemba）制定新的土地政策方案……

以下便是该委员会的职责范围：

- 建立一系列能体现社区目标、传统和价值观的土地所有权及管理办法
- 为希望投资土地和促进发展的国民提供有保障的所有权
- 界定土地的公共权利和私人权利，厘清土地管理责任
- 明确政府或国家土地管理指导原则和机制
- 促进土地资源的公平分配，即在国家监督和控制下合理简化土地的再分配和转让流程
- 促进土地交易，同时设立适当的记录机制和执行交易以及解决交易纠纷
- 促进在定居、农业、林业、采矿、娱乐和其他必要活动等方面的土地使用效率
- 通过保护土壤、水、大自然、森林和能源，以保护后代的利益
- 必要时为公共用途提供充足的土地
- 预测并调节擅自占有土地和随意定居者的愿望
- 透过征收土地税可以增加政府收入、收回土地开发及公共服务开支

这些原则，可能来自专业文献及捐助方相关的国际声明。它们的区别在于没有提到对土地市场的刺激。因为在1982年那个时期，社会主义意识形态还不允许这种措辞，哪怕它们的目标很明显是支持自由市场的……

以上原则强调了地方政府在土地管理、地块分配、公约执行和

争端解决等方面的作用。土地政策得到了土地问题部际委员会的正式批准。性别问题是唯一没涉及但却又是每个捐助者十分关注的问题。这个土地政策根本没有提到妇女的问题。否则，该项政策可以引入任何国家。也许，这就是它看起来有点令人不解的原因。①

1989年桑给巴尔设立土地和环境委员会就是制定新的法律框架的第一步。该委员会的土地部门负责协调与分配不同用途的土地，寻求用法律手段和管理策略来解决土地分配纠纷，并制定土地财产评估程序。桑给巴尔土地改革法案在土地所有权中引入了一个新的概念，即"天然土地"。政府是这种土地的唯一所有者。这种土地被定义为"天然土地，不包括任何附着在土地上的有价值的人为开发"。琼斯对此解释道：

> 这意味着，所有具备开发潜力和未开发的土地均归政府所有。实际上，对于拥有附着其上的开发项目的所有有形土地，政府都可能会干预该土地的使用。但是，政府也承认他人在其土地上进行开发的所有权和占用权，因为"土地所有权"被定义为"自然土地上的开发权"或"与土地相关且附带的任何内容，包括占有土地的合法权利"。因而，任何合法占用的土地，如果没有被开发，就会默认属于政府。②

表4.1展示了之后三年所制定的一系列法律。这些法律的总体目标就是通过土地裁决程序建立个人所有权注册制，这种所有权可以进行正常的市场交易，比如出售、租赁、抵押等。但是，所有这些交易都必须得到土地转让委员会的批准。

如果土地转让委员会未履行裁决程序则意味着土地交易自动移交至土地特别法庭，但是，如果土地转让委员会做出了裁决意见，只有在土地特别法庭认定该委员会的裁决存在法律异议的情况下，土地特别法庭

---

① Törhönen, op. cit., 56, 57, 58, 59. 虽然作者没有对该土地政策的"可疑"点进行详细说明，但相当清楚的是，作者的意思就是，这项土地政策更多的是捐助者根据国际模式制定的或者是在捐助者大量援助下制定的，而不仅仅是革命政府制定的政策。美国顾问诺曼·辛格（Norman Singer）在这项政策的制定中发挥了重要作用。当然，这一政策也或多或少地否定了桑给巴尔长达25年的土地政策、法律和实践。

② Jones, op. cit., 162–163.

才接受上诉。土地转让委员会可以拒绝土地交易裁决申请，主要是因为裁决结果可能会导致出让人或受养人及继承人生活困难，或该项土地交易来自银行按揭，或土地交易后会导致土地使用不当。①

托瑞赫姆强调了《土地保有权法》的重要性：

> 1991年年初，由桑给巴尔土地专业人士构成的委员会起草了《土地保有权法》。② 诺曼·辛格称该法案"旨在厘清桑给巴尔群岛上所有的土地关系"。该法案作为众议院通过的第12号法案，将取代1964年革命后颁布的相关法令，也是对1989年年底通过的法令的补充。桑给巴尔总统后来也签署了该法案，但他签署的版本与众议院通过的版本在表述上有些不同，这也造成后来在法律适用上的矛盾……
>
> 1992年版的《土地保有权法》是桑给巴尔主要的土地法，它旨在厘清当地所有土地关系。它规范了抵押和租赁行为，降低了分割土地现象的发生概率，并为土地交易制定了规则。该法包括序言、公有土地、土地占有权、树木所有权、公有土地出让、土地租赁、占有权终止、其他规定八个部分。③

琼斯对这些法律背后的政策，尤其是支撑土地裁决的总体政策（在我看来是其哲学基础）进行了最有趣的独创性分析：

> "占有权""利益持有人""赋予政府自然土地"等概念的使用可以反映出是否选择了某种价值认知而放弃了另一种价值认知。在这个过程中，主要是在两种认知之间做出抉择，要么将土地作为一种保障，即与生活和工作等社会目的有关；要么将土地作为资本，即与创收和偿还债务有着广泛的联系。在桑给巴尔的土地法中，土地既是一种保障，也是一种维护身份的手段。

当土地成为法定权利后，就意味着人们拥有了土地权。就其有效性而言，土地权与各种人权文书所保障的公平获得工资或工作的

---

① Jones, op. cit., 173.
② 根据阿拉巴马大学法学院诺曼·J. 辛格教授的建议（引文中的脚注）。
③ Törhönen, op. cit, 62, 63.

权利相似,尤其在农业社会中更是如此。因为大多数人都是以土地维持生计,遵守着与土地相关的传统与惯例。这种土地权在1992年的《土地保有权法》中有明确规定,该法规定每一个桑给巴尔人在其有生之年都可以获得农业补贴。

土地权(也包含社区的所有土地关系)作为一种生存手段,似乎优先于创造利益。

桑给巴尔土地法的另一个优势在于,土地权并不一定是集体所有权。土地权被赋予了职业功能,而职业功能会产生土地利用能力。对土地所有权进行裁决的完美原则(即允许在多大程度上有偏差或必须接近理想的要求)并不要求绝对控制土地作为财产,而是通过调整土地占有权,以使大多数人能够实现自己的土地权利。①

这一理论很有趣,它认为,如果桑给巴尔土地占有者不将所占有的土地视为赚取利润的手段,土地转让委员会就会恪尽职守。土地市场的形成实际上是个例外,并非制度规则的产物。我不得不对琼斯提出的原则是否能成为标准表示怀疑。从该土地法实施的最新情况来看,由于制度有效性存在重大问题,所以无论用哪种方法都无法得出确切的结论:

只有桑给巴尔公民才能享有占有权,且只有根据《土地登记法》进行登记后才具有法律效力。然而,由于没有土地登记员,也没有土地登记的相关制度,2009年前土地权并未进行登记。

2010年10月桑给巴尔对《土地保有权法》进行了修订,将土地租赁期由49年延长到99年。现在,国内外投资者均可通过租赁的方式获取土地,租期最长99年。土地登记部已经核批了1.4万~1.5万件土地占用权申请以及887份土地租约,其中有617份为最近的土地租约。然而,《土地登记法》并未对土地登记制度的具体实施工作作出规定,这就导致人们对现有权利的法律地位提出了质疑。

2010年,土地登记部部长核批了约600份新的土地占用权申请。据估计,约有8万份土地占用权申请正在等待核批。很显然,政府部门显

---

① Jones, op. cit, 179.

然无法及时核批人们的申请需求。此外，除已经核批的土地占用权申请和租赁申请外，农村地区仍有约 25000 份在革命胜利后提供给人民使用的 3 英亩大小的地块。

《土地仲裁法》（1989 年）规定，要通过系统性的裁决和登记程序来裁定权利。20 世纪 90 年代初进行过几起试点。比如，在芬兰政府的协助下，由土地和环境委员会开展了相关仲裁活动。而这一试点在 20 世纪 90 年代中期由于政治和社会问题而终止，仲裁结果也从未进行过登记造册。[1]

然而，自世纪之交以来，许多规模更宏大的项目启动了，以实施或改革新的法律。但是，由于这些法律彼此间相互独立，并未能给公民带来实惠。2003 年，芬兰政府重新开启与桑给巴尔的合作，对土地和环境实行可持续治理（简称 SMOLE 计划）。第一阶段着重试点计划；第二阶段则始于 2009 年，主要是对前期试点计划的结果进行总结。[2] 然而，由于人才匮乏，报酬低廉，无法激励工作人员，工作进展缓慢。[3]

此外，坦桑尼亚政府还与秘鲁利马智囊团自由与民主研究所（译者注：该研究所倡导在发展中国家进行产权改革，赫尔南多·德索托为其主席）一起，共同发起了财产正规化计划，斯瓦希里语称为"Mpango wa Kurasimisha Rasilimali na Biashara za Wanyonge Tanzania（MKURABITA）"，旨在增强劳苦大众利用其财产创造更多财富的能力。MKURABITA 是一项建议，旨在提出适当的改革方案、执行计划和建立一个体制框架来监测和评价超出法律权限的经济领域正规化进展。[4] 该计划已用于桑给巴尔，并于 2008 年提出了一套详细的改革建议。然而，正如两

---

[1] Onkalo, P. J. and Sulaiman, M. S. (2011) 'Zanzibar: Sustaining the Environment at the Confluence of Cultures', FIG Working Week, Bridging the Gap between Cultures, Marrakech, Morocco, 18 – 22 May.

[2] Government of Finland/Revolutionary Government of Zanzibar (2009) Programme Document for Sustainable Management of Land and Environment Phase II, July 2009 – June 2013, Zanzibar, summarises what has been accomplished so far.

[3] Ibid., 10.

[4] United Republic of Tanzania Programme Management (2008) The Property and Business Formalization Programme Reform Proposals Vol. III: Property Formalization Reform Outlines and Packages for Zanzibar, Zanzibar, 4.

东非土地法改革：传统抑或转型

位评论员所指出的：①

> MKURABITA 计划没有遵循桑给巴尔的法律，它试图在村一级设立土地登记处。由于没有遵循相关法律程序，导致土地裁决无法进行法律登记。《土地保有权法》只对在土地登记处进行过注册的财产提供保护。同时，地方政府也没有能力运用地理信息维持登记注册，且这种做法并不符合桑给巴尔2020年远景目标。

该计划试图建立另外一种所有权登记制度，但是该计划与SMOLE计划是矛盾的。加之大量工作由非桑给巴尔籍顾问完成，所以要增进人们对该方案及其潜在利好的了解是比较困难的。

坦桑尼亚政府还获得了世界银行的财政支持，以实施《加强坦桑尼亚营商环境方案》（简称BEST计划）。该计划在土地领域的目标是建立一个高效的土地管理机构，提供准确的土地信息、高效的土地登记程序和服务以及快速有效解决土地争端的办法。根据该计划，桑给巴尔土地部门必须解决以下（但不限于）问题：

> ● 新的国家土地政策：承认现有的土地所有权制度，并能最大限度地支持桑给巴尔的经济社会发展。
>
> ● 适当的法律框架：审查现行立法及相关条例，颁布新的立法以支持有效的土地市场……
>
> ● 有效解决土地争端：清理积压的土地争端，有能力更好地运行土地法庭。②

因此，如果要很好地执行BEST计划，就得重新审议和改写之前的整个改革。

迈尔斯（Myers）对这一系列改革的特点进行了这样的总结：

> 这些法律和立法改革的总体效果就是将个人财产和土地所有权的新自由主义观念嫁接到社会主义制度中。土地和环境委员会

---

① United Republic of Tanzania Programme Management (2008) The Property and Business Formalization Programme Reform Proposals Vol. Ⅲ: Property Formalization Reform Outlines and Packages for Zanzibar, Zanzibar, 10.

② Ibid., 10.

(COLE)的工作及先前芬兰提供的《桑给巴尔综合土地和环境管理方案》(ZILEM)带来的结果就是,外国人在古嘉岛东部海滨和城市历史核心、石城等主要地区拥有居住权。然而,对于在新自由主义治理下那些城市服务需求等方面的问题,城市贫民几乎没有发言权。[1]

因此,桑给巴尔土地法改革的整个计划似乎是一次不可思议的诡异重复。桑给巴尔的殖民干涉与土地所有权模式没能给桑给巴尔普通公民带来任何好处。即使 BEST 计划得以实施,其结果也是一样的。

---

[1] Myers, G. A. (2011) *African Cities: Alternative Visions of Urban Theory and Practice*, London, Zed Books, 131.

第6章 莫桑比克

人们普遍认为，1997年版莫桑比克《土地法》是非洲大陆上最先进的土地法之一。这样的评价主要得益于联合国粮农组织顾问克里斯托弗·坦纳（Christopher Tanner）对其立法过程所做的详细而又正面的描述。① 他对该法本身和其立法过程描述摘要如下：

> 许多非洲国家将土地政策和改革作为头等大事，而莫桑比克的案例则给大家上了重要的一课。首先，这是一次"法律社会学"在实践中运用的典范。在新法起草之前先进行社会学分析，并对随后每一步的立法过程进行指导。但是，从结果来看，社会学最终在以下两方面起到了非常重要的作用。一方面，立法起草小组考虑了绝大多数莫桑比克人进行土地管理的"规范和做法"，以基于农业经济评估的政策建议为指导。另一方面，立法起草小组充分考虑了包括莫桑比克的社会和政治因素在内的更广泛意义的社会学因素，形成有力共识，确保了新法律得到广泛认可。在任何时候，一个团体的利益绝不能置于另一团体之上。相反，在这一进程中坚持了以两项基本原则为指导：保护现有权利；同时为有利于当地人民和投资者的新投资创造安全条件。因此，通过制定这项法律，绝大多数人已经采取的做法具有合法性，同时也为在农村地区进行新的私人投资提供了安全的环境。
>
> 其次，该项法律被明确设计为一个重要的发展工具，公平和可

---

① Tanner, C. (2002) *Law – Making in an African Context*: The 1997 Mozambican Land Law, FAO Legal Papers Online No. 26, Rome, FAO.

持续发展为其主要的基本目标。该法并非一部简单界定和保护土地权的法律,也不是说其使命一旦完成,情况就不会再发生变化。恰恰相反,该法为长期、渐进和管理良好的农村发展提供了变革条件,通过调整当地结构以提供适应现代土地管理的方法(反之亦然)。通过这样一个过程,当地人民可以实现和利用其关键资产(他们的土地)的资本价值,并通过权力下放和民主化进程,使得政府对土地和自然资源的管理权力直达社区层面。正是这一进程将在新获权力的社区中引起社会变化。[1]

1992年莫桑比克制定《和平协定》之时,就已经表明"土地问题"需做出重大变革。1979年的《土地法》虽然仍然有效,但它背后的逻辑与20世纪80年代中期莫桑比克解放阵线党开始实施的更加市场化的经济已经不相符合。和平条约签订后,难民和本国流离失所的人开始回归并试图收回他们的土地,新的投资者也开始进入莫桑比克,并且没有实际花费资本就从政府处取得了土地。这迅速引发了外来投资者与现土地占用者之间的冲突。1994年10月多党选举后,新政府上台。在美国威斯康星大学土地保有权中心和美国国际开发署的支持下,启动了一项研究方案。莫桑比克的国家顾问、联合国粮农组织的一个技术小组及其他捐助者均参与其中。当时,也有强大的外部压力,要求莫桑比克制定支持市场经济的土地政策和法律,而且必须与农民现有的受宪法保护的土地占用权保持平衡。

《宪法》规定,土地的所有权归国家所有,不得出售、抵押、担保或以其他方式转让。土地的使用权和享有权应是所有莫桑比克人民的权利,这一权利可授予个人、团体或者法人。最重要的是,宪法还规定,国家在授予土地使用权时,应尊重通过继承或职业获得的权利。

在这样的研究和讨论过程中,莫桑比克新的国家土地政策诞生了,其基本目标可归纳为:

保护莫桑比克人民对土地和其他自然资源拥有的各项权利,以

---

[1] Tanner, C. (2002) *Law–Making in an African Context: The 1997 Mozambican Land Law*, FAO Legal Papers Online No. 26, Rome, FAO, 1.

促进新的投资，提升可持续地、公平地使用这些资源。

莫桑比克新的土地政策明确承认，传统的土地制度以极低的成本践行着重要的公共服务功能。通过对这个新的土地政策的制定进行研究，不难发现：

> 传统土地使用权制度仍然占该国土地使用权的90%以上，传统的首领对土地和自然资源的管控依然强势，而村民们认为这些都是合法的。当然，首长们多多少少也成功地向自己的领地成员分发了一些土地，这一举措主要调解了一些与土地有关的内部冲突，维持了社区墓地、圣林、公共区域以及具有历史意义的遗址。当地人民仍然认可传统的土地管理单位以及这些单位之间的权力范围，而且这些权力可以通过参与实际土地工作得以确认。[1]

因此，这项新的土地政策就是要承认传统的土地权和土地管理机构，并坚持贯彻下去。而莫桑比克解放阵线党则是要推翻该政策的长期战略和现代化哲学的核心原则，废除酋长和那些被视为殖民时代产物的传统土地管理机构。

新的土地政策一经获批，1995年就成立了土地委员会，着手制定新的土地法，以便对如何实施新的土地政策作出规定。坦纳及其后来者奈特（Knight）将这个过程形容为"迄今为止非洲历史上最具参与性的立法过程之一"。[2] 这部《土地法》于1997年得以颁布实施。奈特对这部法律的主要要素的总结正确地概述了其立法精神：

> 莫桑比克的土地法将事实上的传统权利转变为法律上的保有权，承认传统规范和做法是获得国家"使用权和收益权"的一种方式（葡萄牙语为 Direito de Uso e Aproveitamento da Terra 或 DUAT）。根据莫桑比克1997年版《土地法》，土地使用权可通过以下三种方式实现：

---

[1] Knight, R. S. (2010) Statutory recognition of customary land rights in Africa: An investigation into best practices for law-making and implementation, FAO Legislative Study 105, Rome, FAO, 106, 99–150.

[2] Ibid, 106.

1. 根据不违宪的传统规范和惯例，由个人及当地社区占有（第12条第1款）；

2. 由"诚信使用土地至少十年以上的国民个人占有"（第12条第2款）；

3. 通过"个人或法人向政府土地管理人员提交申请"，政府土地管理人员经与所申请土地所在地社区协商并征得其同意后，可批准50年的租赁权（这是外国人以及国内外公司取得租赁权的唯一途径）。

重要的是，无论是通过传统条款、善意占有还是公开申请和协商而获得的土地权，在法律上均一视同仁。在这三种情况下，均为私有权利，持有人皆可将第三方排除在外。此外，"无论男女个人还是当地社区都可获得土地使用权及其收益权"，可以"单独或与其他个人或法人以共同名义获得这一权利"。家庭、当地社区及其居民都能免费使用土地并获得收益。

根据前两种方法获得土地使用权和收益权的，并非一定要登记土地债权。第14条第2款非常明确地指出，"没经过登记并不妨碍土地使用权和通过占有而获得的权益。但须得到证明"。该土地法还规定，"依据传统做法而占有土地的地方社区"自动"获得土地使用权和收益权"（第9节第1款）。任何人在土地法通过之前（或已经在土地上生活了十年以上），根据"不违反宪法"的传统规范和惯例而获得土地所有权者，就会自动拥有该土地正式的使用权和收益权，法律效力与授予投资者的任何书面授权一样。这些习惯权利中没有任何一项需要预先正式登记，没有证明所有权的文书并不影响土地权的效力或有效性。无论是否采取任何行政措施或启动任何正式程序，土地权都是存在的且可强制执行的。这些权利是有保障的、可继承的，并可以通过正式协商程序在社区内/外转让给第三方……

如上所述，立法者从未试图对莫桑比克传统或"习俗"另外进行定义。相反，他们将土地法设计成充满活力而又灵活的法律文本，能够同时容纳许多不同类型的土地权和土地拥有权，并允许国家在一段时间内进行政治和经济变革。为实现这一目标，土地法只规定：土地权利依据习惯规范和惯例而获得；地方社区"使用习惯规范和惯例等"参与资源管理、解决冲突和授予所有权（第24条）。因此，这部法律包含了足够模糊的要素，足以将该国众多的习惯制度纳入其中……

为了最好地保护农村小生产家庭现有的土地权利，并确保村民能够继续按照惯例使用土地，立法者们选择使社区作为最重要的法律实体。社区边界显然受到保护，不受外界侵犯。在这种情形下传统的土地使用和管理机制更具优势。因此，莫桑比克的土地法规定，一般来说，社区土地按照惯例是基础单位，所有其他土地和自然资源权利都由此产生。在社区边界内，存在着一系列个人权利、家庭权利及其他权利，所有权利都由当地土地管理系统按照现行的一套习惯原则进行分配和管理。根据土地法第10条和第12条，"地方社区"可以是其所有成员所使用和占用土地的所有权持有人……

这部土地法将地方社区定义为"由家庭和个人组成的团体，居住在某一区域或更小的地区，其目的是维护他们的共同利益"（见第1条第1款）。这一定义基于社区对土地的占有和使用（基于每个社区普遍的土地使用、亲属关系和内部管理制度），目的是使其能够适用于莫桑比克的各种文化和生态环境。该定义将社区规模确定为"某一区域或更小的地区"。事实上，根据这个定义，社区或团体可能有各种组织表现形式。一个社区可能是一个传统的单位，其基础可能是宗族或酋长国，或者大家庭，或仅仅是一群邻居……

这部法律虽然并没强制要求社区正式登记社区土地使用权，但是，社区可选择登记其权利并获得其土地权利书面证明文件。这一过程并没有创造权利，只是为之前已经存在的权利开具书面证据，人们称之为"社区划分法"（与土地裁决一样，适用于社区土地，而非个人土地）。

与社区一样，莫桑比克的公民个人也可以通过"习惯规范和做法"或"善意"占领获得土地权。这一过程对个人来说也是自动的，不需要经过特别的程序。这种个人和家庭土地使用权在土地法生效之时就正式确立了。没有法律文件并不会损害家庭或个人的土地权效力。

莫桑比克国民经占领所获得的"使用权和收益权"是一项永久的土地权。然而，由于所有土地归国家所有，土地不能由权利持有人出售或转让。但是，"土地上现有的一切基础设施、结构和改善工程"均可出售或转让。

除了习惯权利和十多年的善意占用，获得土地使用权和收益权的第三种途径便是国家以土地法规定的方式批准个人或法人提出的申请，这也是外国人和国内外公司获得土地使用权和收益权的唯一途径。当然，这些申请只有在涉及"经正式批准的投资项目"或外国申请人符合适当居住条件的情况下才能获得批准……

国家批准的土地使用权和收益权期限为 50 年，到期后可申请再延长 50 年，且可以转让和继承。更重要的是，在国家批准土地使用权和收益权之前，投资者还必须与被批准土地所在社区或相关的几个社区进行协商，"以确认该土地目前没有被占用"。因此，投资者必须与合法拥有该土地使用权和收益权的社区（根据传统获得）进行协商，并主动要求社区将土地让与自己。

在协商过程中，所在社区可同意也可拒绝将所申请的土地让与投资者。有关土地使用权及收益权的申请，除非已经与土地所在社区进行过协商，否则不予受理。法律强制性要求投资者必须与社区进行协商，这也是莫桑比克土地法的核心原则。①

这部法律中也有许多含糊不清的地方和不明确的规定，需要通过制定条例和技术附件加以补充。这些模棱两可之处，在一定程度上反映了该法在制定时所涉及的冲突关系。坦纳认为，旧思想在"重要圈子"中仍然得到强烈支持，要摆脱过去就存在一定的困难：

---

① Knight, R. S. (2010) Statutory recognition of customary land rights in Africa: An investigation into best practices for law‑making and implementation, FAO Legislative Study 105, Rome, FAO, 107, 108, 110, 113, 120, 125, 126.

  这种主要依靠过去根深蒂固的想法和"近在咫尺"的经验政策进行的解释，往往会导致"新瓶装旧酒"。

  一个很好的例子就是1995年新的"土地政策"在推行了一系列激进、进步的新原则后，该政策的执行模式却是旧的殖民模式，在促进国家发展的同时又堆砌着一些保护当地人民的新论点。

  该国的土地被划分为几种明确的类型，但不是分为西方意义上的农业区、住宅区或商业区等类型，而是根据谁可以使用土地进行分类。第一类土地容易让人联想到殖民时期专门为当地农业而保留的分类方式（即"家庭部分"），而且只有在这些地区才能适用习惯土地法和土地管理。对国家管理来说，其他地区实际上是"自由"的，当然也应是安全的。因为，国家需要考虑到农村人民的生存需要，因此，这类土地需要处于没有冲突的状态。

  许多人仍然认为，必须给予当地人民在法律范围内的专属权利，以使他们得到充分的保护。然而，由于权力因素和经济利益的总体格局，这种想法将不可避免地把大多数农村人口要么安置在更偏远的土地上（就像殖民时期出现的那样），要么安置在比社会经济系统所依赖的农场小得多的地方。[①]

2002年坦纳即指出，1997年《土地法》执行比较缓慢。2008年，奈特对这种担忧进行了呼应，他也指出：

  尽管民间社会组织以及法律司法培训中心对社区和国家层面的政策执行者进行了宣传和培训，付出了巨大努力，但是，1997年《土地法》在通过十多年后仍未得到妥善执行。这些执行问题的根源在于政府的政治意愿薄弱且缺乏监督。迄今为止，莫桑比克政府的重点是促进投资，却没有向地方、地区和省级土地管理机构分配足够的资金和人员，也没有对人员进行充分培训。[②]

  公民的法律意识极其薄弱，社区不知道如何捍卫和施展自己的权

---

  ① Tanner, op. cit., 47, 48. 他接着指出，投资者在未经充分协商的情况下获得了新的土地使用权，加之存在着体制和政治障碍，最终导致执行缓慢。

  ② Knight, op. cit., 131.

利。从技术层面讲，政府和私营部门执行这项法律的能力不足。司法机构的能力也十分薄弱，人手不足。因此，本可以在地方一级以传统方式解决的土地争端，往往由上一级行政人员进行处理，而这些行政人员并不支持来自地方的投诉者。通过研究发现，这是由于国家土地管理人员还没有完全理解土地法的核心前提：传统的土地诉求与经过正式登记或授权的土地诉求具有同等法律效力。但是，政府本身似乎希望通过法律解释来规避法律本身的规定，限制社区划界范围，甚至限制社区的土地面积。更令人担忧的是，政府现在声称，它有权宣布"未使用的"社区土地是"自由"的，并声称对这些土地拥有管辖权。[1] 政府同时向社区保证，如果社区正在使用各自的土地，他们则不会失去这些土地。但是，政府对"正在使用"本身却没有给出任何定义。政府在与投资者协商期间，对社区的土地权利也缺乏支持。社区内的土地管理没有或很少受到监督。

2011年美国国际开发署的《国家概况》中多次提到了许多类似情况：

> 大多数农村居民不清楚他们作为社区和个人有哪些与土地相关的权益。而那些清楚的人也缺乏资金或技术来有效维护自己的权利。缺乏支持的社区没有能力划定他们自己的土地或是制订土地发展计划，也没有能力与潜在投资者进行有效的谈判。缺乏类似支持的小农户也无法标定和登记其土地权，没有能力保护自己的权利不受第三方分割。总体而言，在大多数地区，这部法律均未得到充分实施。到目前为止，大多数公民还没有从法律改革中充分受益，其中有一半以上为穷人。关于社区和个人土地权利的法律规定，地方官员往往也知之甚少。很多情况下，投资者和社区之间所进行的协商流于形式，没有多少实质意义。[2]

美国国际开发署的《国家概况》中提到，美国千年挑战公司

---

[1] Knight, op. cit., 137.
[2] USAID Country Profile (2011) *Property Rights and Resource Governance Mozambique*, Washington D. C., USAID, 1, 3, 4.

（MCC）正在全面资助一个土地所有权服务项目，主要包括通过政府于2010年10月设立的土地政策协商论坛进行政策和立法审查工作，并与捐助方共同建立服务中心，向社区及其成员提供服务，使他们能够认识到其拥有的土地权并从中受益。尽管这样做肯定是有益的，但正如坦纳和奈特所指出的那样，真正的问题在于，政府对法律的承诺都是不确定的，尤其是政府强调的社区土地权的首要地位以及通过传统程序管理社区土地等。奈特对此相当直言不讳：

> 最令人关注的是，有关土地法执行情况的数据压倒性地表明，从政治上讲，国家官员不想看到土地法全面颁布。政府不断地阻挠该法进步内容的执行，加大了该法实施的难度。根据第35条规定，社区的土地不需要得到国家批准。但是，实际上社区协商工作的执行存在严重缺陷，社区划界也缺乏国家资金的支持，这些迹象就是从国家层面缓慢削弱社区土地法律效力的最明显表现。

> 此外，第15/2000号法令（通过将"社区机构"变成一种国家行政管理的延伸）有效地重申了对社区的行政掌控，并认为批准投资者土地权利只需与这些社区机构协商。这进一步表明，国家正在寻求对土地和自然资源更严格的控制管理办法，并倾向于收回社区土地，与其共同所有，和社区一道积极地决定他们如何管理他们的土地。最重要的是，尽管有各种宪法保证，但无论是土地法还是莫桑比克法律，目前都没有任何明确的法律机制使社区能够保护自己而避免政府官员将大片社区土地让给国内外投资者，因为，土地最终归国家所有，社区只拥有土地"使用权和收益权"。[①]

在世纪之交，坦纳著作所体现的乐观主义已让位于十年后奈特著作所体现的悲观情绪。但是，就连奈特也不知道，莫桑比克政府在美国国际开发署的支持下成立了一个机构，专门负责审查相关政策和法律，以取消对农村土地使用权转让的限制，赋予投资者更多权利，并限制政府在审查开发计划方面的作用。旧有的殖民地土地权分配方式的复兴似乎

---

① Knight, op. cit., 148, 149.

即将到来。对此,坦纳早有先见之明。他指出,社区土地"储备"中可供普通公民使用的土地数量十分有限;但在繁荣的土地市场上,国内外投资者能够从中获取和使用(或酌情不使用)社区土地上的"未使用的土地",而这些社区对这种滥用职权的行为毫无办法。

第7章 乌干达[①]

许多乌干达人认为，1975年版《公共土地法》是当时解决乌干达土地问题的最佳方案。但是，这部法律实际上从未得到较好的执行。从《公共土地法》颁布之日起，到20世纪80年代中期，乌干达内战持续不断，尽管历经几届政府，但没有任何政府真正承诺过要实施这部法律。实际上，乌干达土地所有权制度运行混乱不堪，导致各种各样的土地问题。根据传统所有权而占有土地者缺乏权利保障，妇女没有使用土地的权利，对资源的不可持续利用和对保护区的侵犯导致土地普遍退化。

在政策层面，情况有所不同。20世纪80年代中期以来，世界银行便开始参与乌干达当地农业政策的改革，这种改革从土地所有权改革开始。1987年，土地所有权工作组建议研究《土地改革法令》实施的效果，以制定健全的国家土地所有权政策，恢复和更新土地注册制，促进农业发展。1989年，该研究建议废除《土地改革法令》，制定新的政策，以促进以永久所有权为基础的土地市场的发展。迈罗（mailo）土地所有人、迈罗土地承租人、公共土地承租人和传统佃户（根据习惯保有权拥有公共土地的人）应当获得他们所占有土地的永久所有权及其后的自由处置权。迈罗土地所有人的土地因佃户的特许租赁而转为自由所有土地，佃户因此获得土地，而相应的所有人也将因此得到补偿。

[①] McAuslan, P. (2003) 'A Narrative of Land Law Reform', in Jones, G. A. (ed.) *Urban Land Markets in Transition*, Cambridge, MA, Lincoln Institute of Land Policy. This in turn was revised and expanded into Chapter 13 of McAuslan, P. (2003) *Bringing the Law Back In*; *Essays in Land, Law and Development*, Aldershot, Ashgate, 310-352.

上述建议被审议工作组所接受，并设立了一个土地所有权法律改革技术委员会，将这些政策建议转化为法律。该技术委员会提出了一项法律草案，该法律草案虽然与《公共土地法》有些重复，但也有重大改变，如没有恢复迈罗土地，而是转变为永久所有权。习惯所有权虽然仍然像过去一样模糊，但却规定了通过裁决程序转为永久所有的可能性。租赁权可以自动转换为永久所有权。该法律草案还提议由乌干达土地委员会对土地实行集中行政管理。

该技术委员会就这些建议进行了进一步磋商，并专门设立了另外一个机构负责开展全国范围内的协商工作，特别是关于转换为永久所有权对习惯所有权的影响。因此，1993年6月，土地所有权法律改革技术委员会向乌干达银行农业秘书处提交了一份新的《土地法案》。这项新法案一方面在土地永久所有权的使用期限和国家控制之间进行了艰难的抉择，另一方面确定了由土地委员会、各区级机构和地方当局实施该法案。

正是在这个关键时刻，宪法层面的土地使用权改革也开始启动。自1992年起，宪法制定这一重要工作在乌干达展开，而土地问题又是其中一个关键性问题。经过多次辩论，1995年10月《乌干达宪法》生效，其中第15章包含了各种特别重要但并非完全一致的条款，在此略加概述。

《乌干达宪法》解决了四个特别重要的问题。第一，首先赋予根据习惯占有土地者的所有权。他们不再是公共土地上的传统佃户。根据《土地改革法令》，乌干达所有土地以前都属于公有土地，即使根据《公共土地法》及早先的《王权土地法令》，传统上所有被占领的土地都属于公共土地。因此，这一所有权规定，将公共土地限制为政府当局实际拥有或明确预留为公共用途的土地。

第二，恢复迈罗土地。事实上，正如历届委员会所承认的那样，迈罗土地所有权事件与永久保有权事件是一样的，但迈罗土地的象征意义太大，制定宪法时不能忽视这一问题。然而，恢复迈罗土地，同样有必要解决迈罗土地上的地主与佃户的关系问题，以及合法善意占有者的问题。尤其是在1986年年初奥博特二世（Obote Ⅱ）政权垮台和全国抵抗运动组织（NRM）上台之前的内战期间，全国抵抗运动组织就这一问题向布干达（Buganda）农民做出过承诺。

第三，必须处理好基巴莱地区持续存在的土地关系问题。制宪会议不可能就这些问题达成协议。因此，宪法中增加了一些条款，用以暂时冻结现状，而将这个问题的长期解决方案抛给了新的议会。

第四，《乌干达宪法》就公共土地租赁规定了特许使用权。这当然不是自动的，而要根据议会的相关规定获得。然而，这一规定与取消公共土地的目标是一致的，而公共土地又是《乌干达宪法》第237条的基石。租赁土地的佃户和传统占有人之间任何潜在的土地权利冲突问题都没有得到解决，也留给了议会。

最后，《乌干达宪法》规定，据宪法选出的议会在第一次会议后两年内（即1998年7月2日前）应颁布一项法律，以落实《乌干达宪法》关于土地的一般原则问题。

在此背景下，《土地法案》有一个重要结论。它认为，政府虽然在过去15年里开展了许多与土地所有权问题相关的工作，但没有制定任何全国性土地政策。全国性土地政策必须统筹考虑《土地法》、其他法律以及总统和部长们在讨论该法案时有关诸如农业发展、环境保护和减贫等问题的声明。该法案本身在不同时期也被认为是对所有这些事项的一种积极贡献。虽然大家认为全国性土地政策缺乏是一大缺陷，但是，制定全国性土地政策的工作早在21世纪初就已经开始，而且在《土地法案》生效十多年后的2009年9月，全国性土地政策第四个草案最终取得成功。此时，这种趋势似乎才得以停止。

《土地法案》主要解决了几个问题。首先是传统所有权问题。《乌干达宪法》规定，根据传统所有权而占有土地者今后应是其正在使用和占用的土地的所有者，并可获得证书，作为传统所有权的书面证据。具体来说，将由教区土地委员会（PLC）对土地权利和边界进行裁决和划界，然后向区土地委员会（DLB）提交关于证书申请的建议；根据DLB的建议，一名县级以下的记录员将对此申请进行登记并签发传统所有权证书。该土地法案还规定，第三方的土地权利应在裁决时予以记录，并在第三方权利受保护的前提下签发证书。该法案规定，对传统习惯权利的裁决完全是自愿的，而且只是以个别裁决过程为基础，并没有规定要基于该地区多数希望裁决的人的主要想法进行系统性裁决。

在传统所有权下拥有土地者可以进行各种土地交易，实施商业行为（如出售、租赁、抵押）和家庭行为（如赠与或写入遗嘱）。在已经签发传统所有权证书的情况下，这些证书将成为交易的媒介，必须在登记处进行登记造册后，交易才有效。该法明确规定，传统所有权证书"应被金融机构承认为所有权有效证书"，但如果金融机构拒绝执行这一强制性且有点不切实际的命令，也不会受到任何制裁。

根据传统法而拥有土地的人，并不能申请传统所有权证书，但可以申请土地永久所有权。虽然也会采取同样的权利裁决程序，但土地划界和有关地块的测量必须符合《土地调查法》规定的标准，所有权的登记过程将按照《所有权登记法》进行，整个过程比申请传统所有权证书耗时要长得多，费用也要高得多。申请者的申请在不侵犯第三方权利的条件下，可以获得土地永久所有权。

其次是佃户权利问题。《土地法案》规定，人们如果希望以社区为基础，按照传统法或任何其他土地所有权而拥有和管理土地，那么可以组成一个区土地委员会。这样就可以获得只供个人或家庭单独使用的土地，并由成员商定持有和管理预留给委员会成员共同使用的土地。从私人地主手中租赁土地的佃户（在该法中被称为合法或善意的土地占用人），可以通过与传统土地所有者获得传统所有权证书类似的程序获得占有权证书。占有权证书由记录员签发，并在县级以下登记处简单登记。实际上，这类佃户享有永久租赁权，他们只需支付相应的租金即可。但如果他们不支付租金又缺乏合理理由的话，那么他们则可能会丧失租赁权。他们有权转租土地，但要进行出售、转租、抵押等商业交易，则须征得地主的同意。如地主与佃户之间产生分歧，如双方对是否交易这一问题不能达成一致意见的，则可向土地特别法庭提出上诉。

佃户如要转租，地主享有优先权；地主希望出售其未来可继承权（reversionary interest），则佃户享有优先权。如果双方在调解人的调解下也无法达成一致的话，则当事双方可以在公开市场上出售各自的权益。作为出售的另一种选择，双方当事人可以商定将土地按约定的比例分配，各自成为部分土地的永久持有者，或者成为土地的共同所有人。在城区，地方议会可以要求地主和佃户共同商定一项计划开发方案，作为土地开发许可的条件，但其中必须包括对该开发项目的未来所有权和占用的安排。这为双方约定土地共享或土地调整事项提供了法律依据。

《土地法案》规定，佃户有权获得其地主的租赁特许经营权，而无权要求其地主将其相关权益出售给佃户。尽管《乌干达宪法》第237条第9款b项规定，议会应颁布法律"规定占用人获取土地可登记权益"，这似乎暗示应赋予占用人获得业主权益的权利。这项规定针对基巴莱区长期存在的土地所有权问题，特别规定了获得地主未来可继承权益的机会，这也是创建土地基金的原动力。

持有前公共土地租契的租赁人，同样有权向区土地委员会提出申请，争取租赁永久期权。凡申请面积低于100公顷，且符合特定租赁条件的，即可免费获批。但是，如果申请面积超过100公顷，除需符合特定租赁条件外，该申请还必须符合公众利益（但在该法案中未对其进行定义），且申请人须为永久期权支付相应的市场价值。

该法案对《乌干达宪法》关于区土地委员会的相关规定进行了强调与补充，其中最重要之处在于：区土地委员会在履行其职能时应独立于乌干达土地委员会，不受任何个人或机构的指导或控制，只能根据国家和区议会的土地政策行事；45个区都须设立区土地委员会，负责分配不属于任何个人或机构的土地，以促进土地权益登记和转让进程；区土地委员会接管及行使公共土地租赁权，制定强制征用土地时应支付的补偿制度，并对此进行审查；区土地委员会可对土地进行更改、修缮和拆卸土地上的建筑物，也可出售土地租约或以其他方式处理其所持有的土地；区土地委员会的开支及相关费用由地方行政基金列支。

全国所有区土地委员会下辖大约4517个教区，每个教区设有一个教区土地委员会。《宪法公报》上公布的64个城市和分区各设立一个城市土地委员会（ULC）。教区土地委员会是申请传统所有权证书的第一级申请机构，负责土地边界和权利裁定；其关于所有权和保护第三方权利的建议将提交给区土地委员会，如果被采纳，则将成为记录员签发传统所有权证书的依据。因此，它们在该法案的实施方面发挥着基础作用。

该法案还规定，除高等法院外，其他法院对土地争端没有管辖权。但是，每个区都应设立一个区土地特别法庭，由一名主席和两名成员组成。区土地特别法庭的主席有资格担任一级治安法官，法庭所有成员均由首席法官根据司法事务委员会的意见任命。区土地特别法庭下设县级土地特别法庭和城市土地特别法庭，所有成员都由司法事务委员会任命。然而，该法案并未规定哪个机构负责管理该法庭及负责该法庭的财政支持。这些土地特别法庭对下列事项享有司法管辖权：授予、租赁、收回、转让或取得土地有关的土地纠纷。无论上述行为是根据该法案还是其他方式引起的，以及在个人之间还是涉及土地委员会或其他负责土地事务的机构之间，特别法庭对强制征用土地应支付的赔偿款也有管辖权。区土地特别法庭审理来自县土地特别法庭和城市土地特别法庭的上诉案件，高等法院负责审理来自区土地特别法院的上诉案件。

除了土地特别法庭外，该法案还为解决争端提供了两个替代渠道。第一个是传统的争端解决与调解方式：传统机构可以继续行使其裁决传统所有权纠纷的职能，或作为争端调解人。第二个是土地特别法庭委任的调解人：协助各方达成和解。调解人无须具备任何特殊资格，只需品德高尚、为人正直，按照自然公正原则及调解一般原则履职。

根据该法设立了乌干达土地委员会。该委员会由五人组成，这些人均经议会批准后由总统任命。该委员会的主要职能是作为政府的土地代理人和物业管理人，承担与土地有关的全部交易活动。另外一项重要职能是对乌干达已使用、占用或留作公共目的的土地进行调查和所有权划分，而这一工作实际上是评估公共土地的残留部分。在过去，几乎所有土地都是公有土地，强制要求传统所有权土地占有者离开土地是一个简单的过程，因此，无须对那些已使用、占用或留作公共用途的土地进行调查和登记。但现在，当大多数土地归个体私人所有后，公共土地缺乏明确的边界，就会给公共开发项目带来严重的问题。

该法案赋予该委员会另一项职能——管理依据该法案建立的土地基金。基金包括国会拨付的款项、政府获得的贷款、捐赠者的赠款以及负责土地的部长与负责财政的部长协商批准的其他来源的资金。基金会将向佃户提供贷款，以使他们能够获得《乌干达宪法》第 237（9）（b）条所述的可登记权益；帮助政府购买或获得注册土地，以使佃户能够根据《宪法》获得可登记权益；对因政府征地、自然灾害或任何其他原因而无家可归的人进行重新安置；协助其他人获得土地所有权。

从一开始，该法在执行层面就存在问题。政府没有对实施该法案的费用进行预估。来自非官方预估，实施该法案将需要 20 000 多名公职人员。财政部明确表示，不可能也不会提供该项公共资金。该法案执行部门试图说服各区共用官员和土地法庭的做法也遭到拒绝，没能成功。根据该法案规定，乌干达水土环境部的官员们将丧失其关于土地的相应权力，行使这些权力所带来的好处又会破坏该法的实施，事实也的确如此。司法事务委员会在任命土地特别法庭成员方面也遇到了相当大的障碍。十年过去了，土地特别法庭并没有设立，而其他法院也已根据该法终止了对土地争端的所有管辖权。有一项关于乌干达土地冲突的研究①得出如下结论：

> 过去，旨在减少土地冲突的政府干预效果似乎并不好。事实上，取消处理冲突的传统机构，而又尚未建立新的机构来处理纠纷，这样甚至可能增加冲突发生的概率。此外，对妇女权利的不重视可能会使寡妇们更难避免出现与继承有关的冲突。

> 我们的调查结果表明，在乌干达，土地冲突对生产力和公平正义都产生了负面影响。在乌干达，旨在减少冲突发生率和影响的法律变革并不会自动成功。这意味着，该法案要想产生效果，就必须得以有效执行。我们的抽样调查表明，除了与之相关的社会紧张之外，土地冲突对农业产量影响巨大。也就是说，即使法律执行工作需要付出相当多的努力，从经济和社会的角度来看，加大付出也是有道理的。

这是对人们寄予厚望的 1998 年《土地法》整体影响的最严厉但却是最公正的评价。影响该法执行的两个问题分别是：妇女权利问题以及

---

① Deininger, K. and Castagnini, R. (2006) 'Incidents and impact of land conflict in Uganda', 60 *Journal of Economic Behaviour & Organisation*, 321–345, 342.

土地佃户与善意占用者的问题。这两个问题必须加以讨论。①

关于佃户和占用者的问题,可以追溯到 1900 年乌干达殖民政权开始时期,这一问题已经困扰我们一个多世纪了。解决这个问题最新的做法来自 2010 年版《土地法》(修正案)。该法于 2008 年首次进入国民议会程序,但直到 2010 年才出台。但该法对这一问题的解决效果可能并不比其他法案好。朱莉娅·施瓦兹(Julia Schwartz)② 对该法案作了精辟而又极其重要的概述。以下这一大段摘录解释了该法案的背景、内容和缺陷:

> ……大多数合法和善意居住者皆是位于布干达的所谓迈罗土地占用者。殖民前,这片土地大部分由布干达国王控制,封给他的巴孔古(bakungu)酋长和巴通戈(batongole)酋长们,由那些在半封建制度下不得不向酋长们进贡或为他工作的农民所占领。1900 年协议签订后,布干达的土地分配给了英国保护国政府、布干达国王、王室以及大约一千名酋长和各界名流。政府的土地被称为皇室领地,而另一部分则被称为迈罗土地。
>
> 而以前在迈罗土地上定居的当地农民或种植者们(bibanja,持有者)成了佃户,必须为自己种植的棉花或咖啡等作物支付地租(busuulu)并上交公粮(envujjo)。多年来,因地主们一直提高地租和公粮量而引发骚乱。1927 年颁布的《地租和公粮改革法》确定了地租和上交公粮的比例,该法案规定,除法院命令以及出于公共目的或其他良好而充分的理由外,任何人不得驱逐 bibanja 持有者。
>
> 1937 年版《托罗(Toro)地主与佃户法》和 1947 年《安科莱(Ankole)地主与佃户法》对佃户与地主之间的关系做出了类似的规定。但 1975 年版《土地改革法令》废除了这两部法律,至少在理论上将所有的迈罗土地和所有的自由土地变成了租赁土地,并使

---

① 妇女土地权益问题将在第 13 章进行讨论。
② Schwartz, J. (2008) 'What Should be Done to Enhance Security in Uganda and Further Development? The Land (Amendment) Bill 2007, its Shortcomings and Alternative Policy Suggestions', http://library.fes.de/pdf-files/bueros/uganda/05914pdf. Available only in this form. 仅此形式可用。

bibanja 持有者失去了所有权，无权继续收取地租或公粮。直到有了 1995 年的《宪法》和 1998 年的《土地法》，迈罗土地和自由所有权土地才再次出现，再次对土地占用进行保护。

为了恢复 1975 年以前的状况，1998 年版《土地法》将迈罗土地权也规定为土地所有权的一种，允许永久持有登记土地，但要区分土地所有权与合法善意占用人对土地的开发权。

该部土地法将"合法占用人"定义为：(1) 按照《地租与公粮法》《托罗地主与佃户法》和《安科莱地主与佃户法》占用土地者；(2) 在地主同意下占用土地者，包括买方；(3) 根据传统租赁法占用土地者，签发租赁证书后，其租赁不能继续或获得补偿。

"善意占用人"是指在 1995 年版《宪法》生效前（即自 1983 年 10 月起），在未受到登记所有人或代理人质疑的土地上连续居住了十二年或更久的人，无论是否擅自占用该土地。还包括 1995 年以前由政府安置在相应土地上定居的人，但在这种情况下，土地所有者可获得补偿。因此，根据 1998 年版《土地法》，1975 年《土地法令》颁布之后的土地占用者，以及这些年来的非法佃户，都享有土地占有权保障。

必须指出的是，即便根据这部土地法，要驱逐这类善意及合法居住者也只能以对方不支付租金为理由，而且只能依据土地特别法庭的命令。根据 2004 年《修正法案》第 14 条而修订的 1998 年《土地法》第 31 条规定，佃户应支付租金，租金具体金额由土地委员会在部长批准后确定。这种租金是非商业性质的。只有连续两年以上不支付租金才可能导致租约终止。在驱逐佃户之前，地主必须遵循具体的程序。除不交租金外，该土地法并没有列出地主可以据此驱逐善意与合法占用者的其他任何理由。

《所有权登记法》进一步加强了土地占用的安全性。该法第 64 条第 2 款规定，即使证书上记载的土地没有标明其为担保物，也须以佃户的利益优先。这意味着任何拥有所有权的土地购买者均受制于土地上附加的任何产权负担，包括善意和合法占用人的权利。因此，根据现行法律，即使是土地购买者也只能因不支付租金和仅根据法院命令进行驱逐。总而言之,这意味着以上修正案尽管重申了现行法律的规定,但是驱逐只能以不支付租金为由,且在法院命令下实施。这一修正案并未为佃户引入任何新权利。

鉴于这些细微的改变仅仅是制度上的变化,人们可能对于提出该修正案的原因比较好奇。结合当前土地管理系统的状况,看起来此次修改的主要原因是为了应对制度上的缺陷。1995年《宪法》和1998年《土地法》引入了土地管理和争端解决的分权制度。区一级所有土地事务的主管部门应是区土地委员会,区以下或县一级的土地委员会参与协助管理。

土地纠纷应由区土地特别法庭处理。然而,到目前为止,土地特别法庭和区土地委员会都因缺乏资金和缺乏有效的监管体系,未能很好地履行各自职能。根据1998年版《土地法》规定,区土地委员会应由五名技术人员(登记员、估价员、测量师、物理规划师、土地干事)负责开展工作。但是,到目前为止,大部分的区土地委员会只有一名土地官员,甚至有的区根本没有设立土地委员会。至于土地特别法庭则被完全弃置,导致土地案件在民事裁判法院堆积如山。

新提出的修正案显然是为了规避这些问题,赋予部长决定租金的权力,并赋予普通法院下达驱离令的权力。然而这些制度上的变化,并没有解决驱离占用者的真正问题。

目前驱逐的原因不是缺乏保护土地占有者的法律,而是这些法律对于土地权利的规定彼此冲突,而且缺乏有效登记制度和能够指导土地管理的协调一致的土地政策。依据现行规定,只容许地主收取非商业性质租金,并只可将不缴付租金的佃户逐出,这导致登记土地所有者对"他们的"土地实际上没有任何主动权。这种法律规定也适合于那些被佃户占用的土地,这是可以理解的。因为这些佃户是bibanja持有者的继承人,他们所占土地已经根据1928年《地租公粮法》或1937年《托罗地主与佃户法》和1947年《安科莱地主与佃户法》取得了授权。然而,对于那些真正占用者来说,这种土地占用是不完善的。因为在1995年版《宪法》生效之前,土地占有者在没有受到土地所有者质疑的情况下，已经占用了该土地 12 年，因而合法占有了该土地。

由于大多数地主与 1900 年协议中被转让土地的人并不相同，也不属于他们的继承人，使得情况更加复杂。相反，他们的土地是从其他人手中买得的，并期望对所买土地拥有决定权，以此作为土地投资的回报。在有些案例中，对权利的限制也是有问题的，因为地主允许他人在自己的土地上定居，既没有颁发特别许可证，也没有签订 12 年以下的租赁合同。这些定居者，即使只获准暂时定居，也符合土地法规定的"合法占用人"的资格。即使地主想使用自己的土地，也不能驱逐他们。这一点让人难以理解。但是，也正是因为地主们同意这些定居者暂时在其土地上定居，才使他们成为合法土地占用人。

相应地，对于已经登记注册的土地所有者来说，往往很难理解为什么他们不能对自己的土地拥有决定权。同时，市场对土地的需求也很大，特别是在中部地区，那些地区土地的商业价值稳步增长。因此，土地所有者们试图规避法律规定的限制，将土地所有权卖给那些有钱补偿占用者的人，或者卖给那些能强行驱逐占用者的军方强权人士。因此，佃户迁离的主要原因不是拖欠地租，而是土地的登记所有者与占用者间的权利冲突。这种权利冲突也可以解释，为什么调查发现关于迈罗土地的纠纷远远高于习惯法下的地块纠纷。

在某些情况下，驱逐仅仅是因法院判决有瑕疵造成的，或者是因为地方当局将那些已经被佃户或习惯所有者占用的土地租赁或出售给投资者。据一位律师报告，土地登记官和治安法官们根本没有去有争议的土地实地考察了解实情，甚至没有听取被驱逐者们的证据陈述，却不断下达驱逐令。

土地冲突和非法驱逐频发的另一个原因是没有有效的土地授权制度。截至 2005 年，乌干达首都坎帕拉中央土地登记处只有两名登记官，负责处理全国范围内所有土地授权申请。这种状况带来的结果就是，跳过了某些关键的文件核查步骤，导致收回土地所有权证书以确保有序保存相关记录的制度实际上崩溃了。

这种缺位被犯罪分子利用来伪造土地授权。据土地部官员估计，坎帕拉约有300个伪造的土地所有权证书在市场流通。更有甚者，按土地登记处的程序所登记的土地产权，也往往是不准确的，因为所谓的界标在20世纪70~80年代就已被销毁。登记册记录缺乏适当的保存，带来持续的不准确性，也严重加剧了土地所有权的无保障性，从而使驱逐变得更加容易，尤其是在城市地区和迈罗所有权地区。

上述的法定权益冲突和缺乏准确的土地授权不仅造成社会不稳定和驱逐时有发生，而且更严重的是，不利于社会发展。关于迈罗所有权，在开发过程中也根据法律本身注销了大片土地。由于被占领土地的所有者缺乏对其土地的管理能力，因此他们不能驱逐佃户，无法开发自己的土地，也不能将其出租给生产效率更高的佃户。

由于所有权证书很难获得，地主没有所有权证书，所以要将土地出售就更加复杂，也很难将土地作为担保融资进行新的投资和发展经济。而金融机构也不愿接受地主的土地所有权，因为法律不允许银行驱逐土地上的佃户，以收回他们的资金从而防止借款人违约。如果土地被那些只需支付非商业租金的佃户占用，那它的价值就接近于零。

另外，依法有权开发土地的占有者要么缺乏资源，要么没有开发土地的意愿。鉴于土地登记制度的混乱，居住者很难获得居住证，这又增加了他们的不安全感并使他们更容易被驱逐出土地。由于不安全感通常会阻碍与土地相关的投资，因此，按法律规定应该开发土地的人是居住者，但要考虑对土地进行投资时，他们往往会犹豫不决。这种犹豫是因为他们不了解法律的相关规定。

总之，现行法律与土地登记制度的混乱，共同阻碍了投资，使有关土地从土地市场和信用体系中消失，故而不利于发展。

前面提到的修订案并没有解决上述任何问题。相反，新修订的第32条第1款只是对现行法案的重申，规定只能因欠租而驱赶佃户。由于驱逐很少是由不交纳租金所致，所以即便部长可以决定租金金额，并授权法院对不支付租金下达驱逐令，都不能阻止驱逐的发生。而一些真正的问题并没有因修正案而得以解决，比如，土地占有者与其登记所有人之间的关系、缺乏有效的土地管理和登记制度以及这一切对发展带来的不利影响等。

然而，穆塞韦尼总统却盛赞该项法案是一项重大改革：[1]

> 全国土地管理委员会单枪匹马通过了《土地修正法案》。任何人非法驱逐佃户（合法或善意占用或政府安置）都是犯罪行为。这意味着任何地主、腐败官员、腐败的警察、贪婪的士兵或腐败的地方法官都不能非法驱逐佃户（Kibanja 所有者）。如果这些人在没有法院命令的情况下非法行事，国家有权逮捕并在法庭上起诉他，而他们的驱逐也将是无效的。这是一项临时措施，为 Kibanja 所有者们提供了土地占用的安全保障。

> 然而，这并不意味着解决了布干达和我国其他少数几个地区基本瘫痪的土地制度。地主不能使用他自己的土地，因为土地实际上是由佃户所占用，而且已经占用了几十年。Kibanja 所有者也没有完全的所有权。它还歧视布干达的农民。1995 年的《宪法》规定，即使是传统所有者，更不用说租赁人，在我国其他地方也可以将他们的占有权转为永久拥有权。

> 然而，由于布干达的农民处于英国人为支持其殖民主义而建立的寄生系统中，无法从宪法条款中获益。令人惊讶的是，从目前的情况看，甚至那些声称如此热爱布干达的人也在支持这种不公正的现象。

> 穆塞韦尼总统提议制订一项软贷款计划，以帮助 Kibanja 土地所有者从土地占有者手中购买"他们的"土地。但是，1995 年版《乌干达宪法》设立的土地基金和 1998 年版《土地法》设立的土地基金是专门

---

[1] Museveni, Y. (2009) 'President Museveni hails Land Amendment Act', *New Vision online* 6, September 2009.

为此目的设计的，但迄今尚未实际用于此。

因此，1998年版的《土地法》存在一个巨大的漏洞。我认为，即便说它不是该地区的主要土地改革法的话，至少是一个重要的土地改革法，因为它显然承认了传统所有权与三种法定所有权（永久所有权、租赁权和迈罗所有权）均享有平等地位。但是，由于缺乏资源，许多官员对该法案缺乏执行意愿（假使其并不反对），加上布干达对2010年修正案的坚决反对，土地管理可能比该修正法案通过之前更糟糕。所以修改现行法律并不是解决办法。施瓦茨说得对，真正的问题是"不同法律中关于土地权利相互冲突，又缺乏有效的登记制度和能够指导土地管理的协调一致的土地政策"。四十年前，韦斯特（West）[1]特别指出，《土地注册法》是有效管理土地的主要障碍，在当下它仍然是主要障碍。《乌干达宪法》中关于传统保有权的规定所引发的革命最终夭折，因为旧的殖民法律和所有权制度继续发挥着十分强大的影响。

---

[1] West, H. W. (1970) *Land Policy in Buganda*, Cambridge, Cambridge University Press.

第8章 坦桑尼亚[①]

到20世纪90年代初，农村人口对土地村有化和土地事务不满意的现状已经变得不容忽视。于是，姆维尼总统设立了一个总统委员会负责审查和报告土地问题。1992年年底该委员会提交了一份报告[②]，严厉批评了农村土地管理的现状。也是这份报告触发了公开辩论和政策改革。因为对该委员会的报告不满，尤其是该报告最终促使国民议会于1995年7月通过了国家土地政策（NLP），世界银行在公开辩论和政策改革中表现积极（有些人可能会说太过积极了）。

---

① 我是在向出版商提交了我的手稿之后才知道关于坦桑尼亚土地法的一部重要的新作：Rwegasira, a. (2012)《土地即人权：坦桑尼亚土地法的历史和施行》。我读过这本书，遗憾的是在本书里没有能引用它的内容。这是一部重要的学术著作，作者的成果值得祝贺。书中虽有一些缺憾，尤其是在抵押贷款方面，但总的来说，专家们和法律专业的学生很幸运，他们有一本关于坦桑尼亚现代土地法的书（不是在之前），这本书最终取代了詹姆斯1971年的书。坦桑尼亚许多从事土地工作的人都知道，伊萨·希夫吉（Issa Shivji）和我本人对于1999年颁布的坦桑尼亚土地法的起源和内容上有一些不同看法。这里不是要重提这些有差异的地方。这个脚注主要是说明我参与的事实。由伊萨担任主席的土地问题总统委员会于1992年11月提出报告。坦桑尼亚国民议会于1995年7月核准了《全国行动纲领》。坦桑尼亚政府与英国政府接触，请我协助起草土地法，以便在1995年9月执行《全国土地规划》。我于1995年11月进行了初步访问，听取了任务的简报，并在达累斯萨拉姆的法学院就拟议的工作作了一次演讲。我在那次访问中见到了伊萨，并告诉他我被要求做什么。我于1996年1月开始工作，在坦桑尼亚一个四人支持小组的协助下，于1月至11月间在坦桑尼亚花了五个月的时间起草草案。就该草案举行了两次讲习班：1996年3月的一项关于在此之前所做工作的报告、1996年10月底的一份关于整个草案的报告。根据这些讲习班，又对草案作了许多修改。国家土地论坛于1996年4月第一次举行会议。政府内外对法案的讨论持续了两年。这些法案于1998年11月提交国民议会第一次审议，并于1999年2月获得通过。1999年和2000年，我与Mgongo Fimbo一起参与了法规和表格的起草工作。该法案于2001年5月生效。至于我们之间的不同观点，请参阅Manji, op. cit.，尤其是第4章。尽管她说我参与NLP的起草是不正确的。

② 我当时在内罗毕的联合国环境中心工作，1992年应邀向该委员会提供证据，我也这样做了。

国家土地政策（NLP）没有全部采纳该委员会的所有建议。国土部认为，宪法明文规定作为总统和政府在土地问题上的顾问，他们有对内阁提出建议的责任。我曾在一份备忘录中声明，在起草最终成为《土地法》和《乡村土地法》的法案时，国家土地政策（NLP）和该委员会的报告是我使用的两份重要政策文件，部长的专职秘书曾十分坚定地告诉我，我本应把该委员会的报告视为政府已经接受的必要的信息和观点。[①]

国家土地政策（NLP）的理念可以从以下六个方面来表述：

1. 作为一种最重要的国家资源，土地的使用和管理必须符合国家利益；

2. 保障所有公民的土地使用期限和所有权非常重要；

3. 在对土地行使公共权力时需要透明度和责任制；用律师们熟知的术语来说，要保证土地公共管理的公开性、公平性和公正性；

4. 必须为土地市场的高效和公平运作创造条件；

5. 必须使公民更多地参与土地管理，不论是直接参与或通过其代表参与；

6. 必须为土地管理方面的争端解决和申诉提供适当的法律框架和机制。

NLP 的这六个基本原则被转述至《土地法》和《乡村土地法》中，其主要特征如下：

---

① 若想对 NLP 及合成土地法的制定有一个真正的概览，参考西卡塔（Tsikata, D）2003 年发表的《在土地所有制改革中保护妇女的权益：近期在坦桑尼亚的辩论》，该文收录于哈扎维（Razavi, S.）的《土地变化、性别和土地权利》一书中，由牛津布莱克威尔出版有限公司出版，该著作由联合国社会发展研究所出版。并参考拉尔森（Larsson, P.）(2006)《具有挑战性的坦桑尼亚土地法改革：一项关于村庄土地法案实施的研究》，斯德哥尔摩皇家理工学院指出："国家土地政策的核心是根据该委员会报告中的建议制定的，它给出了如何处理严重的土地问题和众多的土地纠纷的建议。"更准确的总结是，拉夫顿（Roughton）在其名为《作为变革工具的全面土地改革：1999 年和 2004 年坦桑尼亚土地法的运作和影响分析》中指出的："1995 年，议会通过了一项国家土地政策，纳入了总统委员会的一些建议……"文章收录在《哥伦比亚跨国法杂志》第 45 期，第 551–585、565 页。文章中并没有很多关于法律实施的内容，但不失为一篇关于法律内容的优秀、清晰、简洁的摘要。

8.1 国家与政府的作用

土地专员是坦桑尼亚政府里负责土地事宜的高级中央政府官员，在土地管理工作中处于中心地位。鉴于土地专员被赋予的这一重要功能，其所在机关的负责人和所有官员要以土地理事的名义和权力行事，这一点是十分重要的。因此，有关机关做出任何决定前都必须说明合理理由，一些决定在生效之前必须得到法院的正式批准，其他决定可以进行上诉，可以向上一级法院申诉，可以在法庭上或向专门机构提出质疑。

8.2 公众在法律实施中的作用

土地法为土地市场的运作提供了法律框架。土地市场是经济私营部门的一部分，而使市场发挥作用的主要参与者本身就是私营部门的一部分：律师、房地产经纪人、土地测量师和估价师。新的法律有望保障土地市场更有效、更公平地运作，但可能在初期会出现一些问题。而且，私营部门必须正式参与到该法案的实施审查以及条例制定工作中。

基于这个原因，法律规定设立一个国家土地咨询委员会，其成员包括来自民间的社会代表，其职能主要有：（1）就国家土地政策（NLP）进行审查并向其提供建议，并在必要时提出修改建议；（2）审查机构框架，就涉及土地事务的机构管辖权和组织结构向部长提供建议。听取外部专家和市场参与者的意见，以确保对法律的任何修改或补充都考虑到市场的需求、现实和关注点。这样的委员会还可以充当中间角色来缓解部长与私营部门之间的潜在压力。市场经济的一个特点就是特殊利益集团的快速增长迫使政府完善有利于他们的法律或行政惯例。因此，这样的委员会既可以代表私营部门，也可以筛选和过滤其观点以供部长参考。

8.3 乡村土地与国家利益

所有土地均为公共土地，这一基本原则是土地法的基石，类似总统是坦桑尼亚公民选出的受托人和代表一样。整个《土地法》和《乡村土地法》以及对土地的持续管理都是立足于此原则的。在这个框架内，坦桑尼亚绝大多数人使用的土地——乡村土地，得到的保护程度比以往都要高。从现实意义来看，任何一部新的土地法成功与否，都取决于能否保障村民们不再因害怕失去土地而担忧。

《乡村土地法》解决了对乡村土地提供更多保护这一挑战。它为乡村土地向一般公共土地的转化提供了一个详细的机制。这种机制包括：一方面可以确保占用乡村（即农民）的土地会经过非常谨慎的考虑；另一方面，最终要分析乡村土地是可以用于国家和公共目的的。法律规定，同世界各国政府一样，坦桑尼亚政府有权在必要时强制从公民手中获得土地，但政府在行使这一权力时必须遵循公平程序，并必须支付公平的补偿。

8.4 土地市场的运行和调控作用

与政府完全控制的土地分配和转让制度相反，土地市场调控的性质和方式发生了变化，但调控的事实却没有变化。在很大程度上，由律师和私营部门专业人员在法庭监督下公开执行的法律规章，取代了由政府官员秘密执行的自由裁量管理。国家土地政策（NLP）认识到，市场应该被允许不受限制地运作，但也需要有一些控制。显然，这里存在着一些矛盾，法律必须找到一种方法来调和表面上看来相互矛盾的立场。

另外，来自世界各地以及现在和过去的大量证据表明，土地市场的引入可能导致那些缺乏市场交易经验的人被那些精通市场的人利用。因此，提供一种机制和流程来审查欺诈或不当影响是完全合理的。法律完全认可这些理由，并为重新启动交易提供了依据。土地专员有权要求法院重新开始交易，考虑到农民或贫穷的城市卖家与房地产开发商或受过良好教育的高收入买家之间在资源和市场成熟度方面存在着差异，因此，对该法律进行补充完善是完全合理的。

《土地法》有一章是关于抵押的新规定，许多报告都提到过这个规定。小农、小商人以及那些希望购买或建造普通房屋的人缺乏有效的信贷系统。同时，也缺少让低收入人群更容易理解的小额贷款的条款。新法律试图满足这种需求，对"小额抵押贷款"（指低于一定货币价值的抵押贷款）做出了具体规定，并向借款人提供特殊保障。

有人在法律草案研讨会中表示，这一部分内容对借款方来说太过有利。除非贷方能够以最低限度的法律手续来满足担保条件，否则他们将不会放贷。按照如此做法，土地市场也不会得到发展。于是，相关条款经过了非常仔细的修订和调整，以消除这种担忧。但是，基本框架依然存在。借款人可以在法庭上要求免除贷款人的行为，而法庭对抵押贷款的监管权是建立在法定原则基础上的——接受坦桑尼亚的公平原则，这一直是坦桑尼亚法律的一部分。新法律并未显著加强对借款人的补救措施，但将法律置于明确的法定原则基础上。在小额抵押贷款中，法院被赋予广泛的权力，可以向暂时有困难但如果做出相应调整将能够履行承诺的借款者提供救济。本章的内容将在下文关于世界银行在国家土地法改革中所起作用的一个具体案例中加以详细讨论。

8.5　乡村土地管理

新法律的核心是关于乡村土地的规定。这些条款如此重要，以至于它们从早先的一项法律草案中分离出来，被纳入一个单独的《乡村土地法》。这些规定使国家土地政策（NLP）中概述的原则生效，即村民土地由村社区管理。在大多数情况下，该法令赋予村民委员会决策权，并由村民大会召集所有成年村民开会，并由当地村民负责委员会工作，来确认或以其他方式通过理事会决定或做出其他决定。村民委员会是由选举产生的，与大多数通过选举产生地方机构的其他国家一样，村委会被授予权力代表其选民管理资源。有些村庄属于城市地方当局的管辖范围，在这种情况下，村庄将继续管理他们的土地，但要与城市当局合作。①

但是，该法案认识到某些议员可能会滥用土地管理权，因此该法案提供了几种向议会提出建议的机制，规定村民对议会行使权力的方式进行外部监督和评估。如果没有其他方法可以解决混乱局面，城市当局最终将接管对乡村土地的管理。

《乡村土地法》规定了土地所有权的裁决制度，并为村民提供了"无限期占用的习惯性权利"。该权利将在乡村登记册中登记，这是在合作经济制度下的一项重大创新。农民没有土地所有权，可能经常被驱逐，有时被强行剥夺占用土地。那么该法的目的便是为农民提供占用权保障，使他们有权反对官员的决定。土地交易是允许的，但如果交易是与非村民进行的，则需要获得村委会的批准。习惯法仍将适用于村民占用的土地，在可预见的将来，大多数村民将继续适用该法。

8.6 非正式土地使用权和土地交易的确认

国家土地政策（NLP）明确表示，那些没有过错而居住在非正式定居点且没有任何合法使用权的城市贫民，应当记录和确认他们的土地持有情况。因此，《土地法》规定了非正式居住区的所有权合法化的进程，这是当时说英语非洲地区所制定的第一批此种法律。此外，该法案还授予相关权利，例如规定了占用权的前置程序，应向非正式定居者颁发或视为已颁发的居住许可证。通过制定规范条例，细化了更完整的法律框

---

① 希夫吉（Shivji）和万治（Manji）对《乡村土地法》的主要批评之一是，它取代了乡村议会，成为乡村土地管理的主要机构。达累斯萨拉姆郊区的 Mbezi – Luisi 村是对城市周边土地进行研究的一系列研究对象之一。2002年，经人口普查，该村共35688个村民。假设40%的人口年龄在18岁或以上（保守的假设），这意味着村议会将由14275人组成。这种规模的人来处理日常土地管理业务，让人想起克鲁泡特金在《面包的征服》中提到的，某个特定街区的居民会在方便的时候重新分配房子："这是一个真正的革命，同志们，并没有错误。今晚到这样一个地方来吧，所有的邻居都将在那里，我们打算重新分配住宅……"正如格雷所指出的："弥尔顿说：'马上要在混乱中举行一个庄严的会议'。但与巴特西、兰贝斯、斯托克韦尔和旺兹沃斯部分地区的居民在巴特西公园聚会讨论一些有关房屋的事情的伟大夜晚相比，这将是一件微不足道的事情。" Gray, A.（1946）《社会主义传统：摩西致列宁》（*The Socialist Tradition: Moses to Lenin*, London, Longmans, Green and Co, 368）。不必说，当 Mbezi – Luisi 的居民聚在一起谈论时，几乎没有探讨关于土地的事情。

架，条例包括升级土地的过程、土地权利和土地调整的城市裁决。

然而，非正式定居点还有另一个巨大的问题，即中产阶级非正式定居点的问题。在过去 20~25 年间，坦桑尼亚在非正式土地市场运作中产生了这个问题。由于土地市场的特点，很多人在购买了土地后用于建造大量的房屋或用作其他开发目的，但由于没有权利进行土地交易，于是他们没有对土地或房产进行登记。我们不能对这种情况置之不理。唯一可行的解决办法是建立一种机制，可以让人们确认他们的土地持有权，这也是《土地法》中明文规定的。

8.7 坦桑尼亚的土地普通法

以上所述的两项法案旨在为土地市场的运作建立一个明确的坦桑尼亚法定框架，针对坦桑尼亚的特定需求所涉及土地销售、土地租赁、土地抵押、地役权和共有权的规定，取代了英国法律规则，某些规定可以追溯到中世纪。该法律借鉴了英联邦内不同国家的各种法律并提出了法律建议，这些国家包括英国、肯尼亚、马来西亚和新西兰。并专门设立了一个纠纷解决的独立机构来系统地处理土地纠纷，对新的土地法进行日常监管。建立一个公平、迅速、专业和有效的争端解决制度将大大有助于人民普遍接受新的法律，对土地市场的运作和官员透明管理土地都是至关重要的。然而，这些建议最终没有获得通过。我认为不明智的是，政府通过《2002 年土地争议法院法》形成一套按不同等级安排的行政制度在部长管辖下处理土地纠纷。然而，该法确实规定了高等法院的一个专门机构接受行政争议导致的上诉。

最后一点涉及坦桑尼亚土地法的发展。法院创造性地将坦桑尼亚的习惯法与新的成文法融合在一起，在此基础上，运用判例情况加以发展，成为坦桑尼亚法律的一部分。《土地法》第 180（2）条规定，自《土地法》生效之日起，再也不能将英国的一般适用法律适用于坦桑尼亚土地。第（3）条指示法院完善坦桑尼亚土地法律：

> 在本法生效之时及之后，所有法院有责任解释和适用本法及所有其他与坦桑尼亚土地有关的法律，尽其最大努力制定一部坦桑尼

亚普通法，适用于所有土地，为此目的，法院应对本法适用有目的的解释，并应始终以第三款载明的土地政策为基本原则。

自《土地法》的颁布和《土地争议法院法》出台以来，相关法条经过了几次重要的修订。这些修订也必须考虑进去。

8.8 抵押贷款法的传奇曲折历程

《1999年土地法》于2001年5月生效。在颁布之初，坦桑尼亚境内以南非银行集团为首的银行就反对新的抵押贷款法。这些银行声称，法律禁止它们占有违约债务人的土地。事实并非如此。《土地法》废除了在英格兰适用的英国法律版本中存在的丧失抵押品赎回权的古老的法律补救方法，该法律允许坦桑尼亚的抵押权人（放款人）占有违约借款人的全部土地，而不论其未偿付贷款和土地价值之间的价值高低。新法相当明确地允许抵押权人向要求付款的违约借款人送达通知，如果在两个月内未遵守该通知，则送达另一条通知，表明有意管理该土地并出售该土地。抵押权人有义务谨慎行事，在出售时以合理的最佳价格出售。

银行真正抱怨的是，在旧的法律规定下，很少有借款人知道其（有限的）权利，而新的法律规定在贷款者和借款人之间保持了更好的均衡——因为它是新法，而且被写进了法律，更多的人会知道他们的权利（而旧法律是英国司法判决的产物，很少有人知道），所以银行不会像过去那样可以随心所欲。

银行明显反对进一步授予各法院进行重新抵押的权力，因为制定抵押权条款表面上具有压迫性、非法性或歧视性。他们也反对采取行动的时效限制，他们认为，这样做会阻碍其行使自由裁量权，并给违约抵押人提供了太多逃避违约后果的机会。他们也反对法院可根据其意愿发出禁制令，以防止出于"非正当"的理由而进行的占有和出售土地。最后，他们反对"小额抵押贷款"这一新概念。

上一个段落中故意使用"明显"一词。试图将旧法中第十章的相关章节——第141和142节——与涉及这些事项的现有司法判例编纂起来，这些判例已经成为坦桑尼亚法律的一部分，并没有或很少授予法院干预的权力。

至于止赎权，取而代之的是更有效的基于法令的占有和出售补救措施，英联邦的许多国家都这样做，坦桑尼亚并不是朝这个方向发展的唯一国家。

银行反对小额抵押贷款是最令人费解的。首先，这个概念是因许多相关报告指出，缺乏适当的工具向小农提供小额贷款，小农希望得到短期小额贷款来种植经济作物。对于小手工业商人也是如此。其次，小额抵押贷款是小企业的一种融资工具。从来没有任何迹象表明任何银行是被迫发放小额抵押贷款，如果银行不喜欢发放这些贷款，它们就不会提供这些贷款业务，没有必要废除它们。最后，来自其他发展中国家的所有证据都表明，穷人在银行短期小额贷款的还款记录要比中产阶级和上层阶级借款人好得多，因此小额抵押贷款工具是银行潜在的摇钱树。必须指出的是，这一反对态度表明，大多数银行是完全置坦桑尼亚的实际需要于不顾的。同样，从国际金融机构也反对的情况来看，它们过去和现在也是完全置坦桑尼亚的需要于不顾的。

这些银行向世界银行提出了反对意见。世界银行的一位官员就此事咨询了我。2002年5月我就此写了一份备忘录给他。文中我指出这些问题并解释说，新的土地法第十章取代了旧法律，新法律提供了补救措施以及采取这些补救措施的时限，这些措施比原来优越得多：

> 与获得最终止赎令所需的最短时间为1年（假设诉诸法院几乎是瞬时的）不同的是，抵押权人可以在首次违约之日起160天内出售土地；可能会违约后一个月提前通知［第125（1）条］；不少于三个月以支付任何应付款项［第125（2）(b)条］；送达通知的日期不得早于送达通知后一个月［第129（1）条］；应在送达通知书之日起40天之内出售［第131（2）条］（可同时采取不同行动）。［哥斯达黎加的 The Mortgage Company 诉 Kibaranga Estates (1935) 1 TLR (R) 503 的 Tanganyikan 早期案建议"正常"的赎回期可能是三个月而不是六个月，但即使按照通常的做法，《土地法》的期限仍比取消抵押品赎回权的期限还要快110天。］因此，除了小额抵押品之外，抵押品的抵押权人还获得了一套补救措施，可以使他/她/它在实现安全性之前，经过的时间相比止赎的补救措施减少一半以上。小额抵押权人的状况不比以前差，因为他/她/它仍必须像

法院发出的取消抵押品赎回权令一样，必须去法院取得法院命令。①

我在备忘录接着指出，在英联邦内，只有南非和南部非洲某些国家遵循着罗马-荷兰法。尽管在法院的控制下，坦桑尼亚似乎没有很好的理由就抵押权人的权利采取罗马-荷兰法来补救，但止赎似乎仍然是抵押权人的主要补救办法。

无论这份备忘录对官方的影响如何，世界银行显然已经按捺不住了。2002年7月在坦桑尼亚举行的投资者会议上，世界银行行长强烈敦促改革抵押贷款法律。坦桑尼亚总统也表示同意。他说，土地法中有一些一般性条款，没有鼓励商业农业的潜在投资者。农业专家说，目前的土地法非常复杂，导致所有权问题成为一个棘手的问题。② 2003年9月世界银行的一个金融评估团施加压力要求改变：

> 相对而言，长期信贷的缺乏常常被认为是1999年《土地法》造成的。毫无疑问，这改变了对贷款人和借款人的保护平衡，并带来了许多不确定因素。银行不断施加压力，要求对这部法律进行大幅度修改，以使它们能够更加有把握地获得房地产贷款。如果不对土地法进行一些修改，就不太可能形成长期金融的大幅扩张，尽管这不会是灵

---

① 反对意见第17段。原始备忘录中的斜体字。这份意见的一份副本被坦桑尼亚政府的城市律师事务所找到了，这家律师事务所的工作是起草一部新的抵押贷款法律。该事务所同意取消抵押品赎回权的规定，并认为对违约的抵押人而言，拥有和出售是适当的补救措施。

② "坦桑尼亚：农业投资所需的土地改革"（http://www.irinnews.org./report.asp?）联合国人道主义事务局2002年7月22日会议第28923号报告。很难弄清楚的是，到底是土地法的哪一部分过于繁复，导致所有权问题成为一个困难的问题。除了1%的土地在德国殖民时期（1884—1916年）被德国殖民者以自由占有的方式割让外，坦桑尼亚及其前身坦噶尼喀从未拥有过私有土地。1999年的《土地法》保持了这一立场。2004年11月有一个采访指出，多亏了新土地法中明确了分配土地的权力规则，使得受旧法所有权问题困扰的双重分配土地系统成为历史。也许这些"专家"担心的原因是，相比旧的法律规定，现在从乡村和农民手中抢夺土地变得更加困难。这就使得他们在被迫遵从法律的条件下，若无法得到农村和农民的全面合作，将比在旧法下更难创造巨大的商业农村和土地。然而，人们担心的可能恰恰是1999年《土地法》第十章中的规定，它使银行从违约的抵押人（小额抵押的抵押人除外）手中获得土地比以前更容易。正如我们将看到的，2004年《土地法（修正案）》新引入的第十章内容，加大了银行收回用作农业或牧区的土地的难度。这无疑将有利于大规模的土地所有者。有人怀疑这些"专家"，甚至世界银行行长本人都没有了解新土地法，却只在关注坦桑尼亚不允许自由保有土地的所有权，并阻碍外国投资者收购占有权利的事实。世界银行（或者当时的世界银行行长詹姆斯·沃尔芬森）也不太可能理解坦桑尼亚抵押贷款的基本法是什么，或者新法律是如何适用和利用该基本法的。

丹妙药，不仅在坦桑尼亚，哪里的金融家都不愿意将资金投入不确定的风险投资中，即使是以房地产抵押贷款作为担保。①

随后，如布鲁斯（Bruce）所言，银行提出了更为详细的要求②，与《土地政策检讨报告》所述的不同，在该报告中，世界银行对进行土地法改革的方法做出了非常不同的解释：

> 在坦桑尼亚，2003 年 PRSC③（P074072）和格兰特在《土地法》中发现了许多不足之处，特别是与抵押品抵押、丧失抵押品赎回权、配偶同意、习惯抵押和小额抵押、违约通知和第三方抵押有关的内容。根据最初的 PRSC，土地管理部针对法律中可能需要的变更准备了立场文件。起草《土地法》修正案并将其提交议会批准成为 2004 年 PRSC 的触发条件（P074073）。第二版 PRSC 的 LDP④指出，该法案于 2004 年 2 月进行了修订，为个人和企业使用其土地作为抵押扫清了道路。

在这种情况下，坦桑尼亚的政府同意修改新的法律。司法部部长带头⑤与伦敦金融城的一家律师事务所达成协议，修改抵押贷款法律。他们按照协议照做了，修改出来的结果就是《2004 年土地法（修正案）》。该事务所在其对草案的评论中辩称，该法案的目的是为坦桑尼亚提供现

---

① 世界银行华盛顿特区《2003 年金融部门评估报告》第 6 段。这段评论的效果以及看似对银行立场的支持，被上一段观点所破坏。该段观点指出，很大一部分经济运行在几乎没有正式信贷的情况下进行，并将这归因于基础设施差，以及有很高比例的人口居住在偏远的农村地区。无论是银行还是小额信贷机构（MFI）在寻找安全和成本效益高的方式向这些地区放贷方面都没有取得任何重大进展。这些挑战以及银行解决这些问题的失败早在 1999 年《土地法》之前就已经存在了。

② Bruce, J. W. (2006) 'Reform of Land Law in the Context of World Bank Lending', in Bruce, J., Giovarelli, R., Rolfes, L. Jr., Bledsoe, D. and Mitchell, R. (eds) *Land Law Reform: Achieving Development Policy Objectives*, Washington D. C., World Bank, 11–65, a fascinating insider's view of the subject. The quote comes from 26–27.

③ 减贫支助信贷。

④ 关于发展政策的通信。为实现减贫战略委员会正在为之提供的政策变化而采取的立法步骤通常在自民党的一份文件描述中，该文件"是由作为客户的政府官员向世界银行撰写的，作为贷款准备的一部分，例如减贫战略文件"。

⑤ 有人向笔者提出，总检察长在没有与土地负责部门进行太多协商的情况下采取了行动。土地负责部门完全了解抵押法律的规定，他们认为没有任何不妥之处。

代化的抵押贷款法律。它们所取代的法律是1991年英国法律委员会的一份报告，其中记载有一项新的土地抵押贷款法案草案；以及1994年新西兰法律委员会的一份报告，其中还记载有一项新的财产法草案，其中包括关于抵押贷款一章，① 两项法律都根据坦桑尼亚的需要进行了调整。新修改法律的第十章那部分在很大程度上应归功于1925年英国《财产法》，该法在1970年和1973年分别作了重要的补充。

银行仍然不满意。我被聘为团队成员，负责撰写法规以使新的修订法案得以适用。我试图通过该法规将一些关于抵押的条款重新纳入法律中，而这些条款已被2004年法案废除。此外，我还试图对抵押人、第三方（尤其是配偶）和抵押人之间关系中的不合理问题作出规定，如"苏格兰皇家银行诉埃里奇案（第2号）"所述。②

这些条例草案显然会激起公愤。在另一份《关于坦桑尼亚抵押贷款的报告》③ 的内容中，他们对抵押人过于偏袒，以至于政府都不愿采纳

---

① New Zealand Law Commission (1994) *A New Property Law Act*: *Report No.* 29, Wellington.
② [2001] 4 All ER 449。
③ Rabenhorst, C. S. and Butler, S. B. (2007),《坦桑尼亚：关于发展抵押金融市场的行动计划和抵押市场法律及监管问题的报告》，华盛顿特区，城市研究所。报告中没有任何迹象表明是谁或哪个组织委托了这项工作。受采访者名单中不包含任何一个可以代表抵押人的个人或组织。这份报告显然不了解坦桑尼亚的抵押法律。如果一个不了解坦桑尼亚抵押法律的人就这个问题写一份报告，必定会有一些问题。这份报告坚持认为，尽管"土地法"第125条中明确地规定了"导致抵押权人有权取消抵押土地的任何法律规则，无论是书面的还是非书面的，都将被废除"，但抵押赎回权在坦桑尼亚仍继续存在。这份报告一直认为"世界各地的做法"是正当的，在其草案条款中明显采取了高度支持抵押权人的立场，但没有说明哪些国家有这种做法。而且，显然完全不了解坦桑尼亚的抵押法律：（A）基于英国法律的衡平法规则。英国法律从很久以前就温和地对待抵押人（并且这并没有阻止在英国和世界上所有其他国家发展"强劲"的抵押贷款市场，这些国家遵循普通法和衡平法作为其基本法律）；（B）英国按揭法律法规使法院在监管按揭人取得管理及出售拖欠按揭人的房屋方面担当重要的角色，目前有关的权力是合理的。如果作者愿意的话，他们可以回顾一下抵押贷款市场不受监管时产生的问题，那种情况下的抵押贷款人基本上是不成熟的。这在20世纪30年代及以后在桑给巴尔都存在。这大概是1964年革命发生后准备征用土地的一个促成因素。对坦桑尼亚来说，这种论点可能比"来自世界各地的做法"能引起更多的共鸣。参见Jones引文。该报告在意识形态上的立场就是，应该允许抵押权人在自由市场经营，减少对他们施加限制，并且应通过立法阻止或限制希望挑战抵押权人行使其"止赎"权力的大多数抵押人。城市研究所是一家美国机构。但作者似乎不知道，美国许多州对抵押权人丧失抵押品赎回权的权利进行了相当大的控制。不幸的是，由于支持抵押权人的立场进入了2008年的"抵押金融（特别立法）法案"，这份报告可以被认为是信贷危机前世界上的"最后欢呼"。直到后来，整个世界才意识到，不受监管的抵押贷款市场是导致国内乃至国际金融灾难的罪魁祸首，也造成了无数人的苦难。令人费解的是，为什么有这么多的国际力量企图创造一个必会造成坦桑尼亚抵押权人和抵押人之间的不平等的竞争环境？为什么坦桑尼亚没有什么力量来阻止它？

他们所提出的建议。然而，在2008年《抵押金融（特别立法）法》中，抵押权人和抵押人之间关于抵押人违约和不合理行为的平衡被严重地偏向了抵押权人。如果房屋抵押人违约，则不适用2004年《土地法》的规定。如果法院认为行使抵押权能够对抵押人给予救济，则法院可以给予救济，在这种情况下可以支付抵押的任何款项……2008年法令的规定要求其必须出庭：

> 很确定的是，若行使该权力，会带来以下后果：（1）抵押人很可能在合理的期间内支付根据该抵押到期支付的任何款项；（2）尽管会有延误，但按揭财产仍存在足够的价值，若抵押人未能补救其违约及支付到期款项，承按人仍可出售该财产，并收回其申索的全部款额。

按揭人也许完全无法还清贷款，这也是个考验。因为虽然一个已违约的按揭人表现出他或她将支付抵押贷款，但其实他或她从一开始就注定会违约，所以没有人可以预测抵押权人通过出售抵押物是否能够收回全部款项。该法律并没有规定抵押权人可以通过收取费用的方式向抵押贷款施加何种负担，以提高其"整体债权"。

还有一个不合情理的规定，《土地法》第141条允许抵押权人向法院提出申请，指控抵押人在抵押权人知悉的情况下使用了第三方的不当影响力来购买抵押权。第141条第（2）款新规定是这样的：

> 关于第（1）款的规定，在收到按揭申请人及与按揭权益有关的任何其他第三者（包括所确认的按揭申请人的配偶）签署及见证的陈述书后，已签署并见证的声明表明他们已经理解并同意银行的条款和条件。承按人须履行第（1）款所规定的义务，而承按人无须就该事宜做出进一步查询，亦不能以声称有不当影响力作为免责辩护，以免任何签署该文件的人或代表签署该文件的人强制执行按揭或行使售卖权。

令人遗憾的是，在许多情况下，人们被说服签署了抵押贷款文件，而他们并不知道或不理解他们签署的是什么，也不知道在签署之前收到的建议有缺陷,① 因此,这一条款对于可能被利用的当事人也不公平。坦桑尼亚的抵押权人也不会像 2008 年的法案所假设的那样纯洁,就像"国家商业银行诉 Czurn"这一重大案件中上诉法院判决所证明的那样。②

然而,并不是所有的一切都失去了。幸运的是,对于潜在抵押人来说,2008 年法案的起草者显然忘记了《2003 年公平竞争法》。③ 该法案的目的是要通过促进和保护市场上的有效竞争,防止坦桑尼亚各地的不公平和误导市场行为,特别是要保护消费者,增进坦桑尼亚人民的福利。本法适用于货物和服务的提供者,服务包括:

> 规定的各种权利(包括涉及地产的相关权利和利益)收益、特权和便利……根据合同认可或确认……
>
> (1)工作的执行情况,包括专业性质的工作,与是否提供商品无关……

该法案第五部分规定了不合理的行为。第 25 条作了以下规定:

> 1. 任何人不得与正在供应或可能供应的货物或服务有关联,即在任何情况下均属不合情理行为。
>
> 2. 不得以任何方式限制法院为确定某人是否在供应或可能提供

---

① 威斯敏斯特国家银行诉阿敏(Amin)案 [2002] 1 FLR 735。一名不会讲乌尔都语的律师向不会讲英语的当事各方提供咨询意见,乌尔都语是当事各方所能理解的唯一一种语言。澳洲商业银行诉阿玛迪奥(Amadio)案 (1983) 151 CLR 447。两名不懂书面英语的意大利老年移民者的儿子要求他们对其所拥有的财产执行抵押,以便确保儿子的一家公司可以从银行透支。儿子向父母谎称抵押贷款的数额和期限。老人不知道该公司正处于不稳定的财务困境。澳大利亚高等法院发现,在本担保中,被告相对于银行具有一些特殊缺陷,他们的年龄偏大、对书面英语的理解有限、没有商业领域的经验,也不知他们的儿子和公司的状况。在证据方面,法院认为,银行必须对被告的情况有所了解。法院在证明行为缺乏必要的适当程度时进行干预,以证明违反一般法权。

② 坦桑尼亚法律报告 380(1998)。作为承按人与银行串谋,在没有通知身在外地的承按人和该农场的买家的情况下,以严重低估的价格出售承按人的农场。麦考斯兰(McAuslan, P.)在《开展冠名登记需求评估(土地/C/1)任务 6:立法审查,达累斯萨拉姆,土地、住房和人类居住区发展》(2009 年,坦桑尼亚联合共和国)一文中对该案例进行了更详细的讨论,作为 IFC 私营部门竞争项目的一部分,为瑞典人开展调查咨询工作。

③ 麦考斯兰(McAuslan, P.)的《土地市场与坦桑尼亚房地产代理的监管:一个问题和选择的报告》(2006 年,Dar es Salaam,BEST 出版)中详细讨论了关于规范坦桑尼亚房地产代理的建议,该报告的作者在脚注 14 中指出,他们显然不知道这种行为的存在。

货物或服务方面违反第（1）款的目的而可能考虑的事项……作为消费者，法院可能会考虑：

  a. 个人与消费者议价地位的相关优势；

  b. 是否由于该人的行为，导致消费者为遵守保护供应商的合法权益而被要求达到非合理必要的条件；

  c. 消费者是否能够理解任何有关货品或服务供应或可能供应的文件；

  d. 是否对消费者施加了不适当的影响或压力，或是否对消费者或代表消费者行事的人使用了任何不公平的手段，就商品或服务的供应或可能的供应而言，该人是不是对消费者或代表消费者行事的人使用了任何不公平的手段……

这些条款完全是澳大利亚公平贸易立法的翻版[①]，虽然在某些方面为确保公平提供了相应规定，但在另一些方面，它们似乎又超越了公平原则。该条款首次引入澳大利亚法律时所附的解释性备忘录中说，它设想将涵盖"澳大利亚商业银行有限公司诉 Amadio"一案中发生的那种行为[②]。但达尔·庞特（Dal Pont）在审查了法官们对该法案存在分歧的部分是否超出公平无良心原则后得出结论，他认为"s 51AB 的限制还有待进一步探索"。[③]

这一部分内容中值得注意的是：

  在履行合同的过程中，有的条款具有"程序上的"不合理性质，这种所谓公平原则导致的不公平，是一种"实质上的"不公平。换句话说，相关规定不仅赋予法院审议订立合同的程序的权力，而且也赋予法院审议合同是否具有法律效力的权力，这样的合同条款会产生不合理的结果。[④]

[①] 这一条款于 1986 年作为第 52A 条加入 1974 年法案，并在 1992 年贸易惯例立法修正案中将其重新编号为第 51AB 条。

[②] (1983) 151 CLR 447. Dal Pont, G. (2000) 'The Varying Shades of "Unconscionable" Conduct – Same Term, Different Meaning', 19 *Australian Bar Review*, 135–166.

[③] Dal Pont, ibid. , 163.

[④] Op. cit. , 163.

因此，抵押权人明显受该法案的保护，但不能忽视他们在该法案下的法定责任。

坦桑尼亚对抵押法的变更以及《1999年土地法》的整个发展进行了相当详细的讨论。因为在这个改革时代制定并在本书中讨论的所有法律中，它是除 IFI 以外文献记录最全、最详尽、最具体、最异乎寻常的法律，且"捐助者"参与了其制定过程和内容选择。因此，它是对此类干扰研究的极好案例。在修改抵押法的要求方面，从国家土地政策的制定，到法律的起草①，都提出了许多修改意见以适应外部金融实体、外部机构和个人的密切参与，当然，普通坦桑尼亚人的利益几乎被忽视。

这并不是反映"捐助者"参与国家法律改革、国际社会获得更多信任的个案。但必须指出的是，坦桑尼亚政府和与土地有关的民间社会组织也未能很好地走出困境。政府似乎没有还击，已屈服于国际金融机构。一些民间社会组织已经在猛烈批判土地法案和乡村土地法案没有公开挑战抵押权人的内容，这部分内容是政府受国际金融机构的要求而引入法律的。

8.9 《乡村土地法》

可以说，1999年修订的《土地法》和2008年《抵押贷款融资（特别条款）法》只适用于极少数坦桑尼亚人。适用于绝大多数坦桑尼亚人的法定土地法是《1999年乡村土地法》。这项法律比其他法案受到了更多的研究，在评论人士中引发了更多的讨论，我可以在这里对这场讨论做一个总结，并提出一般性的结论。鉴于我的参与以及由此引发的争议，我将用评论人员自己的话来表达他们的观点。我认为他们的分析是公正的，为此我将采用桑迪特（Sundet）总结的罗宾·帕尔默（Robin

---

① 我不排斥自己是一个局外人。我认为，我在起草1996年原始土地法案时，我的具体工作是坦桑尼亚政府所要求的，我和坦桑尼亚的律师组成的一个四人团队密切合作，据我1965年知道的关于坦桑尼亚的土地法律的内容，严格按照 NLP 起草法案（且使用斯夫杰委员会的报告）开始了我的研究。

Palmer)的二元立场作为出发点：①

> 罗宾·帕尔默将对《土地法》的两种截然相反的解释并列在一起。② 莉兹（Liz Wily）曾参与制定土地法，她当时在英国国际发展部和国土资源部担任顾问。伊萨·希夫吉（Issa Shivji）是土地委员会的主席，他一直在做与土地有关的分析工作，他提出了另一种观点。对比这两位学者们的立场是有指导意义的，特别是他们各自对《土地法》处理农村重要土地问题的评价以及保护习惯的使用权的立场。莉兹大力支持新法，并将其归类为"基本上健全"，认为就"对土地的所有权和控制权"而言，该法是非洲同类法律中最好的。③ 伊萨·希夫吉则认为该法没有什么值得称赞的地方，除了仅是巩固现状外，没有取得什么成果。他说："该法只是巩固了过去的做法。也就是说土地的行政、管理和配置都直接置于中央政府的行政机构之下，由中央集权的官僚机构管理。"

桑迪特④与希夫吉的意见一致：

> 从这（分析）中得出的必然结论是，这两种行为都是欠考虑的。从国家土地政策中看到，他们的指导原则可能是中央集权、反对土地市场及公正对待公务员，这与当前良好的经济实践不符。这不是一个令人高兴的结论。

七年后，拉尔森（Larsson）⑤ 在引用奥尔登·威利（Alden Wily）的观点后，对该法案的实施进行了实地考察，并对他的调查结果做出了

---

① Sundet, G. (2005) 'The 1999 Land Act and Village Land Act: A technical analysis of the practical implications of the Acts', http://www.fao.org/fi leadmin/…/1999_land_act and village_land_act.rtf.

② Palmer, R. (1999) 'The Tanzanian Land Acts, 1999: An Analysis of the Analyses', http://www.oxfam.org.uk/landrights, Oxford, Oxfam.

③ Shivji, I. G. (1999) 'The Land Acts 1999: A Cause for Celebration or a Celebration of a Cause?', Keynote Address to the Workshop on Land, held at Morogoro, 19 – 20 February 1999. (Also available at http://www.oxfam.org.uk/landrights.)

④ Op. cit., 13.

⑤ 27 Larsson, P. (2006) *The Challenging Tanzanian Land Law Reform: A study of the implementation Village Land Act*, Stockholm, Royal Institute of Technology, 67 – 68.

以下结论:

> 结果是否属实,有待将来检验。此外,与土地立法有关的许多其他假设必须进行实践,才有可能知道它们将如何被实际接受。引用的采访反映了少数人的立场和想法。他们从自己的知识、经验和观点中得出结论。尽管存在着这种固有的主观性,但执行成功的决定性因素很可能是无可争辩的:(1)该国领导人今后的决定和政策;(2)村民自己的集体选择和行动,无论是支持还是反对;(3)影响周边环境的因素,即与以往土地改革一样,对实施中所处的金融环境的影响。以前的《土地条例》是上层强加给坦桑尼亚的,它创造了一个从未完全承认大部分具体内容的坦桑尼亚国家法律体系。在这方面,《土地法》似乎做得更好,尽管也有人批评它有明显的弱点。这一讨论的一个相关因素是,这一重要立法是在民主环境中制定的,因此能够通过未来几年的公开辩论进一步塑造。《土地法》和《乡村土地法》无疑表明了坦桑尼亚的光明前途。

同年,拉夫顿(Roughton)[1] 在结束对这些行为进行调查时说:

> 1999 年《土地法》、1999 年《乡村土地法》和 2004 年《土地(修订)法》在许多方面都做出了大胆的创新努力,目的是在坦桑尼亚建立一个公平的土地所有制度。这些法律承认有必要澄清现有的土地权利,给予村庄更多对村庄土地的控制,并解决妇女根据习惯法拥有的不平等权利。然而,这些行为在几个方面令人震惊。首先,他们赋予坦桑尼亚中央政府过多的乡村土地权力,从而导致滥权和腐败。其次,他们试图建立一个土地市场,而坦桑尼亚有限的商业和教育基础设施却可能无法提供支持。最后,他们确立的许多改革方案,包括妇女在土地问题上享有平等权利,可能在地方一级很难或不可能执行。坦桑尼亚面临的问题并不是它所特有的。其中一些问题,可以通过修改和修订现行法规来解决。其他的问题通过

---

[1] Roughton, G. E. (2007) 'Comprehensive Land Reform as a Vehicle for Change: An Analysis of the Operation and Implications of the Tanzanian Land Acts of 1999 and 2004', 45 *Columbia Journal of Transnational Law*, 551–585.

立法手段则无法立即解决。要解决这些问题，就得要求社会规范发生根本变化。尽管如此，《土地法》表明，坦桑尼亚政府愿意采取渐进行动解决其面临的土地使用权问题。政府现在应该迎接挑战纠正其土地法问题，以解决坦桑尼亚不幸的殖民历史，而促其适应现代世界的需要。

最后，瑞秋·奈特（Rachael Knight）[①] 详尽而细致的研究——迄今为止最彻底的研究——得出以下结论。对该法案详尽的批评有许多地方与希夫吉相呼应：

> 总而言之，《农村土地法》可以说是非洲最好的法律之一，它在习惯法和成文法的范围内对弱势群体的土地权利进行了仔细、扎实和反复的保护。然而，从根本上来说，执行情况可能决定最终的结果，法律的复杂性和冗长度可能意味着穷人中最穷的人永远不了解他们的权利，永远不会建立或资助新的行政结构，最终只有某些部分得到充分执行。或者，正如我们在当前的石油泄漏和姆库拉比塔（MKURABITA）斗争中所看到的，一部非常好的法律可能会因为政治和经济意识形态的转变而被搁置一边，而从未得到充分实施。

我认为最后一点是关键：政治和行政精英吸引外国投资者从土地交易中获利，诱使他们无视该法案。他们自己或与外国投资者合伙抢夺乡村土地或卖给外国投资者。与他们无视和蔑视该法令这一事实自相矛盾的是，一些证据表明该法是正确的。毕竟，正如批评家所言，如果这是一个由精英驱动的土地市场的宪章，那么就没有理由忽略它。正如来自非洲和其他国家的很多例子所表明的那样，无论一部法律如何优秀，如果有权力的人决心将其搁置一旁，他们就会将其搁置一旁，没有权力的人几乎无能为力。法院采取有力的行动可能会延迟甚至阻止某些土地的征用，但这需要专职和无所畏惧的律师、强有力的上诉法院及不情愿接受失败的政府——我脑海浮现出南非存在的这两个方面的特征。坦桑尼

[①] Knight, op. cit., 151–211.

亚治理是否存在这些特征尚无定论。

关于《乡村土地法》，最后一点需要特别指出。批评人士称，该法案赋予中央政府官员太多权力，而这些官员没有受到足够的制约。对此有三个回应。首先，在我看来，这些法案的目的是让自由党发挥作用，这是正确的。起草者无权用他或她的观点来代替议会的观点，而自由党明确表明了它对中央政府在土地问题上的最终责任的看法。其次，有无数的制约，尽管我承认使用这些制约需要法律咨询和帮助。最后，在起草过程中，我又意识到，有人向他抱怨赋予这些官员权力是十分危险的，必须建立一种让官员通过土地专员行使权力的行政制度。从某种意义上说，他们既是猎场看守人，也是潜在的偷猎者。因此，我建议设立一个专门的土地监察员，为那些受官方土地权力管辖的人提供保障。坦桑尼亚支持小组一致反对这个建议。用一名成员的话说，人民已经在很多方面可以抱怨政府了，不需要再火上浇油了。

希夫吉委员会提出对该法案的另一种设想，但被政府否决：土地归属村庄，并允许村民在中央政府的建议和指导下自行管理土地。我认为这种方法与殖民地（有时是独立的）政府对待农民的态度正好相反。后者可以被描述为"愚蠢农民"的神话：农民是愚蠢和保守的，如果必要的话，必须被迫现代化。另一种观点非常古老，至少可以追溯到托尔斯泰时期，它可以被称为"高贵农民"的神话。如果允许农民管理自己和他们的资源，他们在某种程度上比我们其他人管理得更好，他们将永远以公平、合理和合法的方式来管理自己和他们的资源。我认为情况并非如此。农民有其好坏和丑陋，没有相当密切的监督，有一些人会抢土地，压迫他们的同胞，特别是妇女，无视法律，忘记正义和权利，接受和收受贿赂。换句话说，无论土地管理的结构如何，都需要有一个法律上层建筑来指导，如果有必要的话，还要要求土地管理的上层和底层按行政司法遵守和实行土地管理。无论现实和实施情况多么不完善，这都是《土地法》和《乡村土地法》的首要目标。

第 9 章　索马里兰[①]

诺顿（Norton）指出，关于 1975 年土地法执行情况的大部分信息主要来自南索马里，因为在该国[②]北部几乎没有执行该法。但是，至少在重新获得独立之初，该土地法在索马里兰得以实施并得到了认可。在索马里兰，有些人认为这部法律有一定的价值。很显然，它对 2003 年《土地管理法》（2008 年已修订为《城市土地管理法》）的出台有一定影响。下面，我们讨论一下这部法律。[③]

虽然近 20 年来，索马里兰政权稳定，处于和平状态，但其土地部门仍然真实地反映了冲突后的一些情况。难民多，国内流离失所者众[④]。因人们躲避内战而撂荒的土地被其他人抢占，牧区土地被非官方私有化，关于农村和城市土地的争议此起彼伏。1975 年《土地法》已废置，其他与土地有关的法律也已颁布。但是，国家没有明确的土地政策，一些与土地有关的基本问题尚未得到解决，比如土地所有权是归属国家还

[①] Norton, G. (2008) *Property, Land and Housing in somalia* 由挪威难民理事会、联合国难民专员办事处、联合国人居署肯尼亚内罗毕办事处及人居署赞助的出版物，可从其网站下载，第 93、94、82 页。这是一本极其宏伟的创作。现在已很难再创造出更好的致力于解决国家土地问题的作品。

[②] 索马里兰的"独立"尚未得到国际承认，此处讨论应以"地区"看待，不是"国家"，参见前言中的编者注。

[③] 以下内容主要是基于我在访问索马里兰期间为联合国人居署所写的报告。这些报告中的任何内容不应视为代表机构的意见。

[④] 这是联合国机构与政府之间冲突的主要根源。由于国际社会不承认索马里兰是一个国家，联合国机构认为从索马里到索马里兰的人是国内流离失所者，而政府则视他们为难民，并据此对待他们。例如，在一次关于制定土地政策的方式的讨论会议上，有人提出了国内流离失所者和难民问题。有人建议，境内流离失所者，即从索马里兰其他地方流离失所的人，应在城镇郊区安置；而难民，即来自索马里的人，则应安置在离城镇更远的地方。

是私人，土地法的多元化，土地问题争端解决的机构和程序等问题，将在本章加以讨论。

2009 年，我写了一份说明，内容涉及制定土地政策讨论中产生的三个问题。我认为这些问题需要进一步考虑。这些问题迄今尚未解决，相关说明可转载于此。这三个问题是：

- 土地所有权及其在索马里兰的意义；
- 法律–世俗法、伊斯兰教法和习惯法之间的相互关系；
- 关于土地的争端以及如何解决这些争端。

9.1 土地所有权

根据《宪法》第 12 条第 1 款：

土地是国家共同拥有的公共财产，由国家负责。

经修订的《城市土地管理法》第 1 节规定：

原则上，除真主外，索马里兰政府拥有该国领土（根据《宪法》第 12 条第 1 款）。因此，对这类土地进行管理、转让所有权和提出法律建议的权力完全属于政府。

这两部法律规定虽然旨在相互配合，但并没做到（必须指出的是，我正在研究《宪法》和《城市土地管理法》的翻译）。《宪法》规定，土地归国家所有，由国家负责；而《城市土地管理法》则规定，土地的所有权属于政府。一个国家的领土和该国境内构成该领土的土地通常是有区别的。所有国家都主张对该国领土拥有统治权或主权，但这并不一定意味着它在国内拥有领土或土地的所有权。

同样，政府在作为拥有土地的国家责任代理人时，与作为土地所有权人是不同的。在第一种情况下，政府可能被视为土地的受托人，为了人民的利益而行使权力，这在很大程度上是遵循伊斯兰法原则的。在第二种情况下，政府是绝对的所有者，可以随心所欲地使用"它的"土地。

如果《宪法》与《城市土地管理法》之间存在任何差异，则必须以前者为准。可以将《城市土地管理法》的第1节同《宪法》设定一致，因为该条承认"原则上，除了真主，土地归属政府所有"。这确实意味着人们认识到所有权的归属不是绝对的，但原则上土地所有权归属于政府，因为政府所有权背后有更高的权威（真主）。

然而，关于政府拥有土地所有权的问题不限于此。在《城市土地管理法》全文中，频繁提到拥有土地的人。事实上，该法第19条对此做出了非常明确的规定：

> 永久土地的所有权期限如下：
> a 符合本法规定并开发土地的人，其永久土地所有权期限不限。

确实，法律中的其他各种规定都明确表明，即使是永久所有权的土地，如果不依法使用，也可能被剥夺所有权。那些为投机目的获得土地的人将不被允许就该土地进行交易；在城镇中心取得土地但无力开发的，可能会被剥夺土地或换成不太显眼的地块。所以，尽管所有权可能是无期限的（无期限指的就是"无限"的意思），但是，所有权显然不是无条件的。

公民拥有的土地所有权与国家拥有的土地所有权的性质是否相同？或者换一种说法，如果国家或者代表国家的权力机关把土地永久地分配给一个公民，放弃对该土地的所有权，那么，随着越来越多的公民获得对土地的永久所有权，是否会导致国家最终拥有的土地越来越少？应该指出的是，根据1999年《农业土地所有权法》，国家可以通过农业部向农场颁发所有权证书，因此土地转让适用于农村和城市土地。此外，该法律还确认了在证书生效前拥有农场的人的所有权。

《城市土地管理法》和《农村土地所有权法》中除了所有权是以适当和合法使用为条件——这在很大程度上是伊斯兰土地法的一项原则——再没有任何内容表明公民拥有的土地所有权在性质上与国家所有权不同。如果公民的土地是为公共目的而被征用的，则必须对土地上的建筑物进行补偿，并为被征用土地的公民分配一块替代的土地。正如我们所指出的，索马里兰的土地所有权有可能永远存在。

然而，在牧区土地方面，法律似乎存在空白。引用和平与发展学院

(APD)的话,不再会有"小芽长成草"①:

> 牧区土地及其所有权未在任何法律中规定。在没有明确规定放牧地的情况下,牧区发展与环境部可以任意使用权利将牧地分配给牧民。因此,牧民的土地所有权和使用权在现有法律制度内得不到保障,如此,牧民的土地尤其容易被农民、城镇居民或其他人抢占……

之前,和平与发展学院的报告特别总结了它对"没有法律的牧区"农村地区土地所有权的理解:

> 德甘(Degaan)土地所有权:在传统的索马里兰社会,牧场的私有制并不存在……直到今天,自然资源的获取仍旧是社区和与其他群体的合作,德甘的概念通常描述了某个宗族群体对土地所有权的传统主张。
>
> 习惯法(Xeer)协议:土地事务依照宗族团体之间的契约来管理。这些契约规定了土地管理及其他问题的规则,并对违反协议的情况规定了制裁措施。
>
> 灵活性:……牧民需要迁移到他们能为牲畜找到水源和牧场的地方。因此,宗族团体之间的习惯法契约需要不断地重新谈判和重新定义。
>
> 宗族权威的职责:宗族长老代表自己的族人管理宗族事务。②
>
> 宗族政治的复兴和公众对法治的信心降低,使人们更加大胆地宣称,公共牧地是某一特定宗族的传统家园……③

如果这些引文准确地概括了牧区土地的有关情况,它们确实表明,私人土地所有权实际上并不延伸到城市和城郊地区以外很远的地方。那么,如果是这样的话,牧地所有权在某种意义上是"非官方的"——这是法律所不支持的。

---

① 4 Academy for Peace and (2007) *Land – Based Conflict Project Somaliland Report*, Hargeisa, 17.
② Ibid., 13.
③ Ibid., 17.

针对土地所有权的现状，可以提出两个观点。首先，私有土地所有权应适用于所有类型的土地，这是没有先验理由的。它可能在城市地区和农业定居方面有意义，但对畜牧业来说则不然。无论如何，即使做出政策决定，索马里兰将走向普遍的私人土地所有权：(1) 这不必排除社区拥有土地的权利——私人土地所有权并不意味着个人土地所有权；(2) 可以针对不同类型的土地制定不同的规则，以建立和支持私有土地所有权。

其次，如果要把私有制作为索马里兰土地管理的基础，那么就需要一部综合的法律来规定所有形式的私人土地所有权，而不是目前存在的一系列重叠和不完整的法律。这部法律必须包括：如何从国家获得土地；如何使用土地；如何进行交易和遵守何种规章；何时可以由国家收回土地，以及采取何种保障措施、程序、评估和支付赔偿金等。修订后的《城市土地管理法》和《农村土地所有权法》中提到了一些，但仍然存在不足。

9.2 法律之间的相互关系：世俗观念、伊斯兰教法和习惯法

出台一部关于土地所有权的综合法律，自然会引出第二个关键问题：法律之间的相互关系——世俗观念，伊斯兰教法还是习惯法。这显然是2008年3月在索马里兰土地管理讲习班中的参与者所关注的问题。他们就我提出的两个相关问题直接给出了以下答案：

问题1：索马里兰有三个不同的土地法来源（伊斯兰教法、世俗法和习惯法）。谁能最好地处理土地冲突？

回答：解决土地问题的最佳土地法是第17/2001号世俗法。

问题2：第17/2001号世俗法与习惯土地法之间的关系是什么？

回答1：这两者是相辅相成的，而不是相互矛盾的。

回答2：第17/2001号法律是根据习惯法和伊斯兰教法制定的。

可以对这些交流发表几点意见。第一，第17/2001号法律承认其关

于解决争端的规定有缺陷。修订后的《统一土地管理法》第28条规定，所有土地纠纷由对土地有利害关系的不同部委的代表组成的特别法庭处理。这将在下面进一步讨论。第二，第17/2001号法是一项世俗法，有的内容似乎有些含糊不清，但它是根据伊斯兰教法和习惯法制定的。该法已经注意到了与伊斯兰教法的联系——土地所有权是一种有条件的所有权，如果没有对土地进行适当和合法的使用，就会丧失这种所有权。目前还不清楚伊斯兰教法的任何其他原则是否被写入《城市土地管理法》中。

第17/2001号法与习惯所有权的联系则并不那么清楚：除第1条和第28条外，该法对城市土地进行了具体规定，包括城市土地的分配、规划、使用、建造和登记，这些都与习惯法无关。和平与发展学院的报告非常直截了当地指出：

> 官方立法在农村没有太大的价值……在缺乏强有力和有能力的机构来执行正式法律和管理土地问题的情况下，总传统的长老理事会仍然是解决这一问题最有效的机构。他们与市长和区议会合作，根据习惯法管理土地。

和平与发展学院报告的早期引文总结道，鉴于这一基础，很难区分《城市土地管理法》的任何规定是来自传统土地所有权，还是适用于农村土地。

习惯土地所有权与国家法定土地法之间的关系，是撒哈拉以南非洲每一个国家几乎都已经讨论并仍在讨论的问题。这就是法律多元主义问题：一个国家存在一个以上的法律制度是否可能或可取。我在2005[①]年开发计划署的一次讲习班上提出了一份关于这一问题的文稿，在此摘录该文稿的结论，以表明了我对索马里兰法律多元化的有关立场：

> 总的来说，越来越多的非洲国家已经意识到试图"废除"传统的土地所有权制度是徒劳的。我们没有理由认为，那些仍然坚持这

---

① A summary of the paper is published in Mwangi, E. and Patrick, E. (2006) *Land Rights for African Development*, Washington D. C., Collective Action and Property Rights (CAPRi), UNDP, International Land Coalition, 9–11.

一错误政策的国家将比那些曾经尝试过、失败过并且现在正在采取多元化做法的国家更加成功。现在真正的问题在于,与其说是非洲的政府,不如说是非洲以外的政府、国际金融机构和私营部门,特别是私营金融部门,他们甚至不愿意了解习惯使用权在某些情况下的好处。

非洲所有其他国家及索马里兰都应该意识到,1975年《土地所有权法》正是为了努力废除习惯土地所有权制度而产生的,但却带来了较坏影响。它导致索马里全境原本有序的农村土地所有权制度和自然资源管理制度的彻底崩溃,目前索马里兰仍在恢复中;农村地区的人们继续遵守《土地所有权法》,但由于国家不承认这部法律,这就导致在官方法律和国家认为存在的土地利益之间形成了一个鸿沟:生存在土地上的人们所拥有的权利和利益是什么?

如果像和平与发展学院的报告所讲,传统的土地所有权制度和法律在农村地区仍然有效,最好接受这一现状,那么,就应确保根据《城市土地管理法》第28条设立的新委员会在对农村地区地方长老理事会和其他地方机构做出的决定提出的上诉进行审理时,充分考虑到传统所有权制度。随着时间的推移,新委员会和受理委员会上诉的法院都将能够在适用索马里兰的各种习惯使用权规则中形成共识。这些明智和谨慎的决定可以得到立法改革的支持。与其试图通过大规模废除和用新的土地法法典取代传统的土地保有权,不如走这条道路来制定国家土地法。

9.3 土地争端及其解决办法

从我在2009年12月访问期间的访谈和亚太发展署的报告以及许多顾问编写的其他报告中可以清楚地看到,农村和城市土地争端仍然是索马里兰和平与稳定的主要威胁。如此多尚未解决的争端,是过去20年索马里兰发生的非常重大的社会经济变革的外在表现。城市地区,特别是哈尔格萨地区扩张非常迅速,原来的农村土地已经变成了城市土地,而且在扩张过程中往往不考虑法律形式、合法性或公正公平原则。现在,大量人口居住在城市地区,没有明确的土地所有权,也没有任何有效的手段取得土地所有权,这就造成了许多城市土地纠纷;在农村,圈地和土地掠夺减少和破坏了牧民传统的共有土地使用权。以前国有的农业用地已经私有化了,而且几乎常常没人思考这种私有化是否合法。而且,现行法律的执行不力加剧了冲突的起因。

政府知道索马里兰发生的这些根本变化,但尚未就如何应对这些变化进行深思熟虑的思考。因此,人们关注国家土地政策的制定,并希望在此基础上改革法律和机构,通过执行这些政策来缓解在土地问题上的冲突和紧张局势。

根据以上分析,本人认为,土地纠纷的解决需要采取双轨制。长远的做法是制定一个现实的土地政策——现实的意义在于,政策制定不是试图把时间倒回到过去的某个"黄金时代",而是从当前的立场出发,力求引入合法性、公正性和开放性,土地管理的可持续性和公平性很可能需要对农村和城市地区的一些现有土地保有权和土地所有权做法进行重组和改革。明确阐明任何此类政策和法律所依据的原则,将有助于使公民相信,这些政策和法律旨在实现土地管理的稳定和公平,从而鼓励公民遵守这些法律原则。

较短期的做法是继续采取临时性措施,采用《城市土地管理法》第28条,同时更多地承认并利用农村地区正在使用的传统争端解决程序,并根据《地区和地区法》加强区议会的现有职能,以协助解决地方一级的土地纠纷。这可能涉及对该法和《统一土地管理法》的修订,为传统调解委员会的决定提供法律支持,并增强地区议会和平与和解小组委员会的作用,正如亚太和平与发展局的报告所述,这些委员会似乎存在"解决冲突和管理土地的能力非常有限的问题"。可考虑给予他们权力,使他们带头解决城市土地纠纷,并通过社区产权登记确定地块之间的边界。

现在看一下《城市土地管理法》。该法将城市规划法与土地使用权的各个方面结合起来。2003年,我详细写了一篇关于此法的法律评论,并就此提出了修改建议。但是,2008年他们在修订该法律时,并没有注意到我提出的建议。因此,在这里重复这些建议是没有意义的。相反,可以用我在2010年访问结束后得出的结论来结束对索马里兰土地法的简要概述。

在农村地区应该适用哪些法律，这显然存在着一些相当明显的矛盾。在一次讨论有关国家土地政策需要解决的一些基本问题的研讨会上，一些与会者似乎同意习惯法和传统争端解决机制应继续适用于农村地区。当然，也有其他人指出，最近的成文法，特别是2001年第17号《土地管理法》及其2008年修正案后改名为《城市土地管理法》，设立了一个处理土地争端的特别部长级委员会，也是解决争端的国家机构。

《城市土地管理法》是一部关于城市土地的法律。它涵盖以下主题：土地分配；土地开发的规划和控制；土地使用权的各个方面，包括所有权登记；公共用途土地的划拨和补偿；建筑物的拆除；土地纠纷；以及建筑法规。迄今为止（2011年年中），它不过是一部法律大纲，还需要通过今后制定法规予以修改。

2003年，我对《城市土地管理法》的总体结论是，它是为索马里兰土地管理制度建立法律框架的一次大胆尝试。主要缺陷在于，该法假定存在着一个总规划来管理所有的土地事务并将其作为做决定的基础原则。然而，事实上并不存在这样的总规划。因此，地方当局在如何行使土地分配权或颁发建筑许可证方面并没有从该法得到任何实质指导意见。第二个最严重的缺陷是它无意中歧视了城市贫民——索马里兰城市地区的绝大多数居民。如果按照法律的要求加以适用，也将对经济发展产生不利影响。第三个严重缺陷是在已经存在而且仍然没有任何能力运作所有权登记制度的情况下，又试图引入一种所有权登记制度。

当时得出的无法避免的结论是，趁现在还没有发生大规模动乱，《城市土地管理法》需要尽快重新审视和修订。尽管土地纠纷仍然层出不穷，但土地管理无论是在城市地区的地方政府，还是农村地区的传统宗族长老理事会，都没有在这两个主权机制中引起严重的动乱。这无疑是对地方一级土地管理能力的赞扬。

与土地管理有关的重要问题与适用于国家治理的问题具有相同的性质：在国家治理中应采纳多少传统制度？国际上有多少"最佳做法"？关于城市土地，人居署显然致力于推动国际最佳做法；一个全球信息系统（GIS）[1]、一项复杂的建筑规范[2]及一份详细的城市规划指南[3]正在制定之中，索马里兰官员正在接受这些技术的培训。

关于牧区和农村土地，情况尚不清楚。和平与发展学院的报告显示，如果习惯所有权和租赁制度仍在农村地区运作，则最好还是接受这一现状。与其试图通过大规模废除和用新的土地法取代传统的土地所有权制度，不如依照现状来制定国家土地法。

政府意识到索马里兰发生的这些根本变化，但尚未就如何应对这些变化进行深思熟虑的思考。因此，人们关注国家土地政策的制定，并希望在此基础上改革法律和机构，以通过有效执行这些政策，来努力缓解土地问题上的冲突和紧张局势。

目前缺乏的是在索马里兰所处的情况下制定土地政策或法律的任何总体理论或哲学方法。[4] 我承认，有些人对将国际最佳做法引入城市土地管理的努力持怀疑态度，这些做法与居住在索马里兰城市地区的大多数人的实际经验相去甚远。如果要采取这种办法，最好将"城市权利"的概念适用于索马里兰的城市土地管理，并强调人人享有城市平等权利。同样，最好是支持传统的争端解决机制，而不是试图用人民眼中不具有合法性的法定制度取代这些机制。因此，就索马里兰而言，土地改革的一种变革办法就是采取与国家建设相同的办法：以当地为基础改革发展，而不是从国际模式改革发展。

---

[1] Barry, M. and Bruyas, E. (2007) 'Land Administration in Post Conflict Situations: The Case of Hargeisa, Somaliland', FIG Working Week, Hong Kong SAR China.

[2] Agevi, E. (2008) *Pro-Poor Planning and Building Regulations, and Codes for Somaliland*, Report to the Somalia Urban Development Programme, UN-Habitat. 这些规范复杂且很可能远超索马里兰城市穷人的建设能力或财力。它们将使得哈尔格萨及索马里兰所有其他城市地区的大部分建筑违法。

[3] 10 Demisse, B. and Kishiue, A. (2010) *Urban Planning Manual for Somaliland*, Nairobi, UN-Habitat. 目前还不清楚该项计划的目标是谁。在索马里兰，城市规划师寥寥无几。

[4] 尽管尊重整个伊斯兰教，但应该说，他们似乎没有发展出任何相当于城市权利的东西，也没有发展出一种土地改革的办法。Hallaq, W. B. (2009) Shari'a Theory Practice Transformations, Cambridge, Cambridge University Press, chapter 16, especially 297–301; Sait, S. and Lim, H. (2006) Land, Law and Islam, London, Zed Books. The Consultation Draft Constitution of the Somali Republic of 2010 does make an attempt at setting out founding principles which are based on the Quran and Sunna and the higher objectives (maqasid) of Shari'ah; articles 2 and 3.

第 10 章 卢旺达

从某种角度讲，讨论卢旺达的土地改革法律是最棘手的，这对于调查非洲土地改革政策、法律和做法的任何作者来说都是一样的。原因很简单：关于卢旺达土地保有权改革有两种截然不同的观点，即官方看法和批评者观点。官方看法指的是法律、政策及其目的的官方解释；批评者观点则是隐藏在改革背后的动机与"真正动力"，但这种政策往往会招致政府的尖锐批评。

我们首先讨论官方的观点。在 21 世纪的起初几年里，卢旺达政府制定了一项非常详细的全国土地政策，并于 2005 年颁布了一部《土地编制法》（Organic Land Law，OLL）。针对该国现行土地法的立场，该国土地政策的结论是"……有关土地的法律是零散的和过时的，必须将其更新并汇编成一部法律，以适用于卢旺达的所有土地使用者。"[①] 这些政策在本书的第 5 章中也有说明：

> 卢旺达的传统土地所有权已经过时，不能为租户或国家带来任何经济利益。
>
> 主管当局依法授予的习惯土地权和土地使用权，应通过长期租约给予受益人充分的所有权，以保障所有权并提高土地价值，这对租户和国家都是必要的。
>
> 在农村地区，99 年期租约的登记和登记证书的发放将遵循土地法的严格规定……

[①] Rwanda Ministry of Lands, Environment, Forests, Water and (2005), *National Land Policy* (*draft*), Kigale, 16.

城市土地所有权和农村地区99年的租赁期将同时发放登记证，且后者可以续签。

按照惯例，谁先占有土地谁就先获得土地所有权。这条规则在我们的社会中一直得以遵循。然而，现在，由于所有的空置土地都属于国家所有，以占有取得土地的方式已经过时。同样，1976年3月4日第09/76号法令第1条规定，"所有未按成文法规定而持有的土地，或者是否受习惯法影响而占有的土地，归国家所有"。

本书第5章中论述的全国土地政策相关内容也须关注：

从法律上讲，法律的双重性给土地管理带来了令人同情的成分。卢旺达农民和城市居民一样，认为自己是土地的所有者，而政府则认为自己是土地的主要所有者。

统一的土地法将准确界定地契持有人的权利和义务。

拟制订和执行建立卢旺达土地制度的法律，以支持国家土地政策。

卢旺达随后提议加入那些旨在"废除"传统土地所有权，并用登记的法定土地使用权来完全取代土地所有权的非洲国家（逐渐减少）行列。这怎样才能实现？谁在卢旺达拥有什么样的土地权利？在此过程中必须要考虑《宪法》《全国土地政策》《土地编制法》的基本原则。

《宪法》第30条规定，"土地私有制和其他与土地有关的权利由国家授予"。这一规定非常重要，因为它清楚地表明，国家规定了"土地私有制"的范围和内容，"土地私有制"并不是先于国家成立之前存在的一种自然权利。由国家来确定私人所有权涉及哪些内容。

关于这一点，我想引用一篇由两位学者合著的论文[1]，其中的观点

---

[1] Sagashya, D. and English, C. (2009) *Designing and Establishing a Land Administration System for Rwanda: Technical and Economic Analysis*, Kigale. 作者注：他们希望通过MINRENA及其新成立的国家土地中心（土地所有权登记官办公室）和英国国际发展署对卢旺达政府允许展示这一报告表示感谢。作者还对一个国内外顾问专家组对该报告的重大贡献表示了感谢。该报告意见完全是顾问专家们和作者的意见，并不一定代表英国国际发展署或MINRENA的意见。我本人对这份报告做出了间接的贡献，我对分析《土地编制法》的关键条款方面所做的工作也反映在了本文引用的部分。

很好地总结了《全国土地政策》及《土地编制法》的基本政策：

> 2004年，卢旺达政府制定了一部《全国土地政策》，使人民能够享有更有保障的土地保有权、促进土地合理利用、土地管理和行政管理高效。这项政策的指导原则如下：
>
> 1. 土地是先辈、吾辈及后代的共同遗产；
>
> 2. 根据全体公民平等的宪法原则，所有卢旺达人都享有同样的、不受歧视获得土地的权利；
>
> 3. 土地保有权和土地管理应保障地契持有人的安全，并应确保土地的最佳开发；
>
> 4. 土地权利的保障是土地可持续管理和合理利用的前提，是土地发展和生命的源泉；
>
> 5. 管理和使用方法因涉及城市或农村土地、山地、沼泽地和自然保护区组成的土地而异；
>
> 6. 涉及国家利益的脆弱地区应予保护；
>
> 7. 好的土地管理应包括好的规划制度，如住房规划和重新组合土地，以便更经济和更有效地利用土地资源；
>
> 8. 明确而强化的法律和体制框架对于执行土地政策是必不可少的。

2005年《土地编制法》的八项一般性规定，为随后各章所详述的具体措施提供了基础。其中的关键点包括：

> 第3条，明确土地是所有卢旺达先辈、吾辈及后代的共同遗产；尽管人民的权利得到承认，但国家拥有管理全国所有土地的最高权力，是唯一有权授予占用和使用土地权利的当局，并有权在事先公平支付赔偿的情况下，因公共目的而征用私人土地。
>
> 第4条，规定个人（自然人）和公司（法人）享有平等土地权，禁止性别或出身歧视，规定配偶享有平等的土地权。
>
> 第5条，所有根据习惯法或政府授权或通过购买获得土地的人，如被确认为该土地的所有者，均有权以长期租赁的形式获得土地所有权的书面认可。

第6条，在卢旺达投资建设住宅、工业、商业或类似性质的工程者，给予投资的卢旺达人或外国人绝对的土地所有权。

第7条，《土地编制法》平等保护因习惯法和成文法而获得的土地权利，并具体规定哪些人在习惯法范围内可被承认为土地所有者。

《土地编制法》承认三大类土地：个人的私有土地（包括自然人和法人）、归属于国家的土地和属于地方政府当局（区、镇和市）的土地。后两类土地按《民法》的常规方式进一步分为公共领域的土地和私人领域的土地……

《土地编制法》中有关这类土地的规定可概述如下：

私有土地

私有土地包括依据习惯法或成文法购买、赠予、交换或分割而获得的土地。其中包括永久租赁①而持有的土地，在租赁期间形成了类似于完全所有权的产权。

关于根据习惯法获得的土地，《土地编制法》规定，凡被承认为习惯土地所有者的个人，应按总统令规定，以永久租赁的形式被授予土地所有权，租期为3至99年。这意味着，凡根据习惯法或根据官方授权，对1976年国有土地拥有权利的人或已购买这种土地的人，均可申请对该土地的书面所有权证书。但是，它没有具体说明需要哪些证据来支持这种权利主张。这类租赁将从土地所在州或地方政府当局获得，具体程序由部长命令作出规定。

---

① 提及永久租赁的内容，可能部分来源于我所写的关于租赁的法语单词"保释"的脚注，以及《有机土地法》关于租赁的法语版本中使用的"承包合同"这个单词。该词在"登记权（Droits d'Enregistrement）"中用"droit d'emphytéose"表示。租赁协议或租赁（Huur/bail）是指不授予土地权利的个人合同。……表层权和附属权更像是普通法的长期契约。附属权……授予所有人一项物权（一项对全世界有利的财产权利），该人可以在有限的时间内享有土地及其出产物，作为其已付费用的回报。Hurndall, A. (1998) 'Belgium', in Hurndall, A. (ed.) *Property in Europe: Law and Practice*, London, Butterworths, paras. 5.1.1, 2.1.3.1. 这本最有价值的著作涉及西欧19个不同司法管辖区的不同土地法。我集中讨论了比利时法律，因为这似乎是在卢旺达问题上讨论的最恰当的民法。还请注意："虽然罗马人使用了'领地'一词，但通过附属权而持有者也在许多方面被视为所有者。" Butler v. Baber 529 So. 2d 374, 381 (La. 1988). 路易斯安那州是美国的一个州。

《土地编制法》规定，在土地上投资建造各类工程者，须连续性获得绝对的土地业权，而这些工程必然会成为他们在土地上的不动产。

土地所有权登记是强制性的。虽然以土地为基础的权利可在持有者死亡时通过出售或赠予方式自由转让，而且土地也可根据《民法典》出租、设押或抵押，但除非登记注册，否则转让、抵押、永久租赁、租赁协议或地役权对第三方均无约束力。在共同拥有的情况下，土地的合法转让或抵押、长期租赁协议和地役权的产生必须事先征得特定家庭成员的同意。

这些安排实际上意味着现有私人土地保有权形式——民法和习惯法——将被新的保有权形式所取代，赋予现有土地所有者新的权利和义务，将在新的所有权登记中得以体现，比如在规定内使用土地、排除他人的权利以及处置土地的权利等……

在《土地编制法》颁布之时，该法只是一个有利于土地所有权改革的法律框架，还需要通过其他法律和行政文书来执行。所需的法律草案对二级命令（法令）和三级法规都有实质性意义。当前关键的战略事项是确定优先次序，商定起草工作的细节，并制定协调新系统与旧系统的计划。一共需要20多项（部长和总统）命令，包括有关土地租赁和登记的详细命令。

这些法令和命令很少是在《土地编制法》立法那年颁布的，在引述文件时没有过多解释原因，这实际上意味着大部分法律条例没有得到执行。只颁布了两项部长令：2008年《确定土地登记方式》的部长令①和2010年《确定土地分享方式》的部长令②。

如上所述，土地登记是强制性的，因为该命令非常明确地做出下列规定：

土地的私人所有权和永久租赁只有通过国家承认或授予的所有权登记证书才能合法确立。

---

① No. 002/2008 of 1 April 2008.
② 001/16. 01 of 26 April 2010.

不动产所有权的转让，无论是在生者之间还是在死者之间，只有通过登记才能发生。

在进行系统的土地注册之前，要进行类似于土地裁定的程序。政府的目标是到 2013 年完成所有业权的注册。届时，按照习惯使用权持有土地或通过习惯程序获得土地的做法将不复存在。

然后，在政府网站上反映出的情况（其中很多人都对此表示赞同）——是一场极为有效土地所有权革命（如果有那么一次变革性的土地保有权运动的话，一定是这一次）。传统的基于部落的土地所有权和冲突被一扫而光，政府形成了一种以市场为基础的现代法定所有权制度——人人平等，所有权登记制度为土地所有者提供了相同的保障，[1]并欢迎外国资本进行投资。该地区，乃至整个非洲，没有哪个国家在冲突后如此全心全意投入国家自由和平议程建设：进行民主选举，遵守与土地有关的市场经济法治。

那么，既然卢旺达坚持自由和平议程的其他核心概念是真实的，为什么会有人批评这项土地改革计划呢？[2] 我认为这些批评主要集中在两点：一是担心土地改革以及政府对土地改革和《土地编制法》宣传中所隐藏的内容，可能会不知不觉地使农村穷人处于不利地位；另一点是，他们故意针对农村贫困人口，改革根本不存在"不知情"的部分。为了使批评变得更加明确，这些批评者区分出受益于改革的精英和将输掉的穷人：精英是少数（15%）统治国家的图西人，穷人是占多数（85%）的胡图人。

作为第一种批评的一个例子，安索姆斯（Ansoms）对冲突后的卢旺达的土地使用、分配和产权的变化趋势进行了非常详尽的研究，可以看一看他的这些结论。他讨论的是《土地编制法》某些条款可能带来的社

---

[1] Nkurunziza, E. (2010) 'Low cost Titling in Africa, Land Tenure Regularisation in Rwanda', Presentation to the World Bank Annual Land Conference, Washington D. C., World Bank.

[2] Reyntjens, E. (2011) 'Rwanda, Ten Years on: From Genocide to Dictatorship', 110 *African Affairs*, 1 – 34; Brown, S. (2011) 'The Rule of Law and the Hidden Politics of Transitional Justice in Rwanda', in Sriram, C. L., Martin – Ortega, O. and Herman, J. (eds) *Peacebuilding and the Rule of Law in Africa: Just Peace?* London, Routledge, 179 – 196; Smith, S. (2011) 'Rwanda in Six Scenes', *London Review of Books*, 17 March, 3 – 8.

会经济影响：

如果土地没有得到有效保护和有效利用，或者如果土地退化或连续三年没有使用，则可根据《土地编制法》对土地采取相关措施。通常这些土地将会被部长或其他任何主管人员征用，为期3年……此外，所有权人在被剥夺财产的情况下，只能书面要求重新拥有，解释并承诺他或她将如何使用有关地块。如果被拒绝，唯一的选择是向法院提出上诉。这些程序非常正式，给身为文盲的农民几乎没有留下什么空间，因为他们几乎没有经济手段来解决他们的问题。

最后，与通过平等再分配实现土地整理的战前政策形成鲜明对比的是，新的土地法将土地集中在农民手中来促进土地整理，这可以保证提高生产和土地的可持续使用，同时限制大多数少地农民的土地交易选择。此外，法律赋予地方当局很大的空间来解释什么是"生产性土地使用"，这使得他们能够将小规模的农民从他们的"未充分开发"的土地上迁走，而更多的土地则给予专业的、商业化的和有竞争力的农民。

总之，不应高估官方政策主宰土地领域的权力……然而，土地政策和法律中的战略选择显然会在土地分配和社会冲突方面产生重要影响。事实上，我们可以得出结论，新的正式的土地政策为那些处于社会上层的人士提供了一个额外的工具，使他们掌握游戏规则。因此，贫困小农在土地斗争中的议价能力受到严重影响。官方政策更关注以产出为导向的增长逻辑，忽视了公平管理土地的必要性。

这可能带来两个重要影响。第一，它可能会破坏政府的目标，即通过重视农业来提高穷人的收入。基于跨国证据，丹宁格等人（Deininger & Squire）[1]发现，土地持有不平等现象对穷人参与经济增长的程度有着深远的负面影响。

---

[1] Deininger, K. and Squire, L. (1998) 'New Ways of Looking at Old Issues: Inequality and Growth', 57 *Development Economics*, 259-287.

第 10 章　卢旺达

事实上，以潜力大的大农场为目标，带来的问题仍然存在于大多数不具竞争力的非专业的农民身上，这些通常以生存为导向的农民，被限制了跳上"现代化"列车的权利。第二，不同群体的权力关系和议价能力的变化可能会加剧新型的土地冲突。如安德烈（André）和普拉托（Platteau）的分析①所表明的，这些冲突可能导致更广泛的挫折感和与社会疏离。②

这些悲观的结论得到了艾萨克森（Isaksson）的认同：③

根据对 5 000 多个卢旺达家庭土地保有权的数据进行的经验估计，结果表明，卢旺达在国内土地权利方面存在系统的不平等现象，以妇女或青年为户主的家庭以及因冲突而流离失所或在伊米杜古杜（imidugudu）村安置点重新定居的家庭，其权利显著低于与其对比对象的权利。年轻户主报告的权利较弱，似乎是由家庭组成因素以及土地持有的规模和结构所致。而伊米杜古杜村安置家庭和冲突中流离失所的家庭的权利较弱，似乎是由相关群体在该地区所占比例过高所致。

同样，无论是这些家庭使用土地总量（包括租赁或佃农土地），还是只考虑那部分可归类为"拥有"的土地的权利，都同样存在不平等现象。因此，所观察到的不平等现象不仅是保有权安排系统变化的结果，而且类似情况也存在于这种土地保有制度下的耕地农户方面。

本文的结果表明，不平等的土地产权带来另一个方面的不平等，土地持有量不平等的基础是存在的。因此，与本领域的许多定

---

① André, C. and Platteau, J. – P. (1996) *Land Tenure under Unendurable Stress: Rwanda Caught in the Malthusian Trap*, CRED Centre de Recherche en Économie du Développement, Faculté des Sciences économiques et sociales, Facultes Universitaires Notre – Dame de la Paix, Namur.

② Ansoms, A. (2008) 'A Green Revolution for Rwanda? The Political Economy of Poverty and Agrarian Change', Institute of Development Policy and Management Discussion Paper, Antwerp, University of Antwerp, 41.

③ Isaksson, A. – S. (2011) 'Unequal Property Rights: A study of land right inequalities in Rwanda', Working Papers in Economics No. 507, Department of Economics School of Business, Economics and Law, Gothenburg, at University of Gothenburg.

量文献不同，后者更强调需要仔细评估财产权如何适用于一个国家的不同人群。此外，调查结果指出，必须考虑有效的土地权利，并在评估土地改革时，认真监测法律上土地立法的变化在多大程度上转化为实际领域的发展。

关于卢旺达的案例，考虑到该国正在实施广泛的土地改革，决策者必须意识到在有效土地权方面存在的不平等现象。随着立法改革推进，将面临两大挑战，即确保新法律得到执行，并使家庭了解其内容。本文的研究结果可以指导这一进程，为今后评价改革的分配效果提供参考。

这些论文的视角主要是经济，在政治上是中立的。他们客观地调查、报告和分析了形势，不带明显的政治倾向。这使得他们的论点有更强大的说服力。波蒂埃（Pottier）[1] 关于卢旺达的著作对种族灭绝后政府所宣扬的自我形象持怀疑态度，提供了一种分析方法，倾向于上文提到的第二种批评视角：

> 这种坚持统一性的直接结果就是，官方对过去土地保有权制度的观点弱化了历史复杂性，试图统一集体记忆。这种日益淡化的复杂性——极端分子可能将其解读为对历史的重新解读——掩盖了图西族的特权，无助于和平建设……
>
> 但还有一种更基本的方式，即土地法和土地政策未能适应日常生活的复杂性。新法律和政策的设计者，就像种族灭绝后政府及其捐助国提供的外国顾问一样，太容易被说服，认为土地分割是"不好的"而土地合并是"好的"。
>
> 无土地贫民利用生机勃勃的非农机会，从一个充满活力的农业部门退出，这一愿景是盲目的，因为规划改造举措（尤其是伊米杜古杜村庄化）迄今未能带来提高农业生产力提高的证据，人们肯定

---

[1] Pottier, J. (2006) 'Land Reform for Peace? Rwanda's 2005 Land Law in Context', 6 *Journal of Agrarian Change*, 509 – 537, 532 – 533; Pottier, J. (2002) *Re - Imagining Rwanda: Conflict, Survival and Disinformation in the Late Twentieth Century*, Cambridge, Cambridge University Press.

会质疑，通过征地进行整合是否可以被视为一种可行的选择。不管地方当局如何声称没有强迫放弃土地，有土地资源的贫民仍将失去他们的土地。

对卢旺达土地改革计划的主要关切点应该是，实施2005年《土地法》将等同于认可不断扩大的阶级差异……那些执行该法的人不太可能想要或能够扭转当前城市富人在贫困农村地区购买大片土地的现状……在土地政策中，似乎已经取消了对土地征用的限制。明确地认定59名从流放地返回的图西人没有土地，这种无地的部落化政策可能会引起争议和焦虑，特别是在那些土地加起来不到1公顷的（胡图人）家庭。

对政府土地政策和做法提出批评意见的最后一个领域落在村庄化问题上。1996年，政府通过了一项居住政策，要求居住在分散家园的所有卢旺达人居住在政府设立的村庄。接下来的四年里，在没有任何立法支持或协商的情况下，政府将数十万人安置到了伊米杜古杜，且相当多的人并非自愿，这让人不得不联想到坦桑尼亚村庄化实践。人权观察机构①对该政策的运作是这样描述的：

成千上万无家可归的卢旺达人，其中大多数是图西族返回者，也有一些种族灭绝的幸存者和冲突的其他受害者，自愿迁往定居点。

与此同时，地方当局悄无声息地坚持要求拥有家园的农村居民，包括图西人和胡图人，搬到伊杜古杜，甚至强迫房主在搬家之前摧毁自己的家园。国家高级官员声称他们从未授权强制执行这一政策，但他们知道地方官员使用威胁和武力迫使人们迁移。

第一批搬迁的大多是图西族种族灭绝的幸存者，他们从外资机构那里得到了现成的房屋或建筑材料。那些后来搬迁的人，其中许多是被迫离开固定家园的胡图族或图西人，得到的援助很少或根本没有，许多人缺乏建造房屋的资源，只能把木头、草或树叶和塑料

---

① Human Rights Watch（2001）*Uprooting the Rural Poor in Rwanda*, London, 1-2.

碎片拼凑在一起当临时住所，有些人在这种环境里居住了两年或更长时间。根据联合国开发计划署和卢旺达政府在1999年年底收集的资料，有50多万伊米杜古杜居民住在这种住所或未完工的房屋中。

在执行农村重新安置方案时，许多地方官员通过从耕种者手中没收土地来设立伊米杜古杜村庄，而其中大多数没有得到补偿。

在设立伊米杜古杜村庄的同时，地方官员为没有任何土地的被遣返的图西族难民提供了土地。在部分……（一些）……县市，他们强迫土地拥有者与来自国外的人分享其财产。拒绝将其财产让给其他人的人受到监禁的惩罚。当局还没收土地给官员、军官等人，包括商人，并允许这些有权势的人去没收别人的土地。

人权观察组织接着指出，捐助者不再支持令他们感到不安的项目，村庄化的步伐在世纪之交有所放缓。

最起码来讲，卢旺达土地政策的目的和《土地编制法》的公正、透明及诚实都是一个问号。乍一看，它完全符合现代的"国际标准"，似乎是市场主导的土地改革的一个极好的例子。然而，对其进行更深入和仔细的分析后发现，它生来就是造福城市精英，牺牲农村穷人。它使事情变得更糟，重新加剧了图西人与胡图人之间的长期紧张关系。①

---

① 雷恩登（Reyntjens）对种族灭绝后政府的总体表现的悲观结论："这些条件是滋生更多结构性暴力的肥沃土壤，这种暴力会产生愤怒、怨恨和挫折感，并很可能最终再次导致剧烈的暴力。"

第11章 肯尼亚

本文迄今谈及的所有国家，在过去二十年中都实施了重大的土地法改革。本文写作过程中，肯尼亚也正在编写这样的方案。旷日持久的宪法改革进程（首次改革的尝试在公投中失败，土地问题在竞选中发挥了重要作用），加上2007年主要因土地纠纷而给选举问题带来的动荡余波，使土地改革问题凸显出来，2010年《宪法》关于土地的章节宣布了土地法改革的重大方案。国家土地政策制订工作已于2004年开始。经过广泛的磋商，2007年通过了一份《国家土地政策（草案）》，经过一段时间的延期，该政策被政府和议会采纳，并于2009年发布。[①] 在这里，我们将回顾《国家土地政策法》《宪法》和拟议的土地法改革。

《国家土地政策法》是一份涉及面颇广且有目标的文件。它的使命和目标最好用它自己的话来说明：

政策的使命：

通过建立负责任和透明的法律、机构和制度，积极促进土地改革，以改善肯尼亚人的生计。

政策的目标：

国家土地政策的总目标是保障土地权利，并按照政府的总体发展目标，提供持续增长、提供投资机会，减轻贫困。具体而言，本政策应提供一个政策和法律框架，以确保维持一个土地行政和管理制度，该制度将：

[①] Republic of Kenya Ministry of Lands (2009) *Sessional Paper No. 3 of 2009 on National Land Policy*, Nairobi, Government Printer.

a. 使所有公民均有机会合法地占有和使用土地，并从中受益；

　　b. 提供经济上可行、社会上公平和环境上可维持的土地分配和使用；

　　c. 保证切实、有效和经济地运作土地市场；

　　d. 保证切实有效地运用土地及地上资源；

　　e. 提供高效透明的土地争议解决机制。

《国家土地政策法》依据的所有提议和建议背后的理念如下：①

　　土地不仅是可以在市场上交易的商品，它还代表如下多个应由政策和法律保护的多重价值：

　　a. 土地是一种经济资源，应当进行有效管理；

　　b. 土地是一种重要资源，社会成员应享有公平的谋生途径；

　　c. 土地是一种应被可持续利用的有限资源；

　　d. 土地是一种文化遗产，应该保护它能为后代所用。

过去的政策、法律和实践受到的批评是，只承认第一个价值观，而《国家土地政策法》却致力于综合考虑其他价值观。

《国家土地政策法》用60多页的篇幅列出了要求未来政府进行的一系列活动。国家将起草一部《土地法》，将为《国家土地政策法》的许多提议提供依据。国家土地委员会指出，在未来的《宪法》中应明确将土地分为公共土地、社区土地和私有土地。公共土地包括非私人土地或社区土地，以及议会法案宣布为公共土地的其他任何土地。社区土地是指《土地法》规定由特定社区依法持有、管理和使用的土地。私有土地是指个人或者其他单位在法定的土地使用权下依法占有、管理和使用的土地。国家土地委员会作为一个宪法机构而设立。其职能包括：

　　a. 代表国家持有和管理公共土地；

　　b. 建立并保存国家所有公共、私人和社区土地的登记册；

　　c. 确保实现土地的多重价值，即经济生产力、促进公平、环境可持续性和民族遗产的保护；

---

① Ibid., para. 29.

d. 代表政府和地方当局行使强制收购和开发的控制权。

在国家土地委员会成立的前两年中，它就开始制订必要的法律和进行行政改革，以便及时执行《国家土地政策法》，其中就包括解决历史上的土地不公正问题。

当前的土地政策和实践几乎都受到《国家土地政策法》中改革热情的影响。历史上的土地不公正问题可以追溯到1895年，也就是宣布《东非保护国宣言》之日，这些不公正问题将得到调查和纠正。有关继承和婚姻住宅的法律也将得到改革。社区土地的管理和利用将发生重大变化。同时还将更深程度地实施农村和城市土地利用规划，严格发展控制（发展控制指国家规范城市和农村土地产权的权力，国家有责任确保土地使用可促进公共利益）。土地征用将得到审查。还规定了许多需要特别干预的事项（通常是立法干预），其中包括妇女土地权利、青年、儿童、土著社区、猎人和采集者、国内流离失所者、牧民、沿海土地保有权等相关问题。除国家土地委员会外，设立地区土地委员会和社区土地委员会，并赋予其权力。设立特别土地法庭和法院，制定新的土地登记法，为方便地理信息系统而修订的《测绘法》、为这些目的而设立的土地处理章程和无地者的定义等均将纳入庞大的《土地法》之中。这些问题的处理以重新分配和恢复原状的原则为基础。非法的和不正常的土地分配和交易将受到审查和取消。

所有这些改革提议均彰显着肯尼亚土地管理制度的与众不同，其中有一项原则十分突出。在此，引用《国家土地政策法》原文：①

> 信息不足、政治干预、官僚低效、腐败、投机、不安全和不明确的土地所有权安排以及缺乏创新的市场机制，例如房地产投资信托和社区土地信托，阻碍了充满活力的土地市场的发展。应鼓励包括租赁市场在内的新土地市场的出现。这些新的土地市场有潜力使人们获得更好的土地。

为提高土地市场效率，政府应当：

---

① Paragraphs 164, 165.

a. 分散土地注册处；

　　b. 促进用作投资用途的在用土地的分配；

　　c. 促进土地市场运作，特别是社区土地市场的运作；

　　d. 鼓励发展新的土地市场，方法之一就是提供更好的土地交易资料；

　　e. 监管土地市场，确保效率、公平和可持续发展。

　　因此，每一项拟议的改革项目都将在土地市场的框架内进行，而土地市场又特别要扩展到社区土地。

　　许多捐助者在制定这一政策方面发挥了作用，特别是美国国际开发署尤其积极，它对2007年和2008年的政策草案进行了详细的和实质性的批判性审查，相关更新内容被收录至2009年草案中。[①]有人指出该政策过分强调农业，而相对忽视了解决城市问题的必要性。有人对农村重新安置和恢复的政策提出了相当大的疑虑，这些政策过去（现在仍然）缺乏任何操作细节。有人提请注意，《国家土地政策（草案）》可能与美国国际开发署的政策和方案发生冲突，并可能干扰土地市场的运作。[②]有人建议，美国国际开发署可能愿意与那些参与制定《国家土地政策法》的人进行对话，以努力实现变革。

　　目前还不清楚该"对话"是否发生。2007版《国家土地政策（草案）》和第3号会议论文之间没有任何重大差异，或者说至少没有对美国国际开发者文件中表示关注的事项作出任何改变。在两个问题上，我非常同意美国国际开发署的批评。首先，关于非正规城市发展的政策不足，在272段内容中只占3段，而且对于积极解决非正式定居点规范化和升级的办法还存在相当大的矛盾。[③]

---

　　① USAID（2009）*Kenya Land Policy*：*Analysis and Recommendations*，Nairobi. 美国国际开发署（2009）报告由 ARD, Inc. 编写，主要作者是世界银行法务副总裁的环境和社会可持续发展国际法前高级顾问约翰·布鲁斯。

　　② 一些关于变革的建议让人想起美国前助理国务卿汉克·科恩（Hank Cohen）在 Mullins, C.（2011）*Decline and Fall*，London，Profile Books 中提到美国在非洲的政策时所说的话："我们希望看到人权、民主和自由市场。但是如果你把最后一个做好了，我们会给你的另外两个打折扣"，269。

　　③ NLP，paras. 209, 211.

第二，美国国际开发署的报告质疑这些提议的成本，以及该国是否对这个问题给予了足够的重视。作者提请注意，坦桑尼亚和乌干达执行土地法的费用被低估（关于莫桑比克也可以提出同样的观点），并注意到土地法改革的费用经常被低估。

执行《国家土地政策法》的6年成本估计为96亿肯尼亚先令（约7 000万英镑），其中很大一部分来自"有效实施拟议的土地领域改革，这将使该部年度税收预计增加一倍，目前大概为60亿肯尼亚先令"。①它假设所有的改革都将顺利进行，这种情况若不称为天真的话，就是太乐观。几乎没有任何改革不会影响土地官僚机构内部和政治家之间的某些既得利益，而这些人将会为保护其利益进行非常激烈的斗争。五十年来的土地管理文化一贯将政治和行政精英的利益置于社会上任何其他群体的利益之上，而且实际上往往高于要遵守的任何法律义务，这种文化不会被50页的土地政策一扫而空。另一个自找麻烦的问题是，《国家土地政策法》中没有对提案和建议进行任何优先排序。显然，所有这些都同样重要和紧迫，这就为今后如何推进提供了争论的口实。

《国家土地政策法》在2009年年中获得批准，并于2009年8月作为会议论文发表。对政府《国家土地政策法》承诺的第一次测试不久就会到来。2010年1月，非洲人权和人民权利委员会（African Commission on Human and Peoples' Rights）就安多瓦案（Endorois case）作出了决定。②罗德里·威廉姆斯（Rhodri Williams）在无主地网站（Terra Nullius Website）的博客③上提供有关该案事实的相关摘要：

> 20世纪70年代，安多瓦人被赶出了肯尼亚中部波哥大湖附近的传统土地，被重新安置到一个不适合进行田园生活的地方，并且只有很少的人能够进入他们心中向往的中心地带。在驱逐事件发生后，关于在安多瓦人的传统土地上建立自然保护区要提供一部分补

---

① Ibid., para. 272.

② *Centre for Minority Rights Development (Kenya) and Minority Rights Group International on behalf of Endorois Welfare Council v. Kenya*.

③ Williams, R. C. (2010) 'The African Commission "Endorois Case" – Toward a Global Doctrine of Customary Tenure?' Terra Nullius website posted on 17 February 2010.

偿和收益的承诺就被打破了。

在接下来的25~30年里，安多瓦人试图从肯尼亚政府那里获得一些补偿。但他们却不断地受到行政机关和司法机关的阻挠和驱散。他们的案件最终被一个非政府组织受理，并提交给了非洲人权公约（ACHPR）委员会。该组织也遇到了政府的阻碍，政府对其期望获得补偿的想法漠不关心。肯尼亚政府显然不准备同非洲人权公约委员会合作，并尽一切可能拖延该委员会做出的决定。非洲人权公约委员会在其决定中明确指出，政府侵犯了非洲人权公约规定的有关宗教、财产、健康、文化和自然资源的自由权利。

非洲委员会要求肯尼亚政府回应以下建议：

  a. 承认安多瓦人祖传土地的所有权并归还安多瓦人祖传土地。

  b. 确保安多瓦人不受限制地进入波哥里亚湖及其周围地区的社区进行宗教和文化仪式，以及放牧。

  c. 就安多瓦人所遭受的一切损失，向社会做出适当补偿的承诺。

  d. 从现有经济活动中用储备金向安多瓦人支付特许权使用费，并确保他们获得就业机会。

  e. 向安多瓦人福利委员会授予注册。

  f. 与投诉人进行对话，以便有效地执行这些建议。

  g. 在收到通知之日起三个月内就这些建议的执行情况提出报告。

这些建议被提出以来，已经过去三年多了。根据《国家土地政策法》的原则和具体规定，采取措施执行这些建议需要方方面面的工作。有人曾尝试让政府积极回应非洲人权公约提出的建议。但截至2012年10月，政府的唯一回应就是为安多瓦人提供祖传土地的自由使用权。[1]虽然现在下结论说该法案已经出现了"致命伤"还为时过早，但它未能应用符合立法的基本原则显然不是一个好兆头，《国家土地政策法》的

---

[1] 信息来自可利亚·克拉克（法律案件工作人员、少数民族人权国际组织成员，我在伯克贝克学院的"土地市场和土地法律全球化"课程的学生）2012年4月分析肯尼亚土地法律改革法学博士课程论文。这是一篇优秀的文章，我非常感谢她允许我在这一章中使用它。

原则在政府批准后不久就已经生效了。①

我们现在可以谈谈《宪法》中有关土地的章节，这一章内容可以很快地被阐述完，因为它的大部分内容都来自《国家土地政策法》。《宪法》第5章规定的相关内容如下：

60 - 土地政策原则。

该部分总结引用了《国家土地政策法》中的重要原则。

61 - 土地分类。

该部分规定：

肯尼亚的土地属于所有肯尼亚人民。

62 - 公共土地。

该部分解释了《国家土地政策法》与公共土地相关术语的含义。

63 - 社区用地。

该部分解释了《国家土地政策法》与社区用地相关术语的含义（下面将更详细地讨论）。

64 - 私人土地。

该部分解释了《国家土地政策法》与私人土地相关术语的含义。

65 - 非公民拥有土地。

将非公民持有土地的租期限制在99年以内。这改变了之前允许非公民拥有不动产的法律规定。这是由《国家土地政策法》所建议的。

66 - 土地使用和财产管制。

该部分规定：

国家为了国防、公共安全、公共秩序、公共道德、公共卫生或者土地利用规划的利益，可以对土地的使用或者对土地的权益、权

---

① Lynch, G. (2012) 'Becoming indigenous in the pursuit of justice: The African Commission on Human and Peoples' Rights and the Endorois', 111 *African Affairs*, 24 - 45 for thorough review of the case. T. 作者也指出，在土地部部长最初声明"别无选择，只能执行非洲委员会的建议"之后，政府没有对该意见做出任何回应。

利进行管理。

67－国家土地委员会。

该部分建立了国家土地委员会，并按照《国家土地政策法》的建议阐明了它的功能。

68－土地立法。

该部分内容值得全文引用。

议会应当：

a. 修订、巩固和理顺现行的土地法；

b. 根据第60条第（1）款规定的原则修订部门性土地使用法；

c. 立法颁布以下方案：

1. 规定私人持有土地的最低及最高面积；

2. 规范土地由一类转为另一类的方式；

3. 规范婚姻期间和婚姻终止时对婚姻财产，特别是婚姻房屋的承认和保护；

4. 保护、保存及提供所有途径以便使用公共土地；

5. 审查所有公共土地的批准和配置，以确定其合法性和正当性；

6. 保护在任何土地上拥有权益的死者的家属，包括实际占用土地的配偶的权益；

7. 为实施本章规定所必需的其他事项。

这个重要的立法方案必须按照第261条第1款和《宪法》第五个附表的规定，在《宪法》生效后18个月之内由议会颁布。我在这里要向宪法起草者表达最大程度的敬意。但是，这却是一个完全不切合实际的时间表。因为，依照《宪法》第261条第2款规定，若国民议会想在2012年初行使其权力，必须要经过三分之二的多数人通过，这将会延长60天期限，其总期限也不会超过一年。

按照国民议会和参议院有关协商、辩论和修改的规定，要经过许多详细而冗长的法律程序才可使得《宪法》第68条正式生效，这已经是很快的时间了。显然，肯尼亚的宪法起草者们没有查阅或检视其他国家的相关记录，以了解1997年莫桑比克、1998年乌干达和1999年坦桑尼亚通过土地法的颁布到底用了多长时间。在乌干达和坦桑尼亚，有许多人抱怨立法机构通过立法太匆忙，没有让公众有足够的时间参与①——如果与这些国家的大多数法律通常缺乏协商相比，我认为肯尼亚对土地法所进行的协商更是不合理的。最后，国民议会在粗略审查后，于2012年4月下旬通过了《全国土地委员会法》《土地法》《注册土地法》这三部主要法律。本章的重点将放在《土地法》上。

《全国土地委员会法》有一个值得注意的方面就是其第21条。该条规定：

1. 内阁秘书应在土地委员会任命后一年内，根据土地委员会的建议，按照《宪法》第67（2）（e）条的规定，制定规则调查历史上的土地不公。

2. 根据第（1）款订立的规则，除此以外，任何人都有权向该委员会申诉。

3. 土地委员会应就行动提出适当建议。该建议应包括：

a. 向议会和总统提交任何关于制定必要立法的建议；

b. 土地委员会本身或其他公共当局采取任何必要的法律程序；

c. 通过和解、调解、仲裁和传统争端解决等其他方式解决任何特定争端；

d. 向土地委员会确认的受害者给予赔偿，此外，应考虑到受害者的经济情况和任何一种赔偿在财政上的可持续性。

---

① 在坦桑尼亚，从批准《国家土地政策法》到颁布《土地法》和《乡村土地法》相隔了三年九个月的时间。在乌干达，1996年《宪法》召开第一次议会会议和颁布《土地法》之间只有两年的时间，但这一短暂的时间是由《宪法》授权的，在过去10年中，土地法改革已经与要审查的法案草案进行了多次讨论。值得注意的是，在更远的马来西亚，《马来西亚国家土地法》从1956年开始，直到1963年颁布，历时7年。在新西兰，法律委员会于1994年出版了《新财产法：第29号报告》，规定了更新和编纂的土地法；2007年颁布了该报告的扩展版本《财产法》。在英格兰和威尔士，从1997年到2002年，制定和颁布新的《土地注册法》用了五年时间。1926年1月1日开始实施的五项财产法的制定过程用了11年才完成，当然由于第一次世界大战的干预，应从这段时间中扣除4年或5年。在爱尔兰，"2009年土地和土地转易改革法"是爱尔兰法律委员会自2004年以来的几份报告的产物。只有在特立尼达和多巴哥，一项重大的土地法改革方案在1978—1981年用短短三年从头到尾进行了一次，但作为该改革方案成果的六项法案从未付诸实施。

东非土地法改革：传统抑或转型

《宪法》第67条规定了国家土地委员会的许多职能。然而，在它开始的一年内，它必须开始一项极其复杂、可能制造潜在矛盾的、耗时的任务，即调查和得出关于115年以上历史的土地不公的结论。南非恢复土地权利对应的截止日期是1913年，比1994年《恢复土地权利法》颁布恢复土地权利专家委员会早81年。同样，肯尼亚似乎也没有从非洲大陆其他面临类似问题的国家吸取教训。①

当全民公投通过肯尼亚新《宪法》时，以及在2010年8月《宪法》生效时，人们都感到欢欣鼓舞，这是可以理解的。同样令人高兴的是，国民议会批准了《国家土地政策法》，并于2009年8月发表了第3号会期文件。但是，仍然存在巨大的问题：(1)《国家土地政策法》所载的政策与《宪法》第5章的规定有很多不符；(2)所有必要的政策必须在什么时间范围内转化为颁布的法律；(3)可用于执行政策和法律的资源。正如国家土地委员会在文件第一段中所指出的，土地对肯尼亚的经济、社会和文化发展至关重要。土地……这些问题仍然具有政治敏感性和文化复杂性。非常令人遗憾的是，《土地政策法》和宪法极不必要地使得这些关键问题在处理时变得更加困难。

11.1 《2012年土地法》

《2012年土地法》是一部奇怪的大杂烩。第一部分第1—7条涉及一些总体性问题；公共土地规定在第二部分和第三部分第8—36条；社区土地规定在第四、五、六部分的第38—120条和第149—162条（绝大多数是关于土地交易的法律规定，尽管第五部分也规定私有土地的行政管理、第六部分规定联租地、分区、租约和按揭）；第七部分第121—147条规定了法律强制征用的土地；第八部分第148条规定了结算方案。该法并没有明确的结构顺序，"土地征收"是在"私有土地交易"中提出的。该法在结构上的混乱也反映在内容上，有几个方面存在严重的问

---

① 关于肯尼亚土地改革与南非土地改革的详细讨论和比较，参见 Wachira, G. M. (2011) *Vindicating Indigenous Peoples' Rights in Kenya*, LLD thesis, Faculty of Law, University of Pretoria.

题。我将讨论该法律的三个重要方面：政务司司长内阁大臣的权力和立法会在公共土地方面的角色；有关私人土地买卖的新条文；以及土地强制征用一章。

该法律以重复《宪法》第60条第1款规定的土地政策原则开始，但其主要内容似乎很少是为了贯彻这些原则而制定的。

第5条规定，公认的土地保有权形式包括永久保有权、租赁权和习惯土地权利（只要这些权利最终与宪法相符），但同时也包括共同租赁作为独立的土地使用权所有人，而此前并非如此。第6条的附注谈到，它涉及土地管理和行政机构，但实际上它只涉及内阁大臣在土地管理方面的非常广泛的职能。

该官员有权：

  a. 根据土地委员会的建议，制定土地政策；

  b. 协调县域物理空间规划；

  c. 促进土地政策和改革的执行；

  d. 协调国家空间数据基础设施的管理；

  e. 制订土地部门的服务标准；

  f. 规范管理服务提供者及专业人士，包括物理规划师、测量师、估价师、地产代理及其他与土地有关的专业人士，以确保控制素质；

  g. 监察及评估土地部门的表现；

  h. 协调和监督法定机构的土地部门……

在这个职能广泛的清单上有两点可以提出讨论。第一，让人感到奇怪的是，这些职能被授予了该部门的高级官员，而不是部长。部长是该部门的政治首脑，人们通常认为他应该向议会负责所有这些职能。当部长对这些事情没有法定责任，而且在要求内阁大臣承担责任方面似乎也没有任何作用时，他或她如何被要求承担责任？部长的角色是什么？第二，鉴于肯尼亚在土地问题上有滥用官方权力的历史，如此巨大的权力被赋予一名官员，而法律没有规定任何职能下放计划，也没有任何关于问责该官员的规定，或者任何有关该官员如何行使这些职能的规定，这似乎是非同寻常的。

第二和第三部分涉及公共土地的管理，赋予国家土地委员会管理公共土地的权力。土地委员会被赋予的权力是广泛的，主要规定包括：所有公共机构和法定机构在实际占用公共土地时管理公共土地的准则；[1] 划拨公用土地，拨作保育、投资用途的公用土地，预留作公共用途的公用土地；"由法定机构、公营机构负责保管、控制及管理任何预留土地"，但须符合土地委员会的决定；授权管理机构授予公共土地租赁和许可的权力[2]。

在所有这些问题中，土地委员会代表国家和县政府，但是本法和《国家土地委员会法案》没有条款规定允许委员会代表县政府或者国家进行磋商、谈判、讨论或评论。在两项法律的执行中，国家土地委员会却凌驾于肯尼亚政府的其他部门之上。如今，再一次地，鉴于肯尼亚作为一个独立的政治实体以来的土地管理记录——不要认为一些不公平的、压迫性的土地管理只是在独立时开始的[3]——在给予全国委员会这种法律上不受管制和不受控制的权力的情况下，人们必然非常关切。人们有这样一个假设，似乎认为，如果在选择国家土地委员会成员时足够谨慎，它将以公平和公开的方式运作。这是一个非常危险的假设。无论是《土地法》还是《国家土地委员会法》都需要有更广泛的规定，让县级政府参与国家土地委员会的权力行使，并对这些权力进行制衡。需要注意到的是，仅仅规定国家土地委员会在分配公共土地前要发布信息，在本质上是被动的参与，这是远远不够的：没有明文规定其在分配前通知任何组织或个人行使评论或反对拟议的权力。目前的规定不符合《国家土地规划纲要》的原则，该原则规定，政府应"为国家土地委员会分

---

[1] 在制订这些准则时，土地委员会必须遵守《宪法》第10（3）条的规定。但第10（3）条并不存在。

[2] 条例草案对"牌照"的定义颇为奇怪："土地委员会所给予的许可，容许持牌照人占用或使用，或就土地或租契所包含的土地做出某些作为，否则会构成非法侵入"这是否意味着在（仍然适用于肯尼亚的）普通法土地法中"牌照"一词不能再正常使用？那么，现在用什么术语来描述一个房客或一个在足球场占有座位的人的利益？

[3] Ghai and McAuslan, op. cit., chapter 3 for the colonial record.

配、发展和处置公共土地建立参与性和负责任的机制"。①

关于管理机构的权力，该法案中有一些非常不明确的规定。根据第16条，由土地委员会负责管理预留公共土地的管理机构，可自行动议或应土地委员会的要求，拟一份土地管理发展计划，并提交委员会：

> 如管理机构根据第（1）款规定向土地委员会提交计划，而土地委员会批准该计划并通知管理机构，该管理机构可根据批准情形或其后的不同情况而开发、管理及使用有关的公共土地。尽管有本条的规定，土地委员会在审议根据本条提出的申请时，应遵守有关开发管制的法律。

明显令人生疑的是，管理机构有权决定是否遵循由它编制并经土地委员会批准的计划。更奇怪的是，在第16条中，既没有任何地方提到开发管制，也没有任何迹象表明土地委员会有权审议。这是为什么呢？在下面的"撤销管理命令"一节中有以下内容：

> 根据本法制定和实施的开发规划，应当符合实体土地规划条例和其他有关法律的规定。

"土地规划条例"大概是指《1996年土地规划法》，但即使有这一规定（本应在第16条中，却放错了地方），这个问题仍然不明确。根据管理计划，谁有权决定开发土地的申请？"其他相关法律"是否包括2011年《城市地区和城市法》第五部分和附表3的规定？这些对规划制定的规定与1996年《城市地区和城市法》的规定有多大的不同？

令人担忧的是，该法案并未规定对委员会的权力进行监管，这一点让人感到困惑。因为它是国家中央公共土地管理机构，有着巨大的权力，并被寄予厚望，它依照宪法的原则管理土地。必须要指出的是，该条例使得肯尼亚公共土地管理未来存在一个潜在的"黑洞"。关于私有土地的规定，有一个基本问题必须讨论。这些规定大部分都是从1999年的《坦桑尼亚土地法》中抄过来的。起草者复制了1882年的《印度财产转移法》（ITPA），该法案作为肯尼亚法律的一部分已有100多年的

---

① NLC, para. 61 (f).

历史，而且并没有被新的《土地法》废除。也许有理由建立一个更现代的法律框架来规范土地交易。但应该反问一下，在决定复制 ITPA 和一套基于坦桑尼亚土地法的条款之前，进行了哪些调查？与相关专业团体和协会进行了哪些协商？

在这里，我应该声明一下。我是坦桑尼亚法律的主要起草者，所以我自然认为有关土地交易部分的规定是相当好的。致力于为坦桑尼亚发展中的土地市场提供法律，该法律已被 1995 年坦桑尼亚国家土地政策正式接受，并正在取代 1922 年未曾达成一致的英国土地法，该法律迄今适用于非习惯性土地保有权——法定占用权，这是坦桑尼亚土地私法的基本利益。

这里有必要指出，在坦桑尼亚起草过程中用起指导作用的资料，其中包括：

- 1965 年马来西亚国家土地法。这部《土地法》在马来西亚过去 45 年引人注目的经济增长中一直在执行。该《土地法》广泛使用其附表 1 所载的标准表格，以降低土地交易的成本及复杂性。这一特点是《坦桑尼亚法》的中心部分。
- 新西兰法律委员会的一份报告，标题为《一项新的物权法：1994 年第 29 号报告》。其中涉及坦桑尼亚《基本土地法》中需要规定的许多实质性事项；废除了一些普通法中有于土地的过时规定——"古英国的律例可追溯到十三世纪的"——这一规定仍然存活在新西兰法律中，另外重申了一些在现代来说更清晰的法律形式："新法最重要的一个目标是制定易于理解的规则。"
- 肯尼亚旧土地法的某些方面，尤其是《注册土地法》。
- 英国法律委员会最近的一些报告，尤其是关于抵押贷款的报告和草案。

归根结底，任何时候在考虑利用这些法律模板的章节和条款时，都要考虑：这是否适用于坦桑尼亚的情况？能否调整它，使其适应坦桑尼亚的情况？如果这些模式不适合或不相关，就不要使用这些模式，而是应该去制定坦桑尼亚特有的规定。

第11章 肯尼亚

肯尼亚面临的情况非常不同。尽管肯尼亚存在效率低下、党派纷争和腐败等问题，但其土地市场发展良好。尽管英国的土地法同19世纪80年代初的土地法一样，但实际上仍有一部成文法与坦桑尼亚的前土地法或多或少有些相似，但已不时予以修订和更新。肯尼亚有一项国家土地政策，其中的明确规定需要在所有新的土地法中反映出来。显然，肯尼亚制定一项新的土地交易法需解决几个问题：一套关于土地交易的新规则要解决的危害是什么？根据新宪法、新的国家土地政策和正在建立的管理肯尼亚土地的新机构，什么对肯尼亚是相关的和合适的？没有任何迹象表明，肯尼亚在制定这些规定方面进行了像坦桑尼亚那样的工作。重要的是，恩琼霍委员会的报告中没有建议替换掉《印度财产转移法》。① 更奇怪的是，《土地法》也没有废除《印度财产转移法》对肯尼亚的适用，新法律和旧法律之间的关系没有被阐明。这只会导致将来产生更大的混乱。

现在来看第七部分，即关于强制征用土地的法律规定。我们不清楚为什么有关这一问题的规定已纳入《土地法》。在英美法系国家，土地征用法通常与其他有关土地的法律是分开的，因为该法律涉及授予政府违背公民意愿征用其土地的特殊权力。更重要的是，《国家土地政策法》明确规定，政府应"建立有效、透明和责任明确的强制性收购标准、流程和程序"。②然而，《土地法》的法律框架或多或少与《土地征用法》（LAA）相同，后者在《国家土地政策法》中被污蔑为"被滥用或次要的"。③ 从几个重要方面来看，《土地征用法》相比《土地法》，对土地所有者来说益处更大。

联合国粮食与农业组织关于强制征用土地的《土地所有制研究》④

---

① Arguably, the Commission was at fault here. Ojienda explains the deficiencies of the continued use of the ITPA and he was a consultant to the Commission. Ojienda, T. (2008) *Conveyancing Principles and Practice*, Nairobi, LawAfrica, 23 – 24.
② NLC, para. 47 (c).
③ Ibid., para. 46.
④ Keith, S., McAuslan, P., Knight, R., Lindsay, J., Munro – Faure, P. and Palmer, D. (2009) *Compulsory Acquisition of Land and Compensation*, Rome, FAO Land Tenure Studies 10 paras. 5. 5 – 5. 10.

中，在最新、最佳做法摘要中指出：

> 立法应对公民上诉的情况进行规定。通常有三种类型的上诉：针对拟征用土地用作指定目的的项目——对项目不符合允许强制征用的任何公共目的的质疑；对执行强制征用的程序的上诉；不恰当的通知；不合理的草率行为，恶意协商赔偿；并且赔偿不合理。

然而，无论是在旧法中还是在这些条款中，都没有任何机会对土地征用本身的必要性提出质疑，也没有对被征用土地的数量或特定地块的必要性提出质疑，然而，最容易发生权力滥用的，恰恰是将要征用土地的地方。

虽然《全国土地规划纲要》明确表示，将对强制征用法进行审查，使之与土地政策下的新的土地所有权类别相一致，但也没有考虑到按惯例拥有的土地的征用（《国家土地政策法》下的社区土地）。在这方面，土地委员会也没有对其职能的行使做出有效的规定。关于赔偿的规定也没有任何改进。虽然在《土地征用法》附表中列出了补偿的明确原则，因而这些原则成为法案的一部分，但《土地法》又规定，土地委员会有权规范公平补偿、评估的规则，以便很容易地修改这些规则。在制定这些规则之前，不需要进行任何协商。总的来说，《土地法》第七部分存在严重缺陷，不符合《全国土地规划纲要》的原则，应废除该条例，代之以另一项符合《自然规划》及一般公认的最佳做法的土地征收法例。

11.2 社区土地

2011年年中，《肯尼亚公报》刊登了一份《社区土地法案》。它受到严厉而正确的批评，被认为完全不遵守《国家土地政策法》或宪法。[①] 鉴于规定社区土地的法律不必与处理土地的其他法律在相同的宪法时间表内制定，它被撤回，因此只宣布了论证过程，目的是在2013年年初

---

① 本文件的结论是，最初的社区土地法案草案在关键领域严重偏离了宪法和国家土地规划的要求和意图，或没有得到这些开创性文件的充分授权。(2012) Legal Review of the Draft Legislation Enabling Recognition of Community Land Rights in Kenya, Kenya Secure Project, airobi, iv.

制定一份社区土地法案草案。本章的这一节将讨论《社区土地权属识别参照模式》(CLRR)，这是2012年7月国土资源部发表的一篇论文，很可能成为新的社区土地法案的基础。

要了解社区土地的演变，有必要回到2002年恩乔委员会阐明的原则。该机构制定了一系列政策原则，其中确定的原则应包含在类似的立法中。在这方面具有高度相关性的两项原则是：

> 这种土地应按照一种以习惯法原则为基础的法律制度来持有，这种法律制度不加歧视地为一切所有人、占用人和使用者提供有效和公平的土地权利保障；
>
> 这些土地应由地区土地当局根据不歧视妇女的习惯法所建立的负责任的和可持续管理的原则加以管理，这些广泛的习惯法原则应编入法典。[①]

这些原则并没有在《国家土地政策法》中占有一席之地。《国家土地政策法》指出，"在许多情况下，县议会作为信托土地（根据宪法成为社区土地的土地）的受托人，可不定期处置非法使用的信托土地"。该政策建议，为了保障社区土地的安全，政府订定租住权应该记录和反映现有的社区形式，在咨询受到影响的团体后，在《土地法》中规定清晰的架构和程序，以便：

- 考虑到包括妇女在内的所有土地使用者的多重利益，承认、保护和登记社区土地权利；
- 使用参与式流程管理社区土地使用权，管理社区交易的授予和调整；
- 明确负责社区土地管理的团体、个人和机构的责任；
- 社区参与社区土地的分配、开发和处置。

社区土地的范围可以根据《宪法》第63条的规定来判断：

1. 社区土地应归属于根据种族、文化或类似利益确定的社区持有。
2. 社区土地包括：（a）根据任何法律规定以团体代表的名义合法注

---

① Op. cit., 48, 49.

册的土地；(b) 通过任何法律程序合法转让给特定社区的土地；(c) 议会法案宣布为社区土地的其他任何土地；(d) 特定社区依法拥有、管理或使用的作为社区森林、牧区或圣地的土地；祖先的土地和传统上由猎人、采集者社区占据的土地；县级人民政府依法托管的土地，但不包括依照本法第62条第2款规定由县级人民政府托管的公共土地。

3. 未登记的社区土地，由县人民政府代表其所在社区托管。

4. 社区土地不得处置或以其他方式使用，除非立法做出具体规定，确认每个有关每个社区成员个人和集体权利的性质和范围。

《社区土地权属识别参照模式》列出关于如何确定社区土地权利的建议。它是由部长与美国国际开发署资助的一个咨询公司共同开发的。该文件声称它是根据加纳、利比里亚、莫桑比克、尼日利亚、乌干达、塞拉利昂、苏丹和其他地方承认和界定社区土地的特别委员会的经验提出的，《社区土地权属识别参照模式》的目标是：

> 通过制定新程序承认、保护和登记社区对土地和基于土地的资源的权利，保障本土社区的土地和资源权利。

> 落实《宪法》第63条赋予社区土地的新分类，并根据具体情况，以种族、文化或类似的利益共同体为基础，将相应土地归属社区。

> 制定原则和构想，以指导《宪法》和国家土地政策所设想的法律和体制的设计，以确保社区土地所有权下的社区土地权利；使主要利益相关方认识到《宪法》和国家土地政策在保护社区土地权利方面的执行情况[1]。

为达此目的，该文件建议采取六个阶段的工作程序：

> 公众有机会通过申请程序取得社区土地，并要求承认社区土地权利。

> 社区要参与清点其土地和资源权利的过程。

---

[1] Republic of Kenya Ministry of Lands (2012) *Community Land Rights Recognition Model*, Nairobi, 6.

要记录社区土地诉求及记录社区土地诉求的治理规则。

标定：社区边界的实际物理标定是在社区的参与下进行的。

验证和定稿：所有文件和地图都经过社区和相关政府机构的审核和同意。

证书的发放：社区土地所有权证书授予社区土地所有单位。①

《社区土地权属识别参照模式》是保护和登记社区土地权利的重大突破。当然，肯尼亚从来没有这样的制度，因为以前所有习惯的土地所有权登记办法都是针对这种土地所有权的个体化或为牧民提供集体牧场。但仔细阅读该文件，它对村庄的裁定和注册土地和土地法案的规定，似乎与坦桑尼亚1999年《乡村土地法》在本质上没有明显区别，而它对习惯的所有权证书的创建又与乌干达1998年《土地法》大同小异。事实上，根据坦桑尼亚的《乡村土地法》的规定，它赋予乡村委员会和乡村裁决委员会的责任比《社区土地权属识别参照模式》为社区设定的责任要大。

事实上，我们并不完全清楚哪些社区机构将实际开展活动或控制进程。《社区土地权属识别参照法》相当含糊地提到了"知情的和可信的社区代表……澄清和确认"ADR的界限，裁决提交给环境与土地法院的争议，无论是在被ADR审判之后还是作为ADR的替代方案，都没有明确说明。此外，我们也会在"社区范围内集思广益，记录现有的以及新的土地用途/自然资源管理规则"，并由"社区"以协商一致方式通过并形成《最终规则》。这是什么意思？虽然这只是一个模式而不是法案，但它已经最终确定下来，并将在拉姆的四个社区进行试验②，所以人们

---

① Republic of Kenya Ministry of Lands (2012) *Community Land Rights Recognition Model*, Nairobi, 4.

② Republic of Kenya Ministry of Lands (2012) Community Land Rights Recognition Model Launching, http：//www.savelamu.org/community-lands, 19 September. 参见 USAID Land Tenure and Property Rights Portal (2012) 'Kenya Government Endorses New Method for Recognizing Community Land Rights Through its Kenya SECURE Project'. 最近美国国际开发署在与肯尼亚土地部合作提出的 CLRR 模式中，有一个为习惯法下持有的社区提供合法土地登记的程序。这是肯尼亚首次承认由于习惯使用而拥有的土地，将更好地促进投资和管理自然资源，并在该国某些地区减少对土地的掠夺。http：//www.usaid.gov/info_technology/xweb/contracts.html。

都期望该模式有更多的细节。

令人关切的还有，在定稿和验证阶段，"社区验证"的技术文件（示意图、调查计划、治理规则和条例、土地和自然资源管理计划等）"将发送给"相关政府机构，由相关机构对整个社区文件进行技术审查。① 这是非常含糊的，因为"政府机构的反馈"一词可能会导致他们"对社区技术文件进行任何必要的修改，使之符合相关法律/政策"。这似乎表明，在该过程中，当地社区的规章制度或土地使用计划将得不到有效的政府支持。然而，这似乎是不太可能的。它确实表明，中央政府希望保留对社区土地管理过程的重要支持，并通过赋予县级政府对社区土地管理进行一般性监督的权力来实现这一点。

《社区土地权属识别参照模式》有一部分内容对既有的社区土地权利提出了挑战。显然，如果采用该模式，精英阶层的政治操纵、精英阶层对弱势群体的剥削、邻近社区之间的冲突、未受保护的社区土地受益者的对抗阻力、指定社区土地之外的人的既得利益都将减少或消失。这似乎是一个非常乐观的甚至说有点天真的假设，也是一个罗尔斯先验制度主义（Rawlsian transcendental – institutionalism）的典型例子——找到并相信一个完全公平的制度，用它来解决复杂的政治问题，而不是用森恩的现实方法。森恩的方法并非寄托于制度和规则，而是更关注实现正义的实际方法。在肯尼亚社区土地管理方面，实际的方法要比完善的制度重要得多，特别是从《社区土地权属识别参照模式》的起源来看更是如此，它是由美国国际开发署资助、由美国咨询公司实施的一项倡议。更重要的是，也许整个工作的关键在于：

> 正式承认社区土地权利，使社区能够有效地参与土地市场，并为社区创造财富和利益共享提供真正的投资机会。②

这将是"政府机构"对整个社区进行技术评审时的担忧：社区规则和条例、自然资源管理和土地利用计划无法抑制土地市场的操作，就像前面提到的《国家土地政策法》的根本驱动力一样。

---

① Ibid., 11.
② Ibid., 13.

第11章　肯尼亚◆

我的结论是,从《国家土地委员会法》《土地法》《社区土地权属识别参照模式》的正式文件来看,在整个土地法改革过程中,存在着一种不太现实的氛围。在最初《国家土地委员会法》《土地法》和《土地注册法》的土地法改革方案中,尽管各个非政府组织和社区组织都尽最大努力提请注意法案中的许多问题,但国民议会还是草率地通过了。

这些新法的草率通过,一部分原因是时间计划不切实际,但一部分原因也必须归咎于部长和议会成员在应对错综复杂的新法律时缺乏兴趣和专注。他们对肯尼亚新土地管理法律框架不闻不问,而是让内阁秘书部负责决定。这种方法是否会采用于社区土地立法还有待观察。但截至2012年10月,前景并不乐观。①

伯内(Boone)提供了一份让人们对改革方案更为沮丧的评估报告。当时只有《国家土地政策法》和宪法条款在执行,但她对改革进程的政治背景进行了更为深入的研究。② 我们可以考虑将她的评价作为本章的结论。她非常详细地叙述了肯尼亚土地政治的历史,特别提到了从殖民时代起东非大裂谷就是肯尼亚最具争议的地区。她强调,自从肯尼亚独立以来,因土地分配、没收和重新分配等问题不断引发暴力事件,先是肯雅塔,然后是莫伊,再是齐贝吉,各派别利用土地奖励支持者,或者在分裂时期收买支持者,还为他们自己和他们的政治盟友购买大量土地。2007年选举后暴力事件的发生并不罕见。但这些事件的策划可能比独立以来的其他暴力事件周密得多。她详细阐述了在《国家土地政策法》创建大约五年时间的政治策略以及2009年达成协议时的普遍惊喜。鉴于这一背景,她在开场白和结论中这样讲道:

> 肯尼亚2010年宪法的土地条款要求建立一个新的国家土地委员会,对议会负责,并通过全面的议会立法,制定以公正和平等原则为

---

① 2012年8月,《肯尼亚公报》(Kenya Gazette)刊登了一份驱逐和安置程序法案。它是Kituo Cha Sheria(法律授权中心)的产品。它的长标题表明了它的范围:制定适当程序的议会法案适用于强制驱逐;为所有占用土地的人,包括擅自占用者和非法占用者,提供保护、预防和纠正强迫驱逐行为;并就与之有关的附带事宜作出规定。它似乎不太可能被通过。

② Boone, C. (2012) 'Land Conflict and Distributive Politics in Kenya', 55 (1) *African Studies Review*, 75–103.

基础的国家土地政策。令人鼓舞的是，这相对20世纪60年代初以来一直盛行的高度政治化、明显腐败的土地制度，是一种明显进步。

然而，从长远来看，即使所有或大多数肯尼亚人都将从民主选择并切实执行的土地法中获益，但我们也有理由相信，至少在不久的将来，因为高度政治化而带来的土地冲突将继续下去。

这是因为肯尼亚的土地政治首先是一个再分配游戏，它创造了赢家和输家。鉴于肯尼亚土地制度即将发生的变化具有极强的再分配潜力，以及土地分配控制权的下沉（将权力下放给县政府），它无法保证土地法改革战略能够协调或改善公民的关系，因为每一个人甚至是最普通的人，都被分成国家培育的民族派系，以便把公民的注意力从阶级特权和背叛公众信任的尖锐问题上转移开去。

因此，围绕肯尼亚新的土地政策的"广泛共识"可能比实际情况更加明显。剥夺总统任意给予和征用土地的权力无疑是向前迈出一步，但这并不意味着土地分配将去政治化。相反，这个改革提出了谁将取代总统控制土地，以及指导土地分配和再分配的规则或原则……国家土地委员会和新的县议会是否应该遵循"肯尼亚人有权在任何地方居住"的原则向所有公民提供土地？还是应该保护土著社区与生俱来的权利？经济发展是随着私有财产的扩张而向前发展，还是应该保护社区土地不受市场影响？过去非法获得的但后来被市场"洗白"的土地应该由国家重新征用吗？如果非法分配的土地被国家重新征用，被剥夺土地的人是否包括肯尼亚塔时代和摩伊时代的受益者、最贫穷和最脆弱的森林占领者，以及肯尼亚有政治关系的土地大亨？难道要创造新的不公平来纠正旧的不公平吗？肯尼亚的《国家土地政策法》和新宪法中的土地条款似乎打开了与国家土地权利分配有关的土地问题的潘多拉盒子。现在有了法律依据对过去土地分配进行审查和重新考虑，但这似乎并不会消除这一未来有可能引发土地再分配冲突的幽灵……

截至2011年年底，肯尼亚正在制定国家土地政策的法律框架。在与新宪法有关的其他改革背景下，这一努力能否通过将土地冲突引导到新的机构和政治议程上来以改变土地政治的态势和方向，仍

第11章 肯尼亚

有待观察。这个国家本身的合法性及其法治基础岌岌可危。①

正如我谈到的，新法律框架具有《国家土地政策法》和《宪法》的所有不足之处，这些伯内②都提到了，并进行了总结——考虑不周、天真、不切实际，而且中央政府拥有太多不受监管的权力。

---

① Boone, C. (2012) 'Land Conflict and Distributive Politics in Kenya', 55 (1) *African Studies Review*, 76, 94, 95.

② Ibid., 93, summarising Bruce, J. (2009) 'Kenya Land Policy: Analysis and Recommendations'. Report prepared for the United States Agency for International Development. Kenya USAID.

第12章 城市规划法改革：区域概览

12.1 殖民方式

迄今为止，有关私有土地法和土地市场演变的讨论多着眼于各个国家。但是，尽管实际的土地法考虑到了每个国家的不同经济和社会状况，却都是基于大致相似的殖民方式和态度进行的。一方面，制定城市规划法时使用英文法律术语；另一方面，至少就本书所涉区域内的五个国家而言，城镇和国家规划都是以同样的殖民城镇规划法为基础的，因此，产生了非常相似的殖民城市规划法。如本章所示，随着改革时代的到来，殖民方式还将继续影响着这些城市规划法的演变和改革。因此，在讨论过去50年来城市规划法的演变和改革时，采取区域视角而不是各个国家的视角是有意义的。当然，本章的重点将放在以英语为母语的肯尼亚、坦桑尼亚、乌干达和赞比亚四国城市规划法上，并将通过与这四个国家的对比来讨论1990年后莫桑比克和卢旺达的发展情况。[1]

---

[1] 卢旺达于2011年6月将其拟议的新《城市规划和建筑管制法》从立法机构撤回，理由是议员对其内容表示关切；但是，在2011年2月又批准了《国家土地利用和开发总体计划》。据该国国家土地中心主任称，该计划将分三个阶段实施："第一个阶段是将地区土地使用政策与地区发展计划合并，以形成该地区的综合发展计划。第二阶段将是城市发展计划，而第三阶段将是区域发展计划。"目前，还不清楚由哪些法律来管辖这些计划以及这些计划的准备和批准过程。法案草案将在下文讨论。索马里兰的《城市土地管理法》同时涉及了土地保有权和土地使用问题，虽然这在索马里兰一章中进行了讨论，但它的法律的基本思想框架与本章要讨论的法律相似。

同样，与前几章讨论的土地法相比，花更多的时间研究这些法律的殖民背景也是必要的。原因很简单，因为适用于城市空间的法律（如城镇和国家规划法、公共卫生法、住宅法）不同于那些强调土地所有制的法律（大部分适用于农村地区，并且没有显著改变那些农村地区的空间）。适用于城市空间的法律，特别是那些涉及诸如贫民窟清理和城市重建的法律，确实旨在影响和塑造城市空间，尽管这些法律并不能总是成功地达到它们所要达到的目的，但确实对它们所适用的城市空间产生了一些影响。殖民经历和殖民法律影响着东非各国的首都或主要城市（达累斯萨拉姆、哈尔格萨、坎帕拉、基加利、马普托、内罗毕、桑给巴尔）的地形、结构、社会和经济构成及其有形空间和建筑空间。尽管这些空间现在已经大为扩展和改变，但正如我所讲的那样，它们仍旧对现有法律的内容和风格施加着影响。所以，殖民地的法律历史在这方面也有十分重要的影响。

殖民地城市规划，即从殖民地当局大都市引入的法律而不是根据土著或传统规则而制定的城市规划，有着悠久的历史。印度为了汲取英国的经验，曾计划在一些主要城市进行城市更新和重建计划。这些城市通常是在"改善信托基金"的支持下进行的，其法定权力基于1890年的《英国工人阶级住房法》。第一个这样的信托是通过1898年《孟买市改善法案》建立，该法案用任命的官员代替民选议员作为城市更新的管理者。这种城市规划办法通过1929年《拉各斯城市规划法令》进入了非洲，为拉各斯执行发展委员会提供了法律支持，该委员会将在拉各斯履行重新规划、改进和发展的职责。①

从本章的角度来看，印度的这一先例是非常重要的，因为它凸显了两个问题。第一，在殖民国家看来，城市规划掌握在当选的地方政府手中并不安全。它们认为，城市规划立法与实施要引入健康和安全的"客观"标准，以便"改善"当地城市地区。第二，这是一个"非政治性"的专业问题，当地人民要么不能妥善管理这些地区，要么不会妥善管理

---

① 这并不是以英语为母语的非洲国家的第一部城市规划法律。第一部城市规划法应该是1925年《桑给巴尔城市规划法令》，但该法令从未全面实施。

这些地区。所以，正如我们所见，这种殖民主义的城市规划方法在今天的东非仍然存在。

在此必须提及非洲城市规划法律和实践的历史做法，以便了解过去50年的演变情况。在东非，种族隔离是城市规划的明显驱动力。最初的城市规划是通过公共卫生法来进行的，这为种族隔离提供了正当的存在理由。辛普森（Simpson）教授是20世纪初整个东非城市种族隔离的主要参与者，是肯尼亚和乌干达城市规划的主要发起者，也是桑给巴尔和肯尼亚公共卫生和规划报告的起草者。他在1913年的一份关于内罗毕的报告中写道：

> 为了每个社区的利益以及当地和国家的健康，在每个城镇和贸易中心为欧洲人、亚洲人和非洲人明确设立独立的场所绝对必要……①

他向乌干达提出了同样的建议。1915年，他成为坎帕拉的第一个城镇规划师。迈克马斯特（McMaster）②在有关乌干达城镇的著作中写道，辛普森建议设置干预性绿化带进行城镇分区。毫无疑问，在霍依玛和玛辛迪等城镇，为了执行这一政策，城镇居民以反疟疾的名义进行投票，设置了一个明确的"绿化带"，用作高尔夫球场，从而将欧洲人与这些城镇的非欧洲人隔离开来。

尽管当时的英国政府于1923年发表了一份名为《肯尼亚的印第安人》的白皮书，禁止通过立法的方式在城镇中实行种族隔离，但正如魏尔林（Werlin）③在一篇关于有关内罗毕的文章的评论中所言，通过限制性契约和迈克马斯特④有关乌干达地区城镇的著作的影响，达到了同样的效果。他说，当时英国政府的白皮书的作用很小，因为利用政府的土地租赁和建筑标准条例可以有效地达到同样的目的。在当时的情况

---

① Werlin, H. H. (1974) *Governing an African City, a case study of Nairobi*, London, Holmes and Meier, 53.

② McMaster, D. N. (1973) 'The Colonial District Town in Uganda', in Beckinsale, E. P. and Houston, J. M. (eds) *Urbanisation and its Problems*, Oxford, Blackwell, 24.

③ Op. cit, 53.

④ Op. cit, 24.

下，相关官员都会利用法律赋予他们的权力来规避英国的相关政策。

因此，东非国家和城市正式规划立法的缺位并没有阻止城市发展，或许在一定程度上还因种族隔离促进了城市发展。因为当地允许以公共卫生为理由为种族隔离进行辩护，并通过各种法律手段将其引入。事实上，东非国家在20世纪20年代为城镇制定了几项总体规划，这些规划显然是为了实施种族隔离而设计的，但却完全没有得到任何城镇和国家规划法的支持。① 值得注意的是，在每一种情况下，都会有人提出关于种族隔离的虚假理由：这也符合土著或印第安人的利益，而且这并不是真正的种族隔离，而是社会标准的隔离。在那个年代处理邻居们的问题是多么容易啊，在彼此之间建起一个高尔夫球场就可以了。

1945年至1946年，三名南非规划人员组成的一个小组草拟了《内罗毕殖民地首都总计划》，其中直言不讳地谈到了社会隔离的概念，极力回避种族问题，表现出相当混乱的思维。②

12.2 英国城乡规划法中的殖民社群

1945年《殖民地发展与福利法案》是战后殖民地城镇规划史的法律起点。该法案在后来的10年间为殖民地的发展与福利提供了1.2亿英镑的支持。尽管该法案总被人们认为是殖民管理新方法的开始，但其实它并不是类似行动的第一次。第一个殖民发展和福利法案被推出于1940年，它取代了仅仅为农业和工业发展提供资金的殖民发展法案。《1940年法案》为社会改善支出提供了最初的推动力，其中包括清除贫民窟和对城市地区进行广泛的重新规划，但《1940年法案》为这些目的提供

---

① 这尽管看起来不可思议，但Bissell描述了1922年英国兰卡斯特为桑给巴尔制定的计划是如何从未公开的。"伦敦在20世纪20年代印刷了六百份正式文本，但这些文本都加盖了'严格保密'的印章，并受到严密的保护。在桑给巴尔，该计划直到20世纪40年代仍然被保密……"1936年，桑给巴尔当局指示皇家特工销毁了该计划的大部分副本。1962年，当我从桑给巴尔政府印刷厂购买了一份该计划的副本时，我根本不清楚我居然拥有了一份如此具有颠覆性的文件。

② Thornton White, L. W., Silberman, L. and Anderson, P. R. (1948) *Nairobi: Master Plan for a Colonial Capital*, A Report prepared of the Municipal Council of Nairobi, London, HMSO. For the details, McAuslan, P., op. cit. (2003), chapter 5.

的资金数额微乎其微。《1945年法案》的重要性在于它提供了大量的资金，间接地刺激和鼓励了殖民地的城市规划。它要求殖民地制订基本建设的协调发展计划，并竞标使用殖民与发展福利资金和国库贷款。这些基本建设支出包括医院、道路、住房和学校等大量的城市建设支出。城市建设支出的协调发展，显然意味着需要出台某种城市发展计划。

因此，殖民地官员转而考虑城市规划问题就不足为奇了。在此背景下，就成立了殖民地住房和城市规划咨询小组，向殖民地办公室和不同殖民地提供有关住房和城市规划事务的咨询。殖民地办公室根据1932年和1947年法令制定了一部城镇和乡村规划示范法。我们发现，从20世纪40年代末开始，非洲国家都颁布了城镇和乡村规划条例，所有这些条例几乎都具有大致相同的形式和内容。

每个国家肯定都有不同的基本法来适用自己的特殊情况——1956年颁布的《坦噶尼喀法令》与1947年颁布的《索马里兰法令》或1951年颁布的《乌干达法令》并不相同，一个比一个更详细，这也许反映出后期的法律从早期法律的实施中学到了东西——但更有可能反映了坦噶尼喀总体规划者的人格主导。

在将城镇规划主张引入殖民地时，殖民地办事处的官员采取行动并提供了咨询意见，其依据是城镇和乡村规划是公共部门主导的促进城市发展方案的一个重要部分，其总体目标是改善殖民地城市居民的生活。毕竟，这就是英国关于城镇规划的初衷。在英国，直到20世纪50年代中期和后期，大多数城市发展都是由公共部门主导的，在城镇和乡村规划的发展控制方面，私人的发展控制则不那么重要。此外，人们一般认为，城镇和乡村规划的法律框架应以发达世界中最先进和最成功的制度即英国制度为基础。那个年代，主要城镇规划律师德斯蒙德·希普（Desword Heap）当然也是这样认为的。他对"殖民地的城镇规划法应该偏离英国模式"的建议做出了相当强烈的反应。那时，城市规划被看成一个正面的词汇，带有明确的公共利益属性。

到20世纪60年代初，随着非洲国家的独立，英国式的规划法已经成为许多国家现代化一揽子计划的一部分，而过去的城市规划方法就被认为是落后的了，就像在英国本土的情况一样。人们认为，新独立的中央政府和新当选的城市地方政府现在可以利用必要的规划工具来解决大多数城市人口的问题。

然而，被宗主国的殖民地办事处认为恰当的做法，却在殖民地国家被解释得大相径庭。我们可以讨论两个关键和互补的观点。首先，现代城市殖民规划学者们以一种带有明显偏见的眼光看待非洲城市规划。他们指出，这一规划的目的始终是如何管理和控制非洲城市下层阶级，尽管为实现这一目标做出了巨大和昂贵的努力，但几乎没有成功的。

迈尔斯（Myers）的《权力的阳台》一书[1]对最近的这一学术路线做了一个极好的总结，其中特别详细地审议了内罗毕和桑给巴尔的殖民规划。他这样解释他的基本立场：

> 我将蒂莫西·米切尔（Timothy Mitchell）的"框架化"概念作为主题来解释英国殖民主义及其继承国是如何运用城市实体重塑社会的。对于米切尔而言[2]，殖民主义的框架化旨在建立和维护一个可见的包容与被包容的空间秩序层次。
>
> 我记录了"框架化"的三种空间策略。这些策略用的是抽象的语言：（a）制定一个分段计划，以取代非洲"没有框架的秩序"；（b）在不同的空间尺度上区分"内部"和"外部"；（c）通过提供观察点和监视点使空间物化。[3] 首先，是在定居点设计方面，旨在改变非洲"没有框架的秩序"，将秩序简化为可分割的计划。种族隔离在这种有序的分割中是固有模式。其次，在英属的非洲殖民主义方面，旨在创造一个固定的区别内部和外部的国内建筑，从而建构不同于非洲的国内秩序系统的邻居、家庭和性别关系……最后，殖民统治下的殖民形式的分段计划提供了一个个人可以观察或调查

---

[1] Myers, G. A. (2003) *Verandahs of Power: Colonialism and Space in Urban Africa*, Syracuse, Syracuse University Press. 他考察的其他城市是卢萨卡和利隆圭（在班达时代）以及革命政府试图重新规划独立的桑给巴尔。它们的共同点则是关于两名殖民地官员，即 Eric Dutton 和 Ajit Singh，前者参与了内罗毕、卢萨卡和桑给巴尔的规划和城市管理，后者则学习了前者的很多理念，并在桑给巴尔和利隆圭与前者有过密切的合作。也可以参考 Myers, G. A. (2011) *African Cities: Alternative Visions of Urban Theory and Practice*, London, Zed Books.

[2] Mitchell, T. (1988) *Colonizing Egypt*, Cambridge, Cambridge University Press.

[3] Myers, (2003), op. cit., xii.

城市的地方，作为一种抽象和客观化建筑环境的手段。每一种策略都成为殖民主义分离"包容"（殖民势力）和"被包容"（非洲共同体）的努力的一部分。

就像今天大多数非洲城市的规划机制一样，殖民国家在非洲发展起来的控制系统绝不是"完美的"。在非洲，无论殖民地国家还是后殖民地国家，都试图利用控制规划和建设来将它们的意识形态植入城市之中。通过对殖民国家和后殖民国家进行的分析表明，即使在最普通的法律和司法方面也无法实现其预定的目标。或者说，在与罗宾逊（Robinson）[1] 所说的"持续的混乱"做斗争时，总是失败的。也就是说，为什么"框架化"过程如此频繁地变成了无框架或再建构？[2]

迈尔斯的分析对于改革时代制定的城市规划法的适用程度以及在多大程度上可以回答他提出的问题，我们将在简要阐述和评论法律改革之后再予以考虑。

其次，玛伯贡贾（Mabogunje）关于非洲后殖民规划的开创性文章[3]为殖民地法律框架提供了重要的"内部"社会政治背景解释。其观点简要摘录如下：

后殖民国家继承了殖民地经济中许多形式不良的结构和社会关系，并通过对其资本主义基本逻辑的继承和意识形态取向的偏爱进一步得到强化。

即使在殖民时代，获得国家权力在争夺城市土地的斗争中也是至关重要的。而在这场斗争中，不仅是城市穷人，而且包括传统的土地所有者都输了。而公务员阶层、当地政府官员及其盟友则会确保其选择能力，从而更大程度地积累权力和财富。第二次世界大战后，英国殖民地颁布了《殖民地发展和福利法》，1946 年法国在其

---

[1] Robinson, J. (1990) '"A Perfect System of Control"? State Power and "Native Locations" in South Africa', 8 *Environment and Planning D: Society and Space*, 135–162, 148.

[2] Myers, (2003), op. cit., 8, 9.

[3] Mabogunje, A. L. (1990) 'Urban Planning and the Post–Colonial State in Africa: A Research Overview', 33 *African Studies Review*, 121–203.

非洲殖民地设立了经济和社会发展基金,导致帝国主义在殖民地发展中的作用发生了重大变化,殖民地的规划方案数量也得以激增。

这些规划方案包括从寸土寸金的市中心区清除贫民窟、发展新郊区,甚至建立全新城镇等。尼日利亚拉各斯市中心的一项贫民窟清查计划涉及约20万人的搬迁安置,因为贫困已经成了对一个独立国家"未来首都尊严的侮辱"。当地居民有组织的抗议被无情镇压,尤其是因为,其行动没有得到全市市民成员的支持。在城市规划方面,由于社会形态的不同取向,这种选择性方案在后殖民非洲几乎没有改变。尽管许多城市现在都有总体规划,但它们所依据的法律及其基本运作战略在很大程度上仍然是规划和提议性质。然而,自从政治独立以来,非洲城市的发展中存在着越来越大的阶级偏见。以前欧洲人在非洲所有国家中的专用地已经被新的政治权贵、官僚和商业精英们所接管,他们保持或改善了自己高水准的住房,而大多数城市人口却仍然居住在肮脏、过度拥挤和服务差的棚户区或市郊贫民区。

在非洲的大多数国家中,政治独立导致大多数城市丧失了司法公正性。就拉各斯而言,1959年通过的《拉各斯地方政府法》加强了联邦政府的权力,如果市议会的表现不尽如人意,可以暂停其职务。后来的一项修正案进一步授权拉各斯相关事务部长,他可以向市议会下达指令,这一权力也就相当于可以否决市议会的相关决定。同样,在斯威士兰独立后,城市地方政府则成了中央权力机构代理人,从而丧失了自治权和自主发展的能力。这种集中化趋势在讲法语的非洲地区也很明显。

非洲国家的城市化过程并未得到欧洲传统司法和体制的指导,相反,大多数国家自从取得政治独立以来,大量相对低收入的移民蜂拥而至。这些移民试图以各种非正式方式解决他们在城市内的居住和就业问题,因此,他们的态度和习惯也使得城市系统不堪重负。城市系统被迫发生着改变。

玛伯贡贾等人指出,20世纪70年代初,世界银行在非洲等地方的工作重心转向城市发展问题,更加关注经济而非总体规划,于是,新的规划形式开始出现。在大多数国家（有的法律框架保持不变，有的确实发生了变化，如20世纪70年代的津巴布韦），新的城市规划法律都是基于20世纪60年代末对英国制度加以改革后形成的制度。某些国家的法律是30年前早期殖民模式的变体，例如莱索托于1980年颁布新的《城镇与乡村规划法》。只有在20世纪90年代中期开始的改革时代，城市规划法才建立了新的法律框架。它们在多大程度上属于新的法律框架，而非旧殖民法律的变体，下文将详细加以论述。

12.3　1961—1990年坦桑尼亚城市规划和法律[①]

对坦桑尼亚独立后的前30年的城市规划和法律进行更详细的检视，将更清晰地展示殖民观念是如何持续到独立的。1961年，《城乡规划条例》已在达累斯萨拉姆和其他4个城镇施行5年。根据规定，该条例由其适用地区的区域规划委员会草拟总体规划方案，提交部长批准。方案获批后向大众公布，要求地区内的所有开发项目均须符合方案相关规定。为了使该方案得以实施，《城乡规划条例》规定该区域内土地必须强制获得。

1961年，达累斯萨拉姆市实际上被明确划分为非洲人、亚洲人和欧洲人三个区域。非洲人区域位于Mnazi Mmoja的后面，在Kariakoo、Ilala[②]和更远的地方；Mnazi Mmoja独立前是一个开放的地方，许多争取独立的政治集会曾在此举行。亚洲人区域始于Mnazi Mmoja的前面，是达累斯萨拉姆的商业中心，[③]也是亚洲居民区。亚洲居民区延伸到Upanga，距离商业中心一英里左右，直到Selander大桥。Selander大桥的另一边是

[①]　选自McAuslan, P. (2007) 'Law and the Poor: The Case of Dar es Salaam', in Philippopoulos - Mihalopoulos, A. (ed.) *Law and the City*, London, Routledge Cavendish.

[②]　这是1914—1918年战争中驻扎在达累斯萨拉姆地区的航母战斗群的字母拼写。要想了解战争对该地区的影响，请参考Paice, E. (2007) *Tip and Run: The Untold Tragedy of the Great War in Africa*, London, Phoenix.

[③]　除了Selander大桥外，在Upanga和通向牡蛎湾的道路之间铺设了一个高尔夫球场，这是该城市亚洲人和欧洲人地区之间的又一有效屏障。在殖民时期，亚洲人不能成为高尔夫俱乐部的成员，所以不能穿过这片土地。

牡蛎湾（Oyster Bay），这是一个低密度地区，欧洲的行政人员、专业人士和高级商业人士（银行家、工业家、律师、医生、会计师、新成立大学的学者等）住在这个区域。这三个区域的设施配备及基建情况都反映了决策者们的优先考虑事项。

坦噶尼喀非洲民族联盟（TANU）的独立运动在1960年掌权，他们宣布早期的优先考虑事项之一便是扭转城市投资的流动，并开始在达累斯萨拉姆的非洲人区域进行投资。为了表明他们是认真的，他们在Lumumba街修建了新的政党总部，这条街将Kariokoo与Mnazi Mmoja和这座城市的亚洲人地区分隔开来。TANU在建立总部方面财务负担太重，所以同意将总部建筑租给新成立的达累斯萨拉姆大学的一个学院（该学院从一所服务于整个东非的法学院起家，1961年9月招收了第一批学生）。我最开始被任命为这个新成立学院的讲师，在9月到达累斯萨拉姆后，就被任命为新学院的院长。第一年，我和14名学生就在TANU总部大楼里生活和工作，这便是人们一直期盼的非洲城市生活的良好开端。①

50年过去了，达累斯萨拉姆的城市结构仍然是1961年的样子。尽管现在Kariakoo已经建立起来，但仍然绝大多数是非洲人。这个城市的商业中心仍然有许多亚洲商人，他们继续住在Upanga，该中心已经扩建，新修了几幢大型办公大楼，入驻了一些保险公司、律师事务所、大使馆、各种半国营公司总部。牡蛎湾（Oyster Bay）变化很大，是一个由援助官员、使馆工作人员、长期顾问和在牡蛎湾的外国商人组成的外籍人士社区，现在非洲的政治家、行政人员、商人和专业人士也入驻了；而且该区域现在还拥有一些高档酒店、购物中心、餐馆和游艇滑道。在达累斯萨拉姆大学周边10英里外的地方，修建有一个由南非人主导的大型购物中心，现在基本上也是一个中产阶级聚居区。

1976年，我组织并参加了一个关于东非城市法律问题的会议。我当时写道：

你对于在这些国家实施《城镇和乡村规划法》有什么看法？我

---

① 第二年，我们都搬到了Mgulani的一个救世军营地。但那里并不是那么令人愉快。

们认为，这些国家引进类似法案本意是好的。人们确实认为，这项立法是城市有序发展的必要条件，而且不受价值观左右。然而，人们对这些天真的想法感到不安。因为这些发展计划的提出，使得在低密度住宅区、开放空间、市场区域和商业区的幌子下更加强调种族隔离，提供了比现行公共卫生条例更好的机会……这项立法的影响在独立后也没有停止过……[1]

坦桑尼亚就是一个很好的例子，在殖民规划法的影响下，殖民风格的规划仍然在继续。20世纪70年代初，来自加拿大的顾问们为达累斯萨拉姆制定了一项《国家资本总体规划》，其中为城市多数人提出了以下政策建议（当时已经独立10年了，而城市多数人却仍是"非法的"）：

拆除现有的定居点，这些定居点正处于萌芽状态，很可能是明天的问题。清除与总体规划相冲突的现有区域，尤其在实施计划的第一阶段。

聘用执法人员，确保寮屋居民确实迁出原有土地，并按照预先确定的安置方案对其进行重新安置。

新的管制立法应尽快颁布，如果证明非法开发是在新法指定日期后进行的，则不予补偿擅自占地者的安置费和扰民费。[2]

如果规划者和政治家在这个问题上意见不一，就不会提出这样的政策。幸运的是，资金的缺乏阻止了这些使社会倒退的政策的实施。但是，其背后的理念在坦桑尼亚某些政府部门仍然非常活跃，即城市大多数人都"阻碍"了美丽城市的开发，必须使其符合"计划"。[3]

20世纪70年代的总体计划是在坦桑尼亚社会主义时代的鼎盛期制定的。当时，自上而下的中央政策指导，在必要时强制国家及其公民进入更美好的时代。25年后，尽管国际发展政策和国内土地保有权都发生

---

[1] McAuslan, P. (1978) 'Law, Housing and the City in Africa', in Kanyeihamba, G. W. and McAuslan, P. (eds) *Urban Legal Problems in Eastern Africa*, Uppsala, Scandinavian Institute of African Affairs, 20.

[2] Ibid., 23.

[3] 20世纪70年代中期，同一家加拿大规划公司被选中，为多多马新首都编制总体规划。他们都是同一类型的规划，McAuslan（2003）第7章讨论了该规划。

了根本性的重大变化，但是，当我作为顾问为达累斯萨拉姆地方政府的重组提供咨询时仍然发现，其城市规划方面没有任何变化[①]。我们现在必须对这些政策进行讨论。因为这些政策不仅是向世界各地的城市和政府提供的一种彻底的、变革性的城市规划方法，也是联合国人居署的产物。区域规划委员会位于该区域的中心地带，负责制定政策、方案和做法以应对城市快速发展的挑战。人们可能会认为，在该区域的土地法改革时代，新的城市规划会对这类法律进行相应改革。

12.4 《人居议程》及其后续行动：城市规划的新方法

1996年在伊斯坦布尔举行的联合国城市峰会上通过了《伊斯坦布尔人类住区宣言》和《人居议程》。这两部法律文件在国际律师眼中是典型的"软性"国际法，这些国际法产生了所谓的准法律义务，但却没有任何国际执法机构负责执行。然而，通过这些文件，出席该峰会的所有国家政府都有义务（部分是法律上的，部分是道义上的）开始审查其政策、法律和做法，使其符合《伊斯坦布尔人类住区宣言》和《人居议程》的原则。因此，必须对《伊斯坦布尔人类住区宣言》和《人居议程》中有关城市规划的条款明确介绍，以便我们用来明确判断区域城市规划法律改革的国际法律基准。

《人居议程》分为三个部分：目标与原则、承诺和全球行动计划。根据承诺，各国政府应该：

  为包括妇女和生活在贫困中的人在内的所有人提供合法的土地所有权和平等的土地使用权，以确保转让土地使用权和所有权的法律保障制度是透明的、全面的和可行的。

  保护所有人免受违反法律的强迫迁离并为之提供法律保护和救济，同时考虑到人权和在不可避免的迁离情况下，酌情确保提供适当的替代解决方案。

[①] For details, see McAuslan, (2007), 'Law and the Poor', op. cit.

至于"全球行动计划",这些国家承诺在"赋能、透明和参与"战略的基础上,通过一系列具体行动,这些行动反过来又将协助各国政府建立立法框架,使人人有适当的住房。这一系列行动的提出确保了土地获得和使用时限,促进了"战略的先决条件为所有人提供避难所和可持续发展的人类住区"的规定。为了承认不同的土地所有权制度和国家法律的存在,建议各国政府:

> 未能在所有层级采取适当的涉及农村和城市土地的政策和土地管理办法,仍然是造成不平等和贫穷的主要原因。(第75段)

然后就土地问题提出32项具体行动。以下是要点:

> 承认多样性的土地交付机制,并使其合法化;
>
> 考虑采用创新手段,有效和可持续地组合和交付土地,包括在适当情况下重新调整和合并土地;
>
> 建立适当的地籍系统和简化土地注册程序,以便在适当情况下,使非正式居住区合法化,并简化土地交易;
>
> 制定土地法规和法律框架,以界定土地和不动产的性质,以及正式承认的权利;
>
> 审查限制性、排他性和成本高昂的法律和监管程序、规划系统、标准和发展法规;
>
> 在增强认知和理解、接受现有实践和土地交付机制的基础上,采用有利的法律和监管框架刺激与私营企业和社区部门的合作,适当具体说明受认可土地使用权限的类型和土地使用权获得的流程;
>
> 提供制度上的支援、土地管理的问责制和透明度,以及有关土地所有权、土地交易和现行规划土地用途的准确资料;
>
> 除了在某些情况下完全合法化可能过于昂贵和耗时外,探索并创新更加安全的方法。

"全球行动计划"中关于能力建设和体制发展的第四部分规定了政治和社区支持。第178段指出:

> 策略、能力建设和制度建设的目标应该是让感兴趣的各方,尤

其是地方政府、私营部门、合作部门、工会、非政府组织和以社区为基础的组织，有效发挥他们在避难所和人类住区的规划和管理中的作用。

第180段规定了应采取的行动，它要求：

> 适当级别的政府应审查和修订适当的立法，以促使决策中心地方自治。并鼓励居民参与有关其城市、社区或住房的决策。

第182段规定了为鼓励和支持公众参与、公民参与和履行政府责任而应采取的行动，其中促请各国政府和地方当局在适当级别上做到：

> 促进所有人及其社区组织广泛参与决策、执行和监测人类居住区战略、政策、体制和法律框架的实行。

"公众参与和公民参与"项下的其他四项行动对上述原则和规定有着非常直接的影响：

> 对组织社区在法律上予以认可和巩固；
>
> 为受影响的个人和团体提供有效的司法和行政渠道，使他们能够对有害社会和环境或侵犯人权的决定和行动提出质疑或要求纠正……
>
> 扩大个人和民间社会组织的诉讼权利，使它们能够代表没有资源或技能自行采取行动或行动受影响的社区或团体采取法律行动；
>
> 通过提供诸如法律援助和免费法律咨询中心等设施，方便贫困人口和其他低收入群体获得参与决策和计划的机会以及接受法律服务的机会。

如果要对《人居议程》规定的主要内容进行总结，那就是，虽然这种方法是提供土地使用权和确保土地保有权安全的首选机制，但政府的作用并不只着眼于此。政府还必须把注意力转向土地市场经营的公平性。为此，各级政府和公民社会必须让弱势群体和穷人参与进来，消除阻碍他们获得土地的障碍，发展创新机制、工具和机构以协助这些人获得土地使用权和权益保障。政府必须停止惩罚弱势群体和穷人的行动，否则会减少他们获得和占有土地的机会。

《人居议程》是制定城市规划和城市治理进程的开始，必须加以参考，因为该区域的各国政府在开始城市规划法改革时，《人居议程》向他们全面介绍了什么才是最重要的。[1] 继《人居议程》之后，又举行了两次"人居"运动——全球争取土地保有权运动和全球城市管理运动，其注意力主要集中在城市决策、规划和管理方面采取有利于穷人参与的办法。联合国人居署、世界银行和主要城市发展双边捐助者聚在一起，成立一个新的国际制度安排——城市联盟，提出"城市发展战略"来促进城市治理和决策方法的发展，实际上取代了城市管理计划。正如城市联盟在2001年所提出：

通过参与制定持续的城市公平增长行动计划，以改善所有公民的生活质量。[2]

2006年，城市联盟制定了《城市发展战略指南：加强城市规划》。其核心内容就是：

所有城市都有责任更加积极主动地塑造和指导其领土的未来增长和发展。尽管民主文化和制度不是很发达，也不是很有效，但执行《城市发展战略指南：加强城市规划》是一种共同创造的过程，其核心理念就是减少贫困和提升环境卫生，这种理念十分重要，是坚持该战略时必须明确的。这对多数地方政府来说是一个巨大的挑战，因为地方政府往往优先考虑精英和中产阶级的需求。

《城市发展战略指南：加强城市规划》正在全球"南部"的各个城市迅速蔓延。[3]

因此，在城市首脑会议之后的十年，制定了一个结合城市规划和管理的政策和新办法，并已开始在"南方"城市广泛使用。所以在东非有两种清晰的城市规划法律模式：殖民模式仍然是该地区所有国家的现行法律，可以看作传统的做法；而就当地实际情况而言，人居/城市联盟

---

[1] Pieterse, E. (2008) *City Futures*, London, Zed Books, chapters 3 and 4, 第3章和第4章对后《人居议程》的事态发展进行了深入的审查，我也基于此做了这个简短的评论。

[2] Ibid., 71.

[3] Ibid., 73, 74.

模式可以被视为一种明显的转型模式。我们现在可以转而考虑自20世纪90年代中期以来对城市规划法进行的改革。在研究这些法律时，我将集中讨论：规划是谁提出的？特别是在涉及公众参与的情况下如何制定规划？规划的实质内容是什么？规划的目的是什么？这些问题从根本上评价新的法律。

12.5　改革时期的城市规划法

12.5.1　肯尼亚

肯尼亚有两部相互矛盾的规划法：一部是新宪法之前的；另一部是新宪法之后的。因为它们都是有效的，所以必须都予以讨论。《1996年物质规划法》有54节和4个附表，其主要特点是：规划是一项专业技术事项，只应由专业规划人员和行政人员负责。在规划的制定过程中，不仅仅普通大众和社区组织没有任何作用，甚至连地方议员也被完全排除在这个过程之外。在过去40年左右的时间里，规划是一项以人为中心的活动，人们应该密切参与规划自己的城市空间，但这些做法似乎从未存在过。甚至连20世纪20年代著名的殖民规划学家格迪斯和兰彻斯特（Geddes Ov Lanchester）的"规划与社会问题有关"这一基本概念和原则也没有在这部法律中占有一席之地。在内容紧凑、密集而小巧的6页列表中，列出了物质发展计划的内容，但却找不到"人民""协商""授权""透明度""人民权利"等概念，这些都是《人居议程》的重要内容。"社会"一词只出现在"人口和经济基础"一栏，其中包括"（4）城市周边的贫民窟及其造成的问题"（原文如此），另外一节结束时提到"（8）其他社会方面，包括教育、娱乐场所和其他公共用地"。就法律所遵循的模式而言，它无疑是20世纪50年代的英国殖民模式规划法。

根据1996年的法律，规划由规划主任负责，规划主任可以制定区域土地发展计划和地方物质发展计划。规划主任在制定好计划后，必须通知受计划影响地区的地方当局"就有关计划提出意见"，同时还须邀请有关人士就有关计划提出意见。规划主任可接纳或拒绝这些申诉或反对意见。一个被称为上诉人的人，如果对规划主任的决定感到不满，可以向土地规划联络委员会提出上诉。土地规划联络委员会可以是国家、地区或市政土地规划联络委员会，但不论其级别如何，这些委员会都由16名或17名官员组成，再加上一名在土地规划师注册委员会的建议下由部长正式任命的"私人执业的注册土地规划师"——想必这被视为一项重大让步。上诉可以从地区或市政土地规划联络委员会到全国土地规划联络委员会，然后到高等法院。未经规划主任事先书面授权，不得"以任何方式"更改计划。一旦计划批准后，"除非与批准的计划相一致，否则不得在任何土地上进行开发"。

地方当局负责执行发展计划，控制进度与推进执行，但它们要受有关区域或地方实际发展计划的约束，而它们一旦决定拒绝任何发展计划，可以提请上诉至相应的土地规划联络委员会。同样，如上诉涉及重大公共政策事宜，则须提交至有关土地规划联络委员会处理。

肯尼亚法案之所以如此引人注目，并不仅仅因为它对规划的社会性和参与性缺乏认识，还因为此项法律呈现一种完全不真实的气氛。到该法律颁布时，肯尼亚已经是一个有100多年历史的政治实体。在这段历史的大部分时间里，人们不断努力通过法律管制促进该国城市地区的增长和发展，但缺乏成效。从技术上讲，绝大多数城市居民的居住地都是非法的，因为他们既没有被允许开发他们居住的土地，也没有被允许建造他们居住的房屋。最近对内罗毕城市规划的一项调查这样总结了该城市的地位：

> 在内罗毕，规划的特点是效率低下，但与之矛盾的是，却有采取强制措施的传统。由于计划的间接影响，大多数肯尼亚人被安置在不卫生的、拥挤的"人民宿舍"，生活在悲惨的环境条件里。他们的住所是用尽可能少的材料建造的，特别穷的人甚至没有这些材料。殖民地的规划标准并没有那么高，这种政治体制是有缺陷的。在肯尼亚土地政治竞争的背景下，现有的规划工具无法与市场相抗

衡，市场腐败足以造福权贵。①

Njonjo 委员会强烈批评：该法案给土地所有者带来沉重的财政负担；在所有土地交易中引入了官僚主义和昂贵的瓶颈；在国土部内部以及国土部与地方当局之间建立业务协调中心；没有提供足够的宣传，使受影响的各方知道如何有效反对计划中所提出的建议。②

虽然《国家土地政策》没有明确提及这一批评，但它指出：

> 将以透明的、负责的、可持续的、全面的、广泛参与的方式制定和执行国家、区域、城市、城市周边和自发的居住区规划原则和准则……③

这表明，该法案将是一个有待彻底修订的候选法案，以使其符合新的友好、透明的土地政策。但事实上，到目前为止，该法案一直没有改变。很明显，如果说有什么不同的话，那就是《国家土地政策》和它的起草者们认为城市规划的问题在于政府对人们的影响力太小，而不是太大：

> 与发展控制有关的问题包括体制能力薄弱与不足，以及管理规划和执行的主要法规之间缺乏协调。此外，过时的规划标准和条例、公共部门机构之间和私营部门之间缺乏协调使情况更加恶化。因此，计划的准备、实施和开发控制之间存在脱节。
>
> 为确保将土地用途作为有效土地用途管理的工具，须提供下列便利：
>
> a. 协调治理结构、决策过程、规划标准和法规的相关立法审查；
>
> b. 加强地方当局的体制和人力资源能力；
>
> c. 提供一个框架，让各规划当局和市民协调一致地执行规划

---

① Médard, C. (2010) 'City Planning in Nairobi: the stakes, the people, the sidetracking', in Rodriguez‐Torres, D. (ed.) *Nairobi Today: The Paradox of a Fragmented City*, Dar es Salaam, Mkukina Nyota Publishers Ltd, 25–60, 57–58.

② Njonjo Commission (2002) op. cit., Interim Report, 41.

③ NLP, op. cit., vi.

决定。①

这与 Njonjo 委员会制定的城市化进程的政策原则相去甚远，这些原则包括：②

必须使处境不利的群体能够获得可接受环境和负担得起的体面住房……

必须通过建立透明的、负责的、可持续的、全面的、广泛参与的管理结构和决策过程，为城市发展创造有利的环境……

促进所有利益相关者参与土地利用规划。

这与 Njonjo 委员会想创建的《城市发展战略指南：加强城市规划》中设置的模式也相去甚远。

我曾评论过，《国家土地政策》对城市土地和规划问题缺乏适当的考虑，对处理贫民窟和棚户区的提法也是模棱两可的。人们可以这样理解莫伊政权颁布的《1996年法案》：莫伊总统不喜欢城市，也不喜欢人民参与自己的未来。但是令人担忧的是，在肯尼亚，作为以人民为中心的新起点而出台的土地政策似乎对城市土地问题采取了旧的专制方式和殖民方法。

现在，《2011年城市区域和城市法案》对《1996年法案》进行了补充。这是一部非常特殊的法律，它结合了更具参与性的城市规划方法和完全非民主的城市管理方法。市区分为市、直辖市、中直辖市、小直辖市。这些城市地区的治理和管理脱离了任何民主选举的成分。就第一层次的两个市区而言，由县执行委员会任命一个11人的理事会，并对县执行委员会负责，其中至少应任命代表该地区的专业协会、私营部门、非正式部门和非政府组织的人。就中小城市地区而言，由县执行委员会任命一个相同类别的11人监督委员会，并对其负责。③ 所有这些城市地

---

① Paragraph 123, 124, NLP, 28.

② Njonjo, C. M. (Chairman) (2002) *Report of the Commission of Inquiry into the Land Law System of Kenya on Principles of a National Land Policy Framework*, *Constitutional Position of Land and New Institutional Framework for Land Administration*, Nairobi, Republic of Kenya, 67, 69.

③ 这部分解释不包括任何监督委员会的说明，因此没有说明理事会和这样一个委员会之间的区别。据推测，虽然监督委员会由与理事会相同类别的人员组成，但其在区域治理和管理方面的作用却不如理事会。具有讽刺意味的是，这些指定委员会的职能之一却是"促进民主管理"。

区的日常管理都由任命的官员负责。

这些被委任的委员会的职能主要包括：

制定和实施城市和实体规划、基础设施发展和基本服务提供的总体规划，包括但不限于供水、卫生、医疗、教育、住房、交通、灾害管理系统和安全环境设施；

控制公共和私营部门为任何目的而进行的土地利用、土地划分、土地开发和分区，包括农业、工业、商业、市场、购物和其他就业中心、住宅、娱乐、公园、客运、货运和公交站点等框架内的空间，掌握城市或直辖市的计划；

确保所辖区域的整体发展……

该法案第11条规定：

居民在城市制度化下积极参与城市管理和城市事务。

为贯彻这一原则，《法案》附表2还规定：

城市或市区的居民有以下权利：

通过市或市政负责人或镇行政人员向镇委员会提交书面或口头报告或投诉，对城市或市区的决策过程做出贡献；

一个城市或市区应建立一个鼓励居民参与其事务的管理制度，并创造适当的条件以促进居民参与综合发展计划的编制、执行和审查……①

该法案不仅改变了城市治理和城市规划的过程，还正在改变规划的实质内容。根据《1996年法案》，规划主要是关于物质发展的计划，而根据《2011年法案》，城市地区或城市综合发展计划应反映城市当局的：

a. 制定城市或市区的长远发展愿景，并特别强调当局最重要的发展需要；

b. 评估城市或市区现有发展水平，包括查明哪些社区无法获得基本服务；

---

① Schedule 2, paras. 1 (1) (a), 2 (1) (a).

c. 确定有效行动措施，以使上述提到的社区能够获得平等基金的资助；

d. 管理当局在其任期内的优先发展次序和目标包括，其经济发展目标、社区需要，以及就边缘群体获得服务的有效行动的决定。①

一旦一项综合发展计划得以通过，城市当局必须将这一事实通告公众，并向公众提供该计划的副本和摘要。这种城市规划方法与《城市发展战略指南：加强城市规划》规定的方法是一致的。

《2011年法案》关于公民参与规划的理念与《1996年法案》的理念完全相反。它代表了东非城市规划方法和城市规划法的巨大变化。特别奇怪的是，从整体来看，该法案的规定对城市地区的一般治理缺乏任何民主投入。这种城市治理方法所固有的意识形态冲突——公民参与但只对被任命的人负责，而被任命的人对参与的公民没有责任——将来很可能在当地引起更大的麻烦。

12.5.2 坦桑尼亚

现在谈谈坦桑尼亚新的规划法，就是2007年通过的《土地利用规划法》（LUPA）和《城市规划法》（UPA），两部法律加起来共有148个章节和11个计划表。就公众参与的话语权、私营部门和民间部门的参与、获取土地资源的公平性需求而言，坦桑尼亚的法律优于肯尼亚的《1996年法案》，但远不及《2011年法案》。2007年的两部法律，开头部分的模式显然和《土地法》和《乡村土地法》（1999年）一样，其中规定了法律的原则和目标，并责成部长确保在法律中执行这些原则，和各级政府的各种规划一样。这是一种非常受欢迎的城市规划方法，至少在纸面上是这样，而且似乎与20世纪90年代末那种靠推土机规划的方法有所不同。②

然而，坦桑尼亚法律的不足之处在于，它们重复了坦桑尼亚政府自独立以来所犯的"易犯之错"：继续了政府无所不能的信念，强化了政

---

① Section 39.
② 关于这一点的讨论，参见 McAuslan（2007）。

府制定和执行计划的能力和人民遵守计划的义务。各级政府都需要制订计划，不仅要制订计划，而且要制订很多计划。例如，村议会应当编制村土地利用规划。与其他村共享资源的，应当与其他村共同编制村资源管理规划。村庄土地利用规划应当包括小型居民点规划。坦桑尼亚成立了由总干事领导的国家土地利用规划委员会（NLUPC），该委员会在确保各级土地利用规划委员会依规行事方面发挥着全面作用，还充当着国家土地利用规划当局的角色。①《土地利用规划法》规定，土地规划委员会可由村级委员会、区议会以及部长指定为规划管理委员会或联合委员会的其他机构组成。

这里对部长的权力没有限制。村议会须向地区发展委员会汇报土地用途规划。②

这项规定极好，可能会引起北方大部分地区地方当局土地规划部门的关注，给规划部门配备充足的人员。同时还规定，区议会就是区土地使用规划机构：③

应与所有利益相关者协商：

a. 拟备区土地用途计划，根据有关城市规划法拟备计划的有关方面，包括：

1）岛屿；

2）海岸线和沙滩；

3）纵向发展规划；

4）城市边界。

b. 确保地区层面的协调和系统发展；

c. 确保部门间的协调；

---

① 城市规划由一名规划主任领导，但他是"土地利用规划部长的主要顾问"。NLUPC 是一个独立的机构，因为部长没有权力对它发号施令。然而，正是同一位部长，有责任确保将 LUPA 的原则和目标纳入所有规划，并将 LUPA 的原则纳入所有城市规划。人们可以预见，主任和总干事之间存在一定程度的紧张关系。

② 这里可能有点问题。在第 7 联合进步联盟下，"在哪里建立……如果一个村庄被撤销登记，很难看出村委会如何就土地利用规划向 WDC 汇报情况。"鉴于 LUPA 对"土地利用规划"的广泛定义，要参加这样的汇报会，需要一个非常博学的村委会和世界发展中心。

③ Section 21（2）LUPA.

d. 协调乡村土地使用计划。

根据《城市规划法》，每个市议会、镇议会和乡议会都充当其管辖范围内的规划当局。这些计划将包括总规划计划①和详细规划计划②。这些规划可采用地区计划、主题计划、分区计划和部分发展计划的形式。当谈到计划的细节时，尽管有些可能不太现实，但仍有很多值得称赞的地方。规划当局应确保将性别问题和弱势群体纳入规划；划定城市农业用地；促进个人居者有其屋。巨大的压力来自纵向而非横向。至少在城市规划局，每一个局应该雇用一个合格的城市规划师，而《土地利用规划法》中则没有这种要求。

政府已做出切实努力，在规划过程中吸纳公众参与。首先，应该强调的是，规划当局是民选的地方当局，而不是任命的官员。总体规划方案的编制，由规划主管部门作出决议，提交给包括公共机构、私营机构、社会团体和非政府组织在内的所有利益相关者参加的会议，如果会议通过了一项肯定性的决议，则规划机构开始制定总体规划方案。规划部门制定总体规划方案一旦完成，规划当局就必须予以公布，并就有关规划在有关地区举行公开聆讯。详细的规划方案必须由需求驱动，尽管这在实践中意味着什么还不清楚，但是，公开会议和公开听证会的程序适用于制定详细的规划方案。诚然，这与《全球行动计划》所倡导的"所有人及其社区组织广泛参与决策"的任何尝试相去甚远，但它至少承认，作为一个法律问题，作为利益相关者，人民及其组织在规划中有着重要作用。然而，问题的症结在于"一份经批准的详细规划方案应具有法律效力，并可由有管辖权的法院强制执行"③。

《土地利用规划法》的规定略有不同。在编制全国土地利用总体规划时，委员会应与其他规划部门广泛协商，并将规划草案提交全国利益相关方会议讨论和修订。对于区域土地利用框架计划和地区土地利用框

---

① 《城市规划法》第9条规定，总体规划方案的目的是协调相关地区的可持续发展，促进地区健康、安全、良好秩序、舒适性、便利性及其他公共福利，并提高效率和经济性。
② 每一详细规划方案的目标应是协调所有发展活动，控制土地的使用和发展，包括城市土地的集约利用，特别是城市的垂直和紧凑发展，第16条国家行动纲领（UPA）。
③ 第18条 UPA。没有详细说明法院将如何执行一项详细的规划方案。

架计划，国家（在区域层面）和地区规划权威在地区层面应确保所有相关者都充分参与到这个过程中并提出草案计划，由利益相关者会议讨论和修订。有趣的是，只有在村庄规划方面，才需要类似"所有人广泛参与"的东西。村庄规划当局必须确保村庄的所有利益相关者都充分参与规划过程，并在所有利益相关者会议上提交一份规划草案供讨论。村庄土地利用规划的参与式指导方针已经存在一段时间了，任何村庄土地利用规划都必须得到村庄全体村民大会的批准。如果一个村议会拒绝批准一项计划，也即意味着该计划的结束。

已经有足够的资料来展示坦桑尼亚在土地利用和城市规划方面的庞大行政体系和上层建筑。这里还略去了《城市规划法》中有关补偿和改善的条款，这些条款在实践中几乎是不可能适用的。这样做的目的是什么呢？假设在可预见的将来有能力执行所有这些计划，是否现实？如此多的规划，无论这些规划是必要的，还是负担得起的，还是人们对它有普遍需求的，似乎都没有对它所希望实现的目标进行评估。此外，这一规划制度也使《达累斯萨拉姆城市升级无规划和无服务住区行动计划》所承诺的社区参与变得毫无意义。[1]

那么，如何对这一庞大的法律上层建筑进行解释呢？我认为一个可能的和合理的解释是这样的：正如第4章所示，村镇化涉及的是试图对农民的生活和土地使用施加详细的控制，尽管大多数情况下是合法的，偶尔是非法的，殖民地的城镇和乡村规划法为对城市穷人的类似控制提供了法律基础。村镇化作为一种对土地和生命的行政和政治控制手段，

---

[1] 联合国人居署、达累斯萨拉姆地方当局和城市联盟之间的伙伴关系。《行动计划》由联合国人居署于2010年公布。它强调社区通过建立位于Mtaa一级的社区规划小组参与。小组委员会的职责是计划和监督升级活动，提高公众意识，收取费用，管理日常的操作和维护。政策和规划在更高一级由指导委员会和技术委员会执行，技术委员会绝大多数由官员组成。行动计划中列出的图表非常传统，图表的顶部是官场，底部是社区。总统在启动《行动计划》制定过程的就职演说中使用了传统的措辞："我们都亲眼看见了我们的一些人以及一些城市、市政和城镇当局是如何无视规划和城市分区法规的。如果我们不遏制这一趋势，我们的城市地区将变成一片没有规划、没有管理、没有良好服务的混凝土结构的丛林。"总统呼吁所有地方政府共同努力，确保城市规划有序发展；"未规划和不受管制的城市地区的丛林"的概念让人想起迈尔斯用来解释殖民规划系统的"框架"概念："殖民框架的核心是对空间秩序、容器和包含物的可见层次的编码和维护"。迈尔斯（2003）7-11。

已经受到质疑,而《土地法》,尤其是《乡村土地法》为一种更宽松、更灵活和更方便的土地管理方法创制了法律框架。《土地利用规划法》和《城市土地规划》只是试图简单地重新建立以前的《土地法》和《乡村土地法》对土地管理的方法:详细、全面的规划和控制农村和城市土地使用。这一次这样一个系统是基于法律,让涉及其中的人参与在规划的过程中——之前的批评说乡村化影响了住宅——但最终,该系统提供了土地使用的详细计划和控制,既包括城市,又包括农村。

这次整个规划和土地利用管制办法悍然不顾《人居议程》的详细规定,而且也违反了民主管理和土地民主运作的广义概念。广义的概念是,要促进和鼓励人们对土地及其使用做出明智和负责任的决定,但要有相当广泛的自由来单独和集体管理自己的土地资源。几乎可以肯定的是,国家土地利用规划委员会试图公平计划每一个人或一个社区的土地使用的每一个细节,委员会要一个村庄一个村庄地制订村庄土地利用计划,这既不可能也不可行。这同样适用于发展控制和通过法院执行计划。值得注意的是,在这两部法案中,没有任何地方承认或提及农村土地管理的习惯制度,也没有提到在城镇和城市的城市穷人中发展起来的所谓城市习惯制度。人们大部分时间的生活和土地纠纷是由这些习惯制度解决的。这两部法案尝试通过一个全面的法定土地利用规划和管理系统取代习惯制度,这种尝试是一个巨大的人力和财政资源的浪费,实际上并没有促进发展或改善控制,还有损于民主治理。

基于法律的分析,我对坦桑尼亚规划制度的研究结论得到了恩客亚(Nnkya)[①]提供的详细而引人入胜的莫什(Moshi)规划案例的支持。

> 本书详细描述了坦桑尼亚的规划系统是如何在城市空间变化的管理中发挥作用的,是什么支撑了规划的无效性……这本书带读者穿越了一个崎岖的地带,展示了在规划系统中的参与者和居民之间的权力斗争。居民参与决策过程的权利被剥夺,而他们的土地使用权、经济和文化利益在规划中被忽视。其结果是带来了影响深远的

[①] Nnkya, T. J. (2008) *Why Planning Does Not Work? Land Use Planning and Residents' Rights in Tanzania*, Dar es Salaam, Mkukina Nyota Publishers Ltd, 6, 9.

争议，这些争议多年来一直弥漫在土地开发过程中……

从这个案例中可以看出，城市空间变化的不可管理性是不民主的规划实践的结果，反映了对居民权利的漠视……它也是技术官僚非法和腐败行为的结果，其特点是规划系统缺乏透明度和问责制。

恩客亚正在编写改革前的规划系统，但如上所示，新法律中没有规定对规划采取不同的方法。

12.5.3 乌干达

2010年的乌干达《土地规划法》是一部有61个章节和9个附表的法案，它显然是仿照1996年《肯尼亚法案》制定的。同《肯尼亚法案》一样，它的基本原则是：规划是一个技术问题，只有担任官方职务或具有专业资格的人才应被授权从事这项工作。奇怪的是，这种方法只有一个例外：地方土地规划委员会是由议员组成的下级议会。除此之外，当地议员和普通公民被允许就专业人士做出的计划提出意见，但可能会也可能不会有任何作用，但没有法律规定非专业居民的参与作用。然而，与坦桑尼亚一样，该法案也产生过太多的规划。

该法案设立了国家土地规划委员会（NPPB），由部长任命的九人组成，部长在任命时应考虑到性别平等和适当的技术资格。适当的技术资格可以通过地区、城市和地方各级规划委员会的不同组成人员来达成，一般包括规划师、测量师、工程师，教育、社区发展、医疗、环境和自然资源官员，城市和城镇委员会的所有职员；与肯尼亚一样，还包括一名私人执业规划师。奇怪的是，建筑师不是地区土地规划委员会的成员，而是城市土地规划委员会的成员。

国家土地规划委员会在规划过程中起核心作用。我们可以注意到，城市土地规划委员会在不提供其完整的法定职能清单的情况下，就规划事宜向部长提供意见；它促使地区、城市和地方各级发展委员会在国家、区域、地区、城市和县以下编制实体发展计划；听取对地方各级规划委员会的决定感到不满的人提出的上诉；它决定和解决由各级规划委员会转交的实体规划事宜；它批准区域、市区和地区发展计划（这两个角色如何与聆讯土地规划委员会上诉的角色相协调并没有阐明）。城市土地规划委员会秘书是国家土地规划部门的负责人，国家土地规划部门没有在该法案中进行定义，因此它与城市土地规划委员会之间的关系不明确。城市土地规划委员会秘书负责所有国家、地区和地方的实体发展计划的编制。

在国家土地规划委员会之下，有地区、城市和地方土地规划委员会，负责编制地区、城市和地方土地规划，处理发展申请，听取下级规划官员和规划委员会的申诉并做出裁决。不过，当地的土地规划委员会是在县级以下的委员会，它有多种角色：除了启动本地土地发展计划和推荐这样的计划，由区土地规划委员会审议和批准外，它们在实施结构规划（除本节外，法案中其他地方再未给出定义或相关规定）、详细规划和行动领域规划中也起着重要作用。①

再看土地发展计划，包括国家土地发展计划、区域土地发展计划、地区土地发展计划、城市土地发展计划和地方土地发展计划。每一项土地发展计划均须符合上级所订的土地发展计划。所有这些计划都集中在地图、计划、资源分配、土地开发位置等土地发展问题上，没有涉及费时费力和令人头痛的细节。总体而言，每个地区、城市和地方的土地发展计划：

> 其通用目的应当为有序、协调、和谐和进步发展，以促进居民的健康、安全、秩序、舒适、方便和公共福利以及该过程中的经济发展效率和完善的沟通。②

该法案没有公开提到需要解决的社会问题或如何应对非正规城市居住区的挑战。然而，该法案中附表5完全没有具体提到解决非正式居住区问题（该附表规定了地区、城市和地方土地发展计划中应解决的细节问题），仅提及了有序发展、安全和秩序，暗示了土地规划的概念不适合城市穷人。

---

① 该法案第25条似乎创建了一个相当神秘的地区、城市和副县级物理规划委员会，该委员会应促使编制一份地区城市物理发展规划。这在法案的其他任何地方都没有出现过。
② 5th Schedule, para. 1.

在规划准备过程中,没有公众的实际参与。公共投入的安排直接摘自殖民地的模范规划法。一旦计划编制完成,委员会将在《肯尼亚公报》上刊登通知,并以它认为适宜的任何其他形式公布出公众何时何地可以查阅计划草案,对计划草案提出申诉和反对意见。反对意见可以通过"公开听证会"提出,但法案中没有解释反对意见是什么,以及它是如何运作的。处理反对意见的条款都假定反对意见以书面形式提出,并将以书面方式处理。如反对意见或申诉被拒绝,受损害的人可向上级委员会或法院提出上诉。

毫不奇怪,新的规划法就是这样的。在乌干达,与土地有关的专业人员有一个非常坚定的信念,他们认为只有他们自己才有资格处理土地事务,不具备适当资格的人不应当被允许干预此类重要事务。这种态度在我参与协助执行《1998年土地法》的项目中得到了非常明显的体现。在该项目中,水利、土地和环境部的中央政府官员对从另一个部请来管理该项目的官员非常不满,他们认为对方没有资格做这些事,所以着手破坏该项目,以摆脱对方的管理。他们最终成功地做到了这一点,并确保他们的"自己人"成为项目主管。他们甚至反感外交部副部长对这个项目的积极兴趣,尽管这个外交部副部长原来是一个农业官员,对农村土地问题相当了解,但是他却没有参与土地管理的必要的资格。[①] 在一次臭名昭著的事件中,一名高级官员对这位部长大喊大叫,并告诉他,他无权参加项目管理委员会的会议。在这种情况下,允许公众有机会对一项计划发表意见,那就是相当大的让步。

正如坦桑尼亚的规划法一样,乌干达的规划法也有类似情形,有人试图从普通人手中夺回《1998年土地法》赋予其对土地的权力。20世纪90年代,坦桑尼亚和乌干达土地法的规定对土地市场给予了更大的认可,但这些法律却剥夺了中央政府官员的权力,把权力授予了"不合格"的人。这倒不是什么大问题,但新的规划法为恢复适当与正确的现状提供了机会。

[①] 有关英国国际发展部土地项目运作的详细情况,请参阅 McAuslan,(2003), op. cit., chapter 14.

12.5.4 桑给巴尔

桑给巴尔在2008年发布了一份包含109个条款的《城乡发展和规划法草案》，但截至2012年年中，该法案尚未付诸实施。尽管如此，它仍然值得研究，因为它在很大程度上符合上述几个法案的模式。① 在桑给巴尔法案中可以找到坦桑尼亚《城市规划法》的一些原则（原则本身来自坦桑尼亚法案），这些原则应当指导法案的实施，但同时，该法案也复制了肯尼亚和乌干达将规划职能赋予官员的主要特征。在此只罗列桑给巴尔法案的概要。

根据该法案，部长是对土地开发做出决定的最终权力人。因此，他负责制定和执行有关桑给巴尔所有土地使用和开发的综合政策，主要考虑制定和执行政策时的一致性。为协助部长工作，还成立一个城市和区域发展规划部，由一名主管领导负责土地法律事务，并就涉及土地开发的所有决定和法案所涵盖的其他事项进行协调。

该法案确立了规划当局的层级结构和计划。市议会、地方自治议会、镇议会、乡行政管理部门在各自的管辖范围内承担规划管理部门职责，在各级议会设立规划委员会。在桑给巴尔，这些规划委员会就是其辖区内规划领域的最高决策机构。虽然措辞不是很清楚，但这可能意味着各级议会设立的规划委员会是其管辖范围内规划方面的最高决策机构。其最高机构称为全国土地规划委员会，由一名规划主任主政，一名秘书由规划主任任命，其他六名成员来自下属委员会。该委员会将在管理和批准下属委员会制订的计划方面发挥核心作用。

关于制订计划的问题。全国委员会将拟订一项整个桑给巴尔的发展计划，并在此之后负责审查这项计划；各级委员会将针对本地区的各事项编制它们认为有助于有效公平规划和管理桑给巴尔土地的其他发展计划，并在其后负责审查这些计划。该法案要求，地方当局编制的计划一

---

① 该法案的英文版本充满了印刷错误、空白和明显被遗漏的词语，因此在某些地方，人们在一定程度上猜测该法案的意图。

第12章　城市规划法改革：区域概览　◆

旦获得规划委员会的临时批准，就将其提交地方社区审议。① 至于如何审议这一问题，目前还没有详细考虑，但当地社区确实可以对该计划进行投票，并可以否决它。如果被否决两次，则至少在六个月内不能重新考虑该计划。规划过程中的这一民主成分也遭到破坏：规划提交给政策和咨询委员会（部内另一机构）并经该委员会同意后，部长就可以通过地方当局制订的发展计划，尽管该计划尚未得到地方社区的批准。

发展计划的采纳必须得到革命委员会（桑给巴尔内阁）的批准。但在批准之前，部长必须公布该计划，并为任何人或团体提供就计划提出意见的机会。如果不考虑撤回计划，部长必须任命一名或多名人员对反对意见进行公开调查。部长在调查人员向其提交有关反对意见的报告后，应当公布该报告，并将该报告提交给革命委员会和政策咨询委员会，以便他们重新考虑该计划。土地开发计划的其他所有主管部门都应考虑到其土地开发计划的管辖权②，上述内容是其他三部法案的一个重要变体。所有这些法案都赋予了经批准的计划具有法律地位，必须遵守。③

桑给巴尔的城市规划记录是令人沮丧的。从1890年桑给巴尔成为保护国开始，殖民地官员就不断制订宏伟的计划来重建城市，但这些计划都没有得到实施。兰彻斯特（Lanchester，1922）和肯德尔（Kendall，1958）的殖民城镇规划从未得到实施。兰彻斯特计划确实没有按照《1925年城市规划法令》的规定加以公布，因此没有法律依据。肯德尔的计划刚一完成，殖民地当局就以财务上比较荒谬为由，否决了其中的许多建议。然而，正如比塞尔（Bissell）所表明的那样，殖民地官员并不会为法律细节问题而烦恼。兰彻斯特的计划虽然是保密的，但却被用来作为拒绝给桑给巴尔人修理或重建他们的小屋的决定的基础。通过这种方式，这些小屋可以被拆除和清除，而不需要支付任何补偿。官员们

---

① 附在这一条文后的一份说明称，这需要进一步的发展——这是为了确保权力真正下放，但是需要精确地界定各项条件——这意味着必须区分选民而不是制订计划的人。
② 第49条。
③ 第52—109条是涉及发展控制的规定，对任何熟悉英国发展控制制度的人来说，这些规定中有许多都是可以识别的。事实上，这些关于发展控制的规定比肯尼亚的《物质规划法》、坦桑尼亚的《城市规划法》和乌干达的《物质规划法》更加详细和"英语化"。

知道自己在做什么。当总检察长或其他律师指责其权力的行使没有任何法律授权时，官员们仍然无视法律。于是，《1955年城乡规划条例》不顾立法会非官方议员的反对，获得通过。在此引用比塞尔的评论：①

> 该条例主要是依据了《英国1947年城镇和乡村规划法》，同时以桑给巴尔、肯尼亚、罗得西亚和尼日利亚的规定为补充……但由于桑给巴尔的发展计划所需的机制过于确定和笨拙，从一开始就造成了问题。

根据该法令，肯德尔的计划在宪报上公布了，但是没有考虑其成本。它遵循了其他计划的模式。在此引用比塞尔的话：②

> 肯德尔对这座城市的愿景与过去的一切并不矛盾。事实上，这是多年努力后合乎逻辑的结果和最终表现——可以说，失败几乎是有意为之。

殖民主义的规划方法和殖民法律一直延续到革命时代。自1964年革命以来，有几个主要计划：1968年的东德计划、1982年的联合国人居署石头城"综合战略"和1992年的阿加·汗（Agoc Khan）保护计划。引用关于最后提到的计划的表述如下：

> 控制城市规划、建筑控制、土地使用、新开发和城市服务的法律主要是英国政府在20世纪20年代引入的，后来在50年代进行了修订。③

比塞尔总结了后殖民时期城市规划的效果：④

> 后殖民时代的规划和计划只会扩大城市两边的差异。对Baraza la Mji和石头城保护与发展管理局，分别有独立的地方机构管理城市的两边……
>
> 正如殖民时期一样，这些计划被用来提升精英的利益，从而加

---

① Bissell, op. cit., 305.
② Ibid., 309.
③ Aga Khan Trust for Culture (1996), 109.
④ Bissell, op. cit., 332, 333.

深了地域和阶级的不平等。西方自然资源保护者强调需要修复石头城，将其作为桑给巴尔文化遗产的象征。但是，大众旅游业和繁荣的房地产市场已经把工薪阶层和贫穷的桑给巴尔人赶出了他们的"文化"核心，因为工薪阶层和贫穷的桑给巴尔人再也负担不起住在石头城街镇或恩博市中心附近的任何地方。后殖民时代的计划尽管在努力散布法律的混乱、扩大官僚机构、加剧不公平的资源分配、挫败民众对民主的要求，并扩展了一种特别现代主义的神秘感：对西方发展的专业知识和规划力量本身的信仰，但这些计划和之前的计划一样，都失败了。

但是，尽管如此，比塞尔还是在报告中说，他对过去的殖民地生活有一种怀念之情，因为当时人们认为，旧的计划实际上已经得到了改善和发展，是合理的。在这种情况下，一个新的规划，特别是提议发展的法律框架仿效英国模式，不应引起民众太大的惊讶。毕竟，自1925年以来，英国的模式一直是桑给巴尔法律的（理论）基础。

12.5.5 莫桑比克

迄今为止，莫桑比克的《城市规划法》的做法被认为与英语国家的做法有很大的不同。莫桑比克遵循了英国殖民模式，在这方面单独制定了城市规划法，专门处理规划、开发控制和执法问题。而莫桑比克的具体做法是从《1997年土地法》中衍生出城市规划法。其制定的法规既涉及规划和开发，又涉及城市私人土地市场的各个方面：土地分配、土地的允许用途，包括土地使用权转让的方式。然而，为了与本章的主题保持一致，我将只集中讨论城市规划法。①

引用联合国人居署的一份报告：

> 土地利用规划政策和法律是在省、区域和国家各级部门参与下制定的。该政策承认现有的土地占有者和社区是干预土地使用秩序或规划的最重要因素。根据各种市政法律，市政当局有权规定计划

---

① 这些规定是《城市规划法》第1至20条。内容相当笼统。

的类型、责任机构和批准计划的方式，同时也确立了公众知情权。它也有权与中央政府有关部门共同编制和批准土地利用总体规划、城市发展规划和土地开发计划。

这些安排城市规划的法律框架由2006年颁布的《莫桑比克土地条例》规定。城市土地这一术语的定义是"依法建立的城市、村庄和居民点周围的每一个区域"[①]。第4条规定的土地利用计划是"战略性、资料性或规范性文件，主要目的是根据领土土地利用的原则和准则产生对社会有用的领土空间或地块。土地利用规划具有调节性。"

土地利用规划分为城市结构规划、总体和局部城市化规划、详细规划三种类型。第一种类型的规划主要考虑当前的占用率、基础设施和现有的社会设备，建立整个市政区域的空间组织，并将其整合到区域空间结构中。第二种类型的规划是在地方范围内的领土管理工具，在考虑许多城市用途和功能之间的平衡的情况下，建立结构并描述城市土地，特别注意作为规划制定的社会空间基础的自发占用区。第三种类型的规划是通过确立城市空间的概念，详细规定城市中心任何特定区域的占用率，规定了土地使用和建筑物的一般条件、交通模式和基础设施的提供。[②]

州和地方政府机构制定的计划必须得到市议会和区政府的批准。[③]在制订计划之前，必须先询问"当地权力机构"，但如果这些地方权力机构在45天内没有对询问作出答复，则这种未答复将被视为这些地方权力机关对计划中提出的方案、项目没有任何异议。州和地方政府机构任命一个技术小组，负责向公众通报调查目标，汇编现有住户的信息，接受和处理投诉，并提出调查报告。社区领导必须与技术小组一起向住户通报调查报告和处理投诉。技术小组编制一份初步调查报告，调查报告必须附有当地社区领导人的意见。该报告提交给有管辖权的镇或村地方政府机构批准，但在批准之前，地方政府机构可向投诉人、当地社区领导人、技术团队和其认为有必要听取意见的其他人进行听证。一旦收

---

① 《城市土地条例》第1条。
② 第5条。
③ 根据第57条。1. 本术语指"市议会、区政府、政府机构"。

到所有意见，州政府和地方政府机构应启动公众参与程序，向当地社区提交该计划。随后，该计划再提交市议会或区政府批准。一旦在该级别获得批准，则提交部长同意，然后正式公布。此后，州和地方政府机构有义务"促进或完成经批准的详细规划所涵盖地区的城市化进程"。①

尽管莫桑比克的规定远不如英语通用地区的法案详细和具体，但也有一些共同之处。公共当局利用"技术团队"制订计划。人民及其社区领导人有权通过投诉和观察对计划做出反应，只是在计划制订过程中似乎没有作为共同参与者发挥积极作用。法律要求向公众"展示"计划，公众可以根据其意见对可能修改的计划进行评论。然后再由公共机构实施这些计划。

莫桑比克的规定与其他法案主要的区别在于市政当局的持续执行能力不足、城市空间和土地管理责任不明确。总的来说，可以引用最近关于莫桑比克战略规划的报告观点来说明：

> 由于莫桑比克市政当局成立时间不长，而且其主要工作集中于农村发展，人们不能很好地理解市政当局的作用。基于以上种种原因，市政当局不足以作为代表来实施国家规划政策。而且，城市发展的战略规划也是近年出台的，并不总是被视为优先事项来执行……莫桑比克没有统筹的地方发展计划来协调和整合战略规划、实施和提供服务。莫桑比克需要促进群众参与治理，需要包括民间社会在内的多方利益相关者的参与。有效的空间规划还需要详细的地图和地籍系统，而这些在许多城市都不发达。②

12.5.6 卢旺达

与桑给巴尔一样，卢旺达在 2010 年公布了一项关于土地利用和发

---

① 第 1 条将城市化定义为"通过基础设施、公用设备和建筑来改变土地的原有形态，以确保人可以在卫生、教育、道路交通、污水系统、商业、休闲等各方面的服务水平不断提升的条件下能实际定居"。

② Kitchen, E. (2010) 'Reflections from Africa: Mozambique and South Africa United Cities and Local Governments', *Policy Paper on urban strategic planning*; *Local leaders preparing for the future of our cities*, Mexico City, 20–22. Kitchen, F. (2010)

展规划的法律草案。不过，卢旺达政府在2011年6月从议会撤回了这项法案，理由是议员们对法案内容感到担忧。但是，2011年2月，卢旺达政府批准了一项全国土地利用和发展总体规划。据国家土地中心总干事说，该总体规划将分三个阶段实施："第一个阶段将把地区土地利用政策与地区发展计划结合起来，形成一个综合的发展计划，以促进土地利用的可持续发展；第二个阶段是城市发展计划；第三个阶段是区域行动计划。"虽然并不清楚是哪些法律条文来规定这些安排，但是有一种假设是，法律草案将或多或少以与原来相同的形式被重新引入。在此将简要讨论被撤回的法案。

这是一部很简短的法律，只适用于一般情况。该法第1条规定了法案的四个目的，即确保国家土地利用和发展规划的透明协调；确保土地利用与发展及生物多样性之间的生态平衡；促进人民的社会福利；确保所有卢旺达人都有机会参与透明的决策过程。第3条规定了该法律的基本原则，这些原则强调了与该法律的四个目的相同的关切：可持续的经济、社会和环境发展；参与；减少因发展而消耗的土地和其他自然资源，优先考虑高密度发展和限制城市蔓延。

第4条规定涉及《卢旺达土地使用和发展规划法》的颁布，由该计划实施指导和管制国家土地利用和发展规划。此后，所有计划都将根据《土地使用和发展规划法》制定，所有政府机构都必须遵循《土地使用和发展规划法》。该法律草案第6—8条对此作了规定。任何土地的使用只有在获得主管当局的批准后才能改变其规划用途，部长将制定如何改变土地使用的有关指导方针。有任何与《土地使用和发展规划法》发生偏差的提案出现时，部长都必须重新考虑。在面对任何改变土地用途的申请时，他们都必须考虑法律原则、土地用途计划及所有其他计划。但是，在下列情况下，他们也可能同意：

> 这种偏差可能带来巨大的土地利用和发展规划收益，但必须得到权威部门的批准。①

---

① Article 13, LRLUDP.

该法案没有规定收益的范围或意义,这一术语是英国规划法律和实践的重要组成部分。该法案的一些条款强调了部长在规划过程中的核心作用,如第 16 条就强调了这一点,该条规定部长应监督国家机关执行法律基本原则的情况以及所有相关规划当局在执行区域土地管理计划方面的进展情况。部长具体监督什么并不清楚,因为法律完全没有规定关于规划过程、计划内容、计划执行或公众将如何参与计划过程或制订计划内容的细节。议员们对该法案的内容感到关切是可以理解的,因为该法案提议赋予部长在规划和土地利用开发方面对所有地方当局拥有监督的权力,而不限制这些权力。从这个方面来看,这是该地区最不透明、最不负责任的规划法。

12.6 结论

对改革时期东非城市规划法发展情况的调查得出的总体结论就是:除肯尼亚《城市地区和城市法》(作为公民参与城市规划的例外)之外,所有国家都被束缚在一个完全不民主的城市治理体系中。这些国家要么制定或公布了城市规划法,要么忽视并拒绝了人居署建议的转型方法。必须明确的一点是,肯尼亚转型的方式相当温和。1996 年城市峰会上就转型方式达成一致时,该方式即支持殖民时代的传统威权模式,由规划者和其他官员制订计划,人民成为计划的对象。该方式并不特别具有独创性或突破性。在对殖民地规划师的部分辩护中,可以说这样的城市规划方法是 20 世纪 30 年代和 40 年代许多大都市国家的标准做法。[①] 然而,来自学术书籍与论文、官方报告和实际结果等多种来源的压倒性证据表明,这种自上而下类型的规划在非洲城市中是完全无效的。事实是,比起多年来的无效,更糟糕的是,导致该地区发展的城市类型的主要因素:高收入城市发展的小飞地——封闭的房地产开发项目、购物中心、医院、学校等西方城市常有的一些规划和合理的基础设施——绝大多数城市居民住在非正式的、非法的、无计划发展与缺乏公共基础设施

---

① Fainstein, S. S. (2010) *The Just City*, Ithaca, Cornell University Press, 23-24.

的地区。该规划在桑给巴尔运行时，比塞尔简洁而准确地对此作过总结。而且，他的总结同样适用于该地区的所有其他计划系统："在殖民时期，规划被用来促进城市精英利益，加深地理和阶级不平等。所以，殖民式规划法得以延续的一个原因是，它们有利于制定法律的城市精英，他们希望确保由这些法律推动的城市发展类型得以延续。"[1] 因此，殖民地风格规划法得以延续的一个原因就是，它们受益于制定法律的城市精英，城市精英又希望确保这种法律所促进的城市发展继续下去。

但是，不能对问题置之不理。面对一次又一次失败的城市规划，为什么有些国家的态度是如此明显地不愿意改变，有些国家却又在尝试着不同的改变方法，我们必须试图得出一些结论。迈尔斯（Myers）采用了"框架"（enframing）概念来解释殖民时代使用的城市规划类型——这意味着殖民国家希望通过监管体系来控制、限制、遏制和改变非洲城市人口的"无序生活方式"。我认为，所有殖民地规划法的主旨是"秩序"（order）概念，这一概念被带入改革时代的规划法中。正是殖民国家创造的"秩序"概念而不是"框架"概念，"秩序"概念正是后殖民政府接管和维持规划法的核心。

我想对此进行更进一步分析。在我看来，任何关于框架的争论背后都隐藏着更深层次的担忧：对城市暴民和城市暴乱的恐惧。[2] 这种恐惧直接反映在殖民地的城市规划中。尤其发生在印度的兵变是一个最生动的例子，它说明了如果控制不住暴徒，什么都会发生。在印度兵变之后，殖民国家在印度城市中最重要的殖民安排就是设置军事营地。殖民国家的军事营地极为重要，通常安置在"本土"城市和殖民城市之间或靠近本土城市的地方，以便随时平息骚乱。

在大多数非洲城镇，虽然军事营地被绿化带和高尔夫球场所取代，但其目的是一样的：这些绿化带和高尔夫球场将非洲城市暴民与欧洲精

---

[1] Bissell, op. cit., 333.
[2] Hobsbawm, E. J. (2005) 'Cities and Insurrections', 1 *Global Urban Development*, 1–8; Harvey, D. (2012) *Rebel Cities: from the Right to the City to the Urban*, London, Verso, 3–25.

英分离开来。① 现在，这种对暴徒和城市贫民的恐惧仍然是东非城市治理的主旋律。几乎所有人都不喜欢非正式的部门，无证经营的商店被扫除清理，街边小贩被清除并被列为流浪者，非正规的运输系统也受到干扰。② 他们想当然地认为，未经授权居住的住宅区内盗贼与妓女遍布，非法活动猖獗。警察在面对大量城市贫民时过度使用武力，这一点就是对上述情况的明证。

城市管理者可以利用的工具包括规划系统及一系列制裁手段，使生活在城市中的贫民与城市保持一定的距离，并通过剥夺贫民在城市的合法住所而让他们离开城市。这就是为什么在发展和引入包容性的规划系统和规划法律方面仍然存在阻力，因为这些法律强调了公众的参与。这不仅是接受"贫民窟"的继续存在，还涉及一种全新的规划方法：一个国家把人民视为有权利的伙伴而不是需要控制的威胁。这就是联合国《人居议程》为何要敦促各国政府进行适度转型规划的原因。而这些国家维持传统的殖民主义城市规划方法，正代表了它们拒绝接受《人居议程》。

---

① 一个很好的例子就是，在 Myers，(2011)，op. Cit 中，作者表明对后殖民主义的担忧，认为非洲与欧洲城市的毗邻对欧洲人产生不利影响。他引用了卢萨卡地区委员在1957年提出的"五个寮屋问题的政治影响"，并（相当公正地）概括道，在地区委员看来，极大影响是"腐败文化、不负责任、煽动、种族报复与对法律的抗议"。他接着指出，从来没有任何证据支持这样的分析。

② 这种做法最可笑的例子之一是在达累斯萨拉姆，尼雷尔总统痛骂"如果我们不去打扰闲逛的人，他们就会来打扰我们"。之后不久，政府改变了它的做法，请非正式部门的人"从躲藏中出来"。正如特里普所说的那样，认为达累斯萨拉姆95%的人口都应该从藏身处出来的想法有一点荒谬。Tripp, A. M.（1997）*Changing the Rules: The Politics of Liberalization and the Urban Informal Economy in Tanzania*, Berkeley, University of California Press, 141, 145; McAuslan,（2007），op. cit.

第13章 性别和土地法改革[①]

性别问题既直接又复杂。说它直接是因为这个问题可以如此简单，必须将不断重复的口号变成现实，即对男女之间在获得、占领和使用土地以及土地交易方面不应有任何歧视；说它复杂是指与本书中讨论的任何其他问题相比，实现这一想法所产生的社会、宗教和政治影响引起了更多的关注，招来更多的反对（而且通常是隐秘的，但又并非总是如此）。本章将侧重于研究我在卢旺达、坦桑尼亚和乌干达就女性土地权立法所做的工作，这也是这些国家土地法改革方案的一部分。当然，在研究这些案例之前，不妨对这一问题先进行一个广泛的回顾。

13.1 国际视角

国际层面对性别问题已经罕见地达成了一致意见。所有联合国机构、国际金融机构、捐助方均异口同声地承认：在土地权方面的两性平等必须成为规范，这是非洲任何土地改革方案的重要组成部分。鉴于艾滋病毒/艾滋病的流行，解决性别问题的要求变得更加迫切。国际机构的高级官员们不断强调这一问题的严重程度：

在几乎整个非洲，习惯土地法都歧视女性。一般来说，国际上

[①] 本章节基于 McAuslan, (2006), op. cit., 23-30 的修订和更新版本；McAuslan, P. (2010) Personal reflections on drafting laws to improve women's access to land: is there a magic wand?' 4 *Journal of Eastern African Studies*, 114.

没有保护女性土地财产权利的政治意愿……各国政府倾向于口头上支持女性在土地和财产方面的权利,但大多数女性在现实生活中不得不依靠她们自身。①

在非洲,妇女占农业劳动力的70%,承担90%收集木柴和水的工作。这些妇女大多是农村居民,她们中大多数并不拥有或实际占有土地和其他自然资源。事实上,大多数妇女只有通过男性亲属来获得土地。这意味着非洲女性不能充分参与,也不能为发展做出贡献。然而,如果占非洲人口50%以上的女性得不到发展,非洲家庭就会没落,甚至非洲大陆也难逃厄运。②

大多数非洲国家早在20多年前就批准了《联合国消除对妇女一切形式歧视的公约》(1979年),其中特别授权缔约国采取一切适当措施消除对农村地区妇女的歧视,特别是确保这些妇女有权:

> 获得农业信贷及其他贷款、农业设施、适当技术、土地与土地改革、土地重新安置计划等方面的平等待遇。

20世纪90年代中期,联合国粮农组织的报告指出,在非洲,通过推广服务提供的资源只有5%可供妇女使用。

世界银行明确指出:

> 因此,在法律上承认妇女拥有独立土地权的能力,是加强妇女对资产控制的第一步,但仅此是远远不够的。③

有人可能会认为,在国际上大家都赞成这么做,就会有类似的行动出现。但事实并非如此。尼木 - 穆塞比(Nyamu - Musembi)④ 详细解释

---

① Tibaijuka, A. (2004), Executive Director, UN - Habitat, opening address IIED/NRI/RAS Conference on 'Land in Africa: Market Asset or Secure Livelihood? London.

② Janneh, A. (2006) UN Under - Secretary - General and Executive Secretary of ECA, Opening Statement, 'Land Policy in Africa: a framework of action to secure land rights, enhance productivity, and secure livelihoods', AUC - ADB - ECA Consultative Workshop, Addis Ababa.

③ Deininger, K. (2003) *Land Policies for Growth and Poverty Reduction*, Washington, D. C., a co - publication of the World Bank and Oxford University Press, 59.

④ Nyamu - Musembi, C. (2006) 'Ruling Out Gender Equity? The Post - Cold War Rule of Law Agenda in Sub - Saharan Africa', 27 *Third World Quarterly* 1193.

了原因。她在审查由世界银行,特别是美援署牵头的国际援助界资助的法治方案时指出,这些方案的重点是创造适当的法律和体制环境以促进市场更好地运作。她声称:

> 本次概览所显示的情况表明,想通过法律和体制改革来实现社会正义和公平(包括两性平等)的前景十分黯淡,因为改革并非出于对社会正义的关切,更不用说两性平等。主要的区域金融机构如非洲开发银行没有提到基于性别的法律歧视,也没有提到利用法律来挑战对妇女的歧视性排斥。
>
> 世界银行对法律和司法部门的贷款并没有重视两性平等问题,所以这种关注只能在银行的研究工作报告中找到……
>
> 男女平权主义者发现,对性别和土地保有权的官方讨论往往与对更广泛的经济结构调整进程的讨论脱节,例如对金融服务行业的进程的影响。然而,妇女获得信贷的能力与其在有价值土地方面的保障权益有关,因为她们可以将这些土地作为抵押物。金融部门的改革没有与土地法和家庭法的改革相协调,但从性别分析的角度来看,两者之间的联系是显而易见的。
>
> 推动改革的总体氛围有可能使那些为市场有效运作而建立法律机构的这一核心目标非法化……在没有对社会正义和再分配做出明确承诺的情况下,两性平等方面的进展甚微……

由于语言承诺和实际行动完全脱节,那么国际社会对改革的真正承诺如此之少(而不是国际政策和讨论文件中的那些好听的话),各国政府对改革(而不是国家政策文件中的好听的话)存在着相当大的矛盾心理,就不足为奇了。

同样令人震惊的是,几乎没有任何论文将性别问题纳入关于非洲地区土地的问题中进行讨论。关于非洲土地的国际学术讨论就像其领域一样,性别问题仍然是一个隔离区。对1996年至2011年出版的9本关于非洲土地问题的论文集进行的审查表明,这些丛书中有86篇文章涵盖了所有其他可以想象的土地问题,尽管其中有几本论文集还是由妇女编辑的，但却只有2篇文章考虑了性别问题。[1] 在同一时期，仅出版了三部专门讨论妇女土地权的论文集，有一份关于东非问题的期刊有部分内容涉及妇女权利保障。[2]

13.2 国内维度

从国际视角讨论时，有人曾指出，国际社会现在一致认为必须处理土地关系中存在的性别问题。然而，把国际社会的意见当作一项长期存在的承诺就错了。在参与土地问题的最初几年中，国际社会与各国政府一样，并不重视妇女在土地上的权利。世界银行关于坦噶尼喀（1961年）、肯尼亚（1962年）和乌干达（1962年）的三份经济发展报告中，没有一份提到妇女或性别问题。有学者（Christodoulou）根据其在联合国粮农组织及其他联合国机构从事土地改革的经验，出版了《未许诺的

---

[1] Benjaminsen, T. A. and Lund, C. （eds）（2003）*Securing Land Rights in Africa*, London, Frank Cass; Juul, K. and Lund, C. （eds）（2002）*Negotiating Property in Africa*, Portsmouth, NH, Heinemann; Amanor, K. S. and Moyo, S. （eds）（2008）*Land & Sustainable Development in Africa*, London, Zed Books; Colin, J. – P. and Woodhouse, P. （eds）（2010）'*Interpreting Land Markets in Africa*', 80 Africa （special issue）; Moyo, S. and Yeros, P. （eds）（2005）*Reclaiming the Land*, London, Zed Books （书中有五篇关于非洲的文章，但是亚洲和拉丁美洲部分也没有关于性别问题的文章）; Huggins, C. and Clover, J. （eds）（2005）*From the Ground Up: Land Rights, Conflict and Peace in Sub – Saharan Africa*, Pretoria Leach, M. and Mearns, R. （eds）（1996）*The Lie of the Land: Challenging Received Wisdom on the African Environment*, Oxford, James Currey; Toulmin, C. and Quan, J. （eds）（2000）*Evolving Land Rights, Policy and Tenure in Africa*: one essay on women's land rights; Holden, S. T., Otsika, K. and Place, F. M. （eds）（2009）*The Emergence of Land Markets in Africa: Impacts on Poverty, Equity and Efficiency*, Washington D. C., Resources for the Future: 有一篇文章是关于性别问题的。城市规划专家也好不到哪里去：Durand – Lasserve, A. and Royston, L. （eds）（2002）*Holding Their Own: Secure Tenure for the Urban Poor in Developing Countries*, London, Earthscan, 包含16篇文章，其中五篇是关于南非的，但是没有一篇是关于城市妇女的具体终身职位问题的; Payne, G. （ed.）（2002）*Land, Rights and Innovation: Improving Tenure Security for the Urban Poor*, London, ITDG Publishing: 15篇论文，其中5篇是关于非洲国家的，但是没有一篇是关于性别问题的。

[2] Razavi, S. （ed.）（2003）*Agrarian Change, Gender and Land Rights*, Oxford, Blackwell Publishing （three out of eight essays on Africa）; Wanyeki, L. M. （ed.）（2003）*Women and Land in Africa: Culture, Religion and Realizing Women's Rights*, London, Zed Books; Englert, B. and Daley, E. （eds）（2008）*Women's Land Rights & Privatization in Eastern Africa*, Woodbridge, James Currey; Daley, E. and Englert, B. （eds）（2010）4（1）*Journal of Eastern African Studies*, 91 – 199 （special issue on women's land rights in Eastern Africa）.

土地》① 一书，虽然该书是非官方的，但其中也只有两处提到了妇女的作用，而且也没有涉及土地权。甚至早在1998年，戴维拉（Delville）对土地状况进行调查②时就把重点放到了西非法语国家，目的是协助非洲决策者和援助机构，但也没有对性别问题进行具体讨论。

因此，在独立初期处理土地改革问题时，各国政府和国家都没考虑性别问题，这一点并不为奇。奥伯 - 奥科拉（Obol - Ochola）编辑的《非洲东部土地法改革》③ 一书中没有关于性别问题的论文。即使到了1996年，关于国家土地问题的两项主要研究也都完全忽略了性别因素：范译尔等人（van Zyl、Kirsten Binswanger）的《南非农业土地改革：政策、市场和机制》④一书共25篇论文621页，仅有三分之一的内容与妇女问题有关！珠玛和欧杰汪（Juma and Ojwang）的《我们信任的土地：环境、私人财产和宪法改革》⑤ 一书共12卷462页，有14篇论文被誉为制定新的环境政策的里程碑，该书也被视为"如果决策者和学者们忽视了会给他们带来危险"的一本书，也没有在性别问题方面进行完善的研究。

可以公平地讲，直到20世纪90年代中后期，关于土地权益的性别问题才得到国家层面的官方关注。1995年在北京举行的联合国第四次世界妇女大会是一个重要因素。20世纪90年代初至中期非洲的许多新宪法也开始关注土地权益的性别问题，这些宪法明确宣布性别歧视为非法。因此，值得注意和称赞的是，在土地改革时代，各国政府制定了关于土地改革的政策和法律，其中有关于妇女土地和财产权的章节，明确禁止歧视，要求配偶同意土地交易，规定用于生计目的的土地有共同所有权，特别规定了土地管理机构中妇女的百分比或具体人数。此外，在

---

① Christodoulou, D. (1990) *The Unpromised Land*; *Agrarian Reform and Conflict Worldwide*, London, Zed Books.

② Delville, P. L. (1998) *Rural land tenure, renewable resources and development in Africa*, Ministère des Affaires Étrangères – Coopération et Francophone, Paris.

③ (1969) Kampala, Milton Obote Foundation.

④ (1996) Cape Town, Oxford University Press.

⑤ Nairobi, Initiatives Publisher. 本书重点是关于肯尼亚土地管理的法律和治理方面的。Okoth - Ogendo 在文中引用了这句话。Goran Hyden 也热情洋溢地称赞这本书，称这本书是"一项优秀的跨学科研究，把国际论坛上讨论过的问题上升到了国家层面"。

某些情况下，新的继承法（很多时候成了增加妇女拥有土地权利机会的关键）以及离婚时妇女的财产权都支持妇女的土地权和财产权。

正如本章本节下一部分将讨论的那样，法律文本与实践之间仍然有很大差距（在某些情况下，甚至法律文本也必须要争取）。但必须承认，正如世界银行2003年关于土地保有权问题的报告所指出的那样，一些国家已经迈出了法律改革中重要的第一步。法律通过后必须采取后续行动。值得注意的是，各国政府要努力推翻一个多世纪以来对妇女土地权的忽视和彻底反对，它们必须要做得更多。如上所述，它们是从一个非常不利的基础开始的，却没有得到国际社会的大量实际支持。

在研究有关性别问题的法律起草案例之前，不妨先简要概述一下莫桑比克土地中与性别相关问题的情况。下面是我对该国形势的一篇详细报告中的相关内容：[1]

> 1995年，莫桑比克部长理事会批准了一项新的《土地政策》。第17条规定的一项基本原则就是保障妇女获得和使用土地的权利。
>
> 为讨论土地法草案，理事会安排了一个协商过程，组织了一次协商。在此期间，妇女土地权问题日益受到重视。全国妇女论坛（Forum Mulher）支持保障妇女土地权的倡议，使其独立于所在地区的习惯土地保有权制度。在这些辩论中，保障妇女土地权（基本上是妇女获得土地的权利）的必要性也被作为反对土地私有化的主要论据之一。
>
> 1996年，召开了一次关于土地问题的全国会议，政府、民间社会和国际组织均有参与。在此次会议上，介绍了保障妇女土地权的各种举措，提出一项具体建议，即法律文本包括宪法应明确提及非歧视性原则，明确规定不能援引习惯权利为歧视性做法辩护。因此，原先的法律文本得以修订。其中，第12条规定，个人和当地社区主要是根据这些不违背宪法的习惯规则和惯例，通过占领而获

---

[1] Ikdahl, I., Hellum, A., Kaarhus, R., Benjaminsen, T. A. and Kameri‑Mbote, P. (2005) *Human rights, formalisation and women's land rights in southern and eastern Africa*, Studies in Women's Law No. 57, Institute of Women's Law, University of Oslo. Revised version of Noragric Report No. 26, Norwegian University of Life Sciences, 47-58 (Mozambique case study).

得土地权利。

1997年版《土地法》明确规定，男女享有平等的土地权。同样，不歧视原则也适用于正式的个人所有权，如该法第13条规定，"作为当地社区成员的个人，不分男女，在划分各自社区土地区域后，可以申请个人所有权"。

《莫桑比克减贫行动方案》列出了六个基本行动领域，"农业和农村发展"是该方案的一个领域。但是将"农业土地管理"单列出来，是因为它的主要目标是促进土地的可持续利用，确保公民和投资者及时获得土地，以提高巩固家庭和增加农业活动的能力。

农业土地管理采取的主要措施是：

● 组织全国土地登记；

● 简化土地裁决程序；

● 加强负责管理和授予土地特许权的机构，并配备物资和人员；

● 与其他机构一道向农民通报他们在土地方面的权利，包括与社区协商。

这些措施在很大程度上是关于《土地法》实施的具体措施。但是，与法律本身不同的是，在土地管理措施方面没有明确提到妇女的土地权，而且妇女的生产活动也不在《莫桑比克减贫行动方案》的"农业和农村发展"领域之列。虽然，人们在更广泛意义上承认莫桑比克社会中存在两性不平等现象，但是"性别主流化"似乎导致了人们不怎么关注妇女土地权和妇女在农业生产中的作用。

虽然土地运动仍然很活跃，但在一小部分机构和个人倡议下，在马普托（莫桑比克首都）组织了一些关于土地保有权问题的研讨会。他们调查了"两性关系"与"土地及相关农业资源的获取、使用、控制和利益"是如何影响和被影响的……调查显示，要了解妇女获取、使用和控制土地的"实际战略"，需要有更多深入研究，才能真正了解农村妇女是如何应对和克服她们日常生活中面临的制约因素的。其中一个问题就是，有必要质疑现行土地政策中的相关规定，即由国家实施的法律能够保障农村妇女的平等权利和改善生活水平。显然，虽然妇女在获得和控制土地方面享有合法权利,但事实上情况要复杂得多,因为司法系统保障成文法所规定权利的能力不能被视为理所当然。

针对土地法的辩论中,有一个重要的问题就是关于习惯权利的原则、适应性及其与环境有关的做法存在的地方差异。法律在一定程度上承认习惯规范和权利,即使不承认,习惯法在实践中也将继续规范人们与土地的关系。习惯法与成文法的互动方式必然会对妇女的土地权产生影响。

以现有资料为基础,可以区分出五种不同的习惯制度,它们在管理着当代莫桑比克境内土地的使用和控制。在赞比西河(非洲南部)以北省份,最初以母系继承和传承为基础不断变化和混杂的制度,至今仍然为获得土地、婚姻有关的决定和通过继承获得土地的权利提供一个框架。在地方一级,这些母系统具有非常高的灵活性和适应性。

对土地的分配和控制在很大程度上属于由男性主导的领域,甚至在母系社会中也是如此。但是,在经济作物作为重要收入来源的地方,男性对资源的相对权力和控制权似乎变得更强。所以,自殖民时代以来,政府当局似乎无法或不愿理解女性权力在母系群体结构中的作用。实际上,在传统母系群体,当前变化和适应过程中的一个关键点是,国家在地方社区与国家机构代表之间的互动中所表现和认可的权威和权力形式。这些问题和挑战还包括执行1997年版《土地法》。

在南方各省,以父系继承和传承为基础的制度占主导地位,妇女的土地权是次级权利。妇女获得土地和土地使用权的主要途径是结婚和投资已婚夫妇定居的土地(传统上是在丈夫的家庭或世系土地上)。由于妇女的土地权利被视为这个系统内的次级权利(获得而非被赋予),妇女主张自身权利的能力可能取决于具体情况,也是可以协商的。

过去几年基于社区的研究也表明,当地土地系统的多样性远远超过现有学术研究所要求的范畴。在一定程度上,这种多样性在农村妇女的现状中得到了印证。她们质疑男性对权力的要求,主张妇女在土地管理和粮食生产方面具有权威性,土地权特别是农村社会的土地权与生计密切相关。在地方一级,妇女的生计权往往被视为"间接"(或次要)土地权。因此,她们通常需要通过谈判和男人的同意才可获得。作为家庭、血统或社区成员，妇女个人提出的部分土地权可以正式确定为财产权。可见，如何保障传统（和非正式）的生计权是一个必须解决的挑战，因为随着新土地法的实施，土地产权形式越来越正规化。

随着新的家庭法的颁布，莫桑比克妇女平等土地权的法律框架基本确立。然而，在实践中，结构性、文化和物质方面的限制仍然可能限制妇女获得和控制土地与其他资源。现行立法也是一种承认习惯权利和法定权利的混合体。不过，关于这种混合的法律和做法是如何实际影响妇女获得土地的权利，人们对这方面的了解还不多。因为，这部法律目前的重点是促进土地权利领域的市场机制的完善，并没有充分考虑到与妇女实际使用土地的方式（比如继承）等相关的关注和问题。

今后的关键问题将是妇女的利益如何在地方和国家重建"习惯规则和实践"中得到体现，妇女在执行《土地法》方面的实际参与情况，以及实践中妇女能多大程度上主张立法中规定的正式权利。

土地法的实施为解决性别问题做出了真正的努力，并规定了男女拥有平等获得土地的机会。正如下面我参与的个案研究中所看到的那样，这一结论是土地领域的一个共同主题。

13.3 土地性别问题立法改革个案研究

我曾参与东非区域若干国家——卢旺达、索马里兰、坦桑尼亚和乌干达——的土地权、土地使用、土地交易和自然资源管理方面的法律的起草或提供咨询服务。本章有机会回顾在起草法律条款期间为改善妇女获得土地的机会所做的努力、存在的障碍以及可以采取的不同做法。在此，我将重点讨论我过去14年参与卢旺达、坦桑尼亚和乌干达三个国家法律起草的情况。①

---

① 我还参与了索马里兰的土地政策和法律改革，但妇女土地权问题尚未列入土地政策进行讨论。

13.4 初步的和基本的法律问题

一开始，必须确立一些基本的法律支撑点。首先，妇女获得土地的问题涉及范围非常广泛，我们必须明确妇女获得土地这一主题的范围。例如，在土地改革方案中，妇女可以通过公共权力机关分配而获得土地。妇女获得土地的其他情形还包括：在土地保有权改革方案中做出的土地裁定；或作为法律执行的结果，如婚姻导致的共同所有权；或做出司法决定，撤销歧视性土地交易，或命令转让土地或以房屋清偿债务，或作为离婚解决办法的一部分；或经由租赁或销售进入市场；或作为礼物赠与或遗产赠与。在继承的情况下，可能通过遗嘱或通过法律的执行而产生继承权；如果没有提及遗嘱，或没有遗嘱，则根据习惯法而自动继承。

其次，我们必须考虑妇女失去土地或被剥夺土地的问题。最有可能发生的情况是，她们要么受到来自非官方的压力而被迫放弃土地，要么被暴力剥夺土地，但这些土地却都是她们依法有权享有的。关于同意交易的问题将在下文有关卢旺达、坦桑尼亚和乌干达情况的相关阐述中讨论，在此不做讨论。针对上述两个问题，法律上早已存在解决办法，但关键在于如何应用和执行法律。

最后，东非区域国家法律制度的多样性使得妇女获得土地问题进一步复杂化。根据成文法、伊斯兰法和习惯法，某些获取土地的办法或许可行。但同样，这些法律中的任何一条都能够废除某种土地获取方式。在一个拥有多种法律制度的国家，一种法律允许以某种方法获取土地，而另一种法律又对此作出禁止规定。而在一国所有的法律中，最重要的是宪法。宪法就一定比其他法律都重要吗？如果它不规定性别歧视为非法，则不一定。

13.5 着手起草法律

因此，通过起草法律来改善妇女获得土地，限制或防止妇女"失去"

土地，绝不是一项简单的技术行动。土地政策一旦开始被执行，就具有实际的效力。这意味着什么？土地政策如何执行？在什么情况下应适用什么制裁方法？有多少方法是可选的，又有多少方法是必需的？

13.6 宪法是起草法律的基础

因为要讨论法律起草工作，所以我将尽力探讨一些基础和根本性的法律问题。从逻辑上讲，我们从宪法开始。我将侧重于我曾经参与起草过土地保有权法律的三个国家——卢旺达、坦桑尼亚和乌干达——它们关于妇女权利的规定非常不同。卢旺达《宪法》第9条规定，国家承诺遵守某些基本原则，其中有一条规定了所有卢旺达人一视同仁和男女平等，比如，要确保妇女至少获得决策机关30%的职位。[①] 卢旺达《宪法》第11条规定，"此外，基于任何形式的性别歧视，或任何形式的其他歧视都将受到法律的禁止和惩罚"。第29条规定，"每个人都有拥有私有财产的权利"。第185条设立了一个性别监测办公室，其职能包括"监测并确保两性平等方案中性别指标的遵守情况"。毫无疑问，卢旺达《宪法》对两性平等的承诺使得在土地保有权法律中特别提及妇女的权利变得容易得多。

坦桑尼亚《宪法》在确保两性平等和妇女权利方面却有些模棱两可。坦桑尼亚的《宪法》第12条规定："所有人都人人平等。"第13条也规定法律面前人人有权不受歧视地得到保护，享有平等。然而，关于"歧视"的定义却没有提到性别，也没有将其为禁止歧视的理由。此外，坦桑尼亚《宪法》的这一部分或任何其他部分都没有将任何习惯法规则排除在禁止歧视的范围之外。

坦桑尼亚《宪法》第24条规定，"在不违反土地相关法律规定的情况下，每个人都有权拥有财产"。宪法中经常使用"不违反……"条款，但这是一种模糊的表述。有关土地的法律不能与宪法相抵触。因此，在

---

① 由于没有关于男性的同等规定，似乎没有什么可以阻止由100%的妇女组成"决策机关"。

坦桑尼亚，一项允许强制取得土地的法律只要适用于所有土地持有者，就符合宪法，也就符合第12条，即不歧视妇女拥有土地。然而，性别歧视并没被列入第13条，换言之，没有在宪法层面上规定禁止性别歧视。

乌干达《宪法》在其关于妇女权利的规定中超越了卢旺达或坦桑尼亚。乌干达《宪法》第33条规定，妇女享有与男子平等的权利，包括政治、经济和社会活动中的平等机会。妇女有权采取平权行动，以纠正历史、传统或习俗造成的不平等。那些反对妇女福利或利益的法律和习俗是宪法所禁止的。与这里提到的其他两部宪法不同，乌干达《宪法》有关于土地和环境的专门章节，但该章中没有关于妇女土地权利的相关规定。

尽管如此，必须强调的是，宪法只是起草其他法律的起点。宪法很少规定必须颁布某项具体的法律。尽管乌干达《宪法》规定其1998年版《土地法》必须在1995年《宪法》出台后两年内颁布，即在1998年6月30日之前颁布，但是，对于一个法律起草者来说，《宪法》的规定是反面立场："我不能那样做，因为宪法不允许"，而不是"我必须这样做，因为宪法规定我必须这样做"。因此，在实践中，尽管乌干达的《宪法》在当时比较先进，但宪法并不总是对其他法律起到推波助澜的作用，下文将对此作进一步解释。在官方文件方面，更重要的是与土地有关的具体政策文件。在我所关注的三个国家中，有一些非常有趣的对比。

13.7 卢旺达——澄清问题

卢旺达的法律在"第3章：土地问题"中制定了详细和全面的土地政策，既处理了土地法不完善的问题，也处理了对妇女不利的土地保有制度的问题。关于第一个问题，该土地政策的结论是"有关土地的法律是分散和过时的。必须要加以更新并汇编成一部适用于卢旺达所有土地

215

使用者的法律。"①

关于妇女的土地权问题，该土地政策总结了习惯法的规范和做法，特别是在继承方面的做法："土地所有权是男子的特权，土地权由父亲传承给儿子。因此，女孩们被排除在家庭土地继承权之外。"② 有人还提到了1999年颁布的《继承法》。该法律指出，根据民法，所有合法的儿童应平等继承，而不得对男性儿童和女性儿童有任何歧视③，所以土地法中的土地继承应该参照本法。④

关于一般原则，该土地政策的原则是："根据所有公民平等的宪法原则，所有卢旺达人都不受任何歧视地享有同样的获得土地的权利。"对这一原则的解释专门明确提到妇女不被排除在土地取得、土地征用、土地控制和继承家庭土地的过程之外。关于法律方面，该土地政策规定："统一的法律将准确界定所有权契据持有人的权利和义务。"⑤ 早些时候，该土地政策相当明确地表明，习惯保有权没有为租户或国家提供任何经济优势，已经过时，应被成文法和长达99年的长期租约的登记所有权所取代。

根据《国家土地政策》，2005年颁布的《土地编制法》规定了适用于卢旺达所有土地的一般性原则，并明确指出，该法律的内容主要是一项土地所有权改革方案，特别是习惯所有权将被成文法所规定的所有权取代。⑥ 其第4条规定，"禁止在与土地所有权或与土地所有权有关的事

---

① Rwanda Ministry of Lands, Environment, Forests, Water and Mines, op. cit., 16.
② Rwanda Ministry of Lands, Environment, Forests, Water and Mines, op. cit., 16.
③ Article. 50, Matrimonial Regimes, Liberalities and Succession Law 1999.
④ NLP, para. 3. 5.
⑤ NLP, para. 5. 10. 2.
⑥ 虽然《土地编制法》没有明确规定习惯保有权正被成文法所取代，但其第5条表明："任何人或具有法人资格的协会，如通过习惯保有权拥有土地，或从主管当局取得土地，或购买土地，均可根据本法的规定，以长期租约方式拥有土地。"这似乎是说，习惯保有权下的土地所有权将被《土地编制法》规定的土地租赁所取代。另见《宪法》第201条，该条规定，"只要成文法尚未取代，不成文的习惯法仍然适用……"这种取代不一定是明示的。实际上，同任何其他非洲国家一样，它们都试图以新的法定保有权取代习惯保有权。虽然这一新的规定在当地基本上被忽视，但是随着时间的推移，却会导致混乱、困难和不公正，因为习惯的"所有者"会被那些更了解和擅长利用法定制度而获取土地的人所取代。

项上出现任何基于性别或出身的歧视。妻子和丈夫对土地享有平等的权利。"①

有人认为，《土地编制法》将由一系列次级法律充实，这些法律将说明如何在实际中实施一般性原则。我在英国国际开发署的角色，对卢旺达土地改革进程第一阶段提供支持，包括协助政府执行《土地编制法》和推进土地保有权改革方案，提出一系列必要的法律建议，以实施《土地编制法》和起草一些最基本的法律。但是，这项工作并不容易。《土地编制法》的许多规定并不明确，特别是其规定的某些权利的具体性质更不明确。关于妇女权利，虽然《土地编制法》明确规定禁止歧视，但其他相关法律的规定，特别是有关婚姻的法律规定，使《土地编制法》在妇女权利实际适用方面问题很大。我在这里讨论一些重要问题。

《土地编制法》包含一些关于家庭成员同意交易的重要条款，主要包括：(1) 共同拥有人；(2) 关于配偶，即合法结婚的配偶。因此，其第35条规定，"家庭代表出售、捐赠或交换土地等土地权利的最后转让，必须事先征得家庭所有其他成员的同意，这些成员是这种权利的共同所有人"。这里有几个问题。首先，如果家庭成员是土地的共同拥有人/承租人，则该家庭成员将是任何交易的一方，因为他们共同拥有土地。他们必须在任何转让文件上签名。如果这种同意有任何效用的话，就必须适用于所有家庭成员，特别是那些非共同拥有土地的配偶。但如果《土地编制法》第35条也被认为是确定的，也就是说，它本身就涉及同意问题，那么要使这种同意条款有效用，就需要对《系统土地法》进行修订，规定不属于共同所有人的配偶必须在土地权利转让文件上签字方才有效。另外，如果第35条可以被认为属于说明性质的或非排他

---

① 本书参考的是《土地编制法》的英文版本，但其卢旺达语版本使用了"男人"和"女人"这两个词，这两个词有很大的不同。《宪法》第5条规定，民族语言为基尼亚卢旺达语，但官方语言为基尼亚卢旺达语、法语和英语。《宪法》或《土地编制法》都没有规定，如果三种官方语言之间存在语义冲突，将优先使用哪一种官方语言。这似乎意味着所有官方语言都具有相同的地位。但如果这样，将来可能会遇到问题。关于如何解决这些问题的例子，可以参见《南非共和国宪法》第240条："如果宪法不同文本之间有不一致之处，应以英文文本为准。"南非有11种官方语言。

性的条款，也就是说，因为只有共同所有人才能为其他情况留出"空间"，那么总统法令也才可以要求对不属于共同所有人的配偶告知拟议的交易及其影响，并必须向交易方提供知情同意。但是究竟哪种解读是对的，没有相关指导说明。这与根据《继承法》在财产分离制度下结婚配偶有极强的联系，如果采用对第35条的限制性解释，对于那些没有土地的配偶（通常是女性）来说，她们的配偶有财产权且进行土地交易时不征得她们这些无地配偶的同意，那么就可能会损失很大。所以，无论如何，她们也必须有交易的知情权和同意权。

第二个问题是指合法结婚的配偶。就像人们不得不假设的那样，如果这一概念与1999年《婚姻制度、自由和继承法》中的概念相同，那么正如罗斯（Rose）指出的那样，大量的"非法"婚姻导致的"非法"配偶将被排除在法律保护之外。[①] 这一假设必须被认为是正确的，因为1999年的法律与《宪法》第26条规定一致，只承认男女一夫一妻制婚姻。安瑟姆等人（Ansoms & Holvoet）提请人们注意"非法妻子"在土地继承方面的脆弱性，以及《土地编制法》未能对非法婚姻的情况提供任何解决办法。如上所述，《土地编制法》第4条明确禁止与土地所有权和与土地所有权有关的任何事项基于性别的歧视，其英文版本也称"妻子和丈夫对土地享有平等权利"。这一版本的法律提出了许多问题，其中许多是关于婚姻和家庭以及土地权的重要政策问题，这些不适合在本章中讨论。不过我们要指出的是，《土地编制法》这种模棱两可的表述，使得通过立法起草而达到充实法律原则和规定的目的更加困难。对我来讲，这留下了不少悬而未决的问题，比如《土地编制法》规定，丈夫和妻子将成为新法律制度下的任何土地的联合承租人。但同样重要的是，这一最初的假设是否会被后来的发展所证实。

最后，《土地编制法》非常缺乏有关妇女获得土地权利的重要条款。主要存在三个方面的不足。第一，应在法律中更详细地说明妇女在土地委员会和土地管理与解决争端的其他机构所占比例，这是宪法的一般规

[①] Rose, op. cit., 243; Ansoms, A. and Holvoet, N. (2008) 'Women and Land Arrangements in Rwanda' – a Gender – based Analysis of Access to Natural Resources in a Context of Extreme Resource Scarcity and Societal Disruption in Englert and Daley, op. cit. 138 – 157 at 142 – 144.

定,以确保其得到有效执行。第二,作为限制自由裁量权的一般行政程序和按照适当方针指导决策的一般行政程序,法律中应该有具体的标准,要求决策者特别考虑到妇女(尤其是寡妇和单身母亲)的权利、需要和能力,以获得和保留土地,从而维持其本人及家庭的生计。第三,作为对同意条款的支持和补充,对于那些没有征得同意的土地交易,有必要确保其目的不是剥夺女性配偶或女性家庭成员本来有权拥有的土地。也就是说,这种交易不是出于其他原因,而是试图规避防止歧视妇女土地权的法律。

卢旺达法律起草工作的首要问题是,《土地编制法》能在多大程度上在土地立法方面起到宪法作用。因此,次级法律和总统及部长法令不能扩大法律的范围。我在卢旺达工作的时候,这并不是一个问题。但最根本的一点是,在宪法、国家政策文件和有关法律中广泛的一般性表述只是为改善非洲国家妇女获得土地的法定法律框架迈出的第一步。还存在两个关键问题:第一,没有更详细的法律来规定如何适用这些原则,因而这些法律并不能发挥实际作用;第二,不承认用成文法取代习惯法,但并不会阻止习惯法在当地继续运作,而且法律必须承认这一点,并为此作出规定,否则这将不可避免地导致成文法与当地法律之间的分道扬镳(就像在肯尼亚一样)。[①]

13.8 坦桑尼亚[②]——高度政治化的环境

下面,我们看看坦桑尼亚的情况。它同样也有一个全国土地政策,其主要的土地法律均以此为基础。[③]《全国土地政策》明确规定女性的土地权利,但留有两个小问题:

---

① Migot – AdhOrganic Land Lawa et al., op. cit.; Kibwana, 'Efficacy of State Intervention'.
② 我在 McAuslan (2003) *Bringing the Law Back In*, op. cit., 245 – 274. 讨论了我起草坦桑尼亚土地法的路径。这一章主要基于 (1998) *Development and Change*, 525 – 552 同名文章。本节主要侧重于妇女权利问题,并在 2003 年以后的出版物加以了考虑。
③ Tsikata, op. cit., 149 – 183 是一篇出色的、彻底的、不偏不倚且信息丰富的改革进程文章。我对它的主要批评是,它没有把对法规内容的批评与国家土地政策联系起来:这些法规努力使国家土地政策生效。

东非土地法改革：传统抑或转型

为了加强和保障妇女获得土地及其所有权，将赋予妇女通过购买和分配而获得土地的权利。然而，宗族或家庭土地的继承将继续受习俗和传统的制约。①

夫妻之间的土地所有权不受立法约束。②

把夫妻之间的继承权和土地权排除在任何法律改革之外，也就是把土地权的两个主要领域排除在外，而这两个领域的改革最有可能使妇女受益。因此，国民议会批评国家土地政策在这方面不够完善。关于继承权的声明受到坦桑尼亚女律师协会的批评：此处所引用第二段提出的问题显然是出于无知，因为自英国殖民统治开始以来，坦桑尼亚就有关于夫妻财产关系的立法，包括最近的此类立法——1971年的《婚姻法》，实际上在这一问题上都是相当自由的。

我在坦桑尼亚的法律起草工作开始之初，就准备了一份议题和备选方案的文件，列出了我认为可能是执行国家土地政策的新法律的内容。这份文件指出，虽然《国家土地政策》必然是土地法律的主要来源，但总统土地事务委员会也将是又一主要来源。总统土地事务委员会常务秘书迅速要求我对此负责。我认为，《国家土地政策》才是我应该使用的政策文件，因为《国家土地政策》从总统土地事务委员会获得了政府认为最有用的东西。总统土地事务委员会的报告只有在国家土地政策存在明显空白时才能使用。③

在妇女权益方面，《国家土地政策》比总统土地事务委员会的政策更加彻底，后者几乎谈不上改革。总统土地事务委员会基本上没有涉及性别问题，因为他们认为这些问题不属于他们的职权范围（当然，这本身是一个明显的遗漏）。而且，在任何情况下，与土地法律问题相比，他们更关注继承问题。就总统土地事务委员会解决这些问题而言，它反对利用法定改革带来法律上的变化，希望采取循序渐进的方式，将习惯

---

① United Republic of Tanzania (1995) *National Land Policy*, Dar es Salaam, para. 4.2.6.
② Ibid., para. 4.2.6.
③ 总统土地事务委员会和该部之间有过不和的历史。该部认为，它是宪法规定的总统和内阁在土地问题上的顾问，总统土地事务委员会的报告必须通过它提交总统。总统土地事务委员会的想法却与此相反：由于它是由总统任命的，它必须直接向总统报告。

法带到正确的方向上来。总统土地事务委员会主席[1]认为,最好将性别问题纳入更大的土地保有权改革问题,且从下层推动传统走向民主,而不是从上层强制变革,这样女性才能从中受益。总统土地事务委员会及其主席的做法都受到了妇女团体的批评。例如安娜(Anna Tibaijuka)[2]批评称,该委员会在性别关系上选择了维持目前现状,但在土地所有权改革的其他方面却呼吁并提出极端激进的建议(顺便提一下,这些建议将由法定改革"自上而下"实施)。由社区发展、妇女事务和儿童部委托进行的一项专门收集社区对性别问题的意见的研究发现,妇女对土地所有权的可能性以及获得充分的土地权利热情非常高。她们倾向使用法定法院做出具有约束力的决定,而不是使用传统的争端解决机构,她们主张在决策和裁决机构中享有平等的代表权。

施芙吉(Shivji)辩称,总统土地事务委员会九名委员中有一名女性委员,但她不是该委员会中支持妇女权利最积极的成员,而主张妇女权利的女性主要是"城市中产阶级女性",但她们不了解农村一级的生产制度,农村妇女也不能控制自己的劳动成果,真正的问题不是缺乏土地所有权,而是缺乏土地。[3]

正如我们所看到的,坦桑尼亚国家土地政策只对妇女的土地权作了一些一般性的表述,但却缺乏实质性内容,它不像卢旺达那样有更多关于妇女权利的相关细节。因此,我相对自由地制定了一套立法提案,以赋予《国家土地政策》所阐明的原则一些实质性内容。我谈到了程序性和实质性问题。我在多个方面建议,在考虑分配或处置土地时,与土地

---

[1] Shivji, I. G. (1998), *Not yet democracy: reforming land tenure in Tanzania*, Dar es Salaam, IIED/Hakiardhi 83 – 92.

[2] 她成为 2000—2010 年联合国人居署执行董事。

[3] Shivji, (1998) op. cit., 86. 总统土地事务委员会完全由城市学者、政党官员、议员和公务员组成。似乎可以公平地指出 Shivji 主席的评论的明确含义:他和他在总统土地事务委员会的男性城镇同事们对农村妇女的土地权利有所洞察,而城市妇女没有。但是,这是一种非常不可能的情况。也许,对总统土地事务委员会关于妇女土地权利的立场最好的评论是,他们对自己知之甚少,且没有委托或考虑到任何关于这一主题的现有研究。反之,他们就会发现妇女们关于土地的各式各样的立场和观点,这也反映了该国不同地区的不同经济社会状况。在此,特别想请大家阅读一下 Ikdahl, I. (2008) ' "Go Home and Clear the Conflict": Human rights perspectives on gender and land in Tanzania', in Englert and Daley, op. cit., 40 – 60.

管理有关的人应特别注意妇女的需要。乡村一级在设立任何争端解决机构时，妇女必须包括在其组成人员中，与个人习惯占有权有关的土地裁决必须特别注意妇女的利益。关于法案草案的第一次研讨会不太热情地同意了这些建议。第二次研讨会比较沉默地批准了这些建议。此后，不同妇女团体发起了一场强有力的、相当成功的运动，它们在我上述建议的基础上再接再厉，对最终颁布的1999年《土地法》和1999年《村庄土地法》感到相当满意。[1]

回顾我15年来在坦桑尼亚的种种努力，我想要得出的主要结论是，起草人在起草一项法律时拥有广泛的酌处权，因为该法律所依据的政策文件非常广泛和笼统。总统土地事务委员会很少或根本没有努力尝试修改法律草案中涉及妇女土地权利的部分。一个起草人是否应该拥有如此广泛的酌处权有待讨论。但如果是由施芙吉主席领导的一个小组负责起草新的土地法，妇女们的权利就不会做到现在那样突出，这并非不合理的假设。对于土地专员，人们也可以得出同样的观点，因为只是向妇女解释了法律在促进她们的权利方面取得了多大的进展，然而，归根结底，这些法律只是提供了一个基础。妇女们可以为更大进步而努力。这些法律过去没能也永远不可能取代为改善妇女土地权益而在政治、社会和经济领域所采取的行动。

13.9　乌干达——技术和法律挑战

下面，我们讨论乌干达的情况。从某些方面而言，乌干达可能是三个案例中最有趣的一个。[2] 我于1998年5月参与起草了乌干达1998版《土地法》，并于1999年3月返回乌干达，担任受英国国际发展署（DFID）资助的水、土地和环境部"土地法实施部门"（LAIU）高级技

---

[1] Tsikata, op. cit., 173-177. 1999年，我在日内瓦的一次住房权会议上偶然遇到了坦桑尼亚某主要妇女权利团体的领导人，她对我的努力表示了感谢。时任土地专员是一名妇女，她还告诉我说，她从这些妇女团体处得知，妇女们在土地法草案的内容和妇女权利方面受到非政府组织的严重误导。当向她们指出正确的情况时，她们看到法案在多大程度上体现了她们的关切。

[2] McAuslan, (2003) Bringing the Law Back In, op. cit., 第12章和第13章充分讨论了我在乌干达1998版《土地法》的工作。本章只是讨论妇女的土地权问题。

术顾问。

在我的记忆中，有一项关于妇女土地权利法案的修正案没有达成一致意见。大多数女议员声称该修正案已经通过，但在最后激烈的辩论中[1]，该修正案不知何故成了漏网之鱼。土地法案在最后期限的7月2日获得总统批准并随后得以公布，但修正案并不在其中。时任议长（他是在该法案通过议会的过程中成为议长的，此前曾担任国土部部长，曾在议会发起该法案）对妇女们的关切表示同情，并明确表示，如果能够表明该修正案确实已经通过，他将向第一议会律师证明所犯的错误，并将公布一份更正文件，将该修正案纳入土地法案。委员会主席在土地法案通过议会方面发挥了关键作用，他明确表示支持这项修正案，并愿意在必要时采取正式方式通过已商定的内容。问题是，似乎没有确凿的证据表明该修正案正式被提议过，更不用说通过了。在辩论的关键时刻，该修正案的提议者不在会议厅，去忙其他事去了，因此实际上并不清楚修正案是否被正式提议过。

此事件的另一个版本是，该修正案没有被正式提议过，因为内阁没有正式表示接受该修正案，而这是任何此类修正案被正式提议之前所必经的程序。第三个版本是，核心小组的确是由那些不喜欢妇女修正案的男性议员组成的，他们通过各种幕后手段确保它没有出现在该法案的公布版本中。在我于2000年1月出席的一次会议上，修正案的提议者承认，她对修正案未能通过负有责任，因为她不了解议会程序，所以她没有在众议院通过国民议会正式提出修正案。

在LAIU工作期间，我曾参与起草了一项关于妇女土地权利法案的后续修正案。在此过程中，我会见了相关部委的部长（原修正案的提案人，后被任命为部长）以及那些迫切要求恢复原修正案的各组织成员。一个重要的问题是，该修正案是否应规定配偶为共同租户或家庭住宅的共同租户。我在对最终商定的拟议修正案的评注中简明扼要地阐述了这两类租赁所有权的区别及其重要性：

---

[1] 1998年6月的最后一个周末，为确保法案在宪法规定的6月底之前获得通过，议员们晚上也被迫待在议事厅。

第17条是第40A款中一条新增内容，规定配偶有权享有家庭住所及将土地作为生计或主要收入来源。该条规定坚持了"Matembe"修正案的主旨，并充实了内容。配偶是假定共同所有人，而不是真正共同所有人。主要区别在于，假定共有人可以在不影响另一方份额的情况下处分自己那部分财产。而真正共有人可以在另一方不在场的情况下处理全部财产。

共同租赁将有助于男性伴侣在其女性伴侣背后处理所有家庭住房和土地，而共同租赁只会给每个伴侣一半的家庭住房和土地份额。因此，有必要通知潜在的买家或贷款人，让潜在的买方或贷款人可以核实双方是否同意进行交易。

在国民议会通过土地法案时，乌干达总统非常支持旨在加强妇女土地权利的修正案。然而，在一年后的1999年年中，他的立场出现了180°的大转弯，他宣称任何此类修正案都将威胁乌干达的社会和经济稳定，他将会在国内关系法中处理这一问题。最终，2004年《土地法（修正案）》的第39条引入并颁布了一项规定，以改善配偶的土地权利。除其他规定外，该条在第4款中规定了"配偶同意"，如果交易未获得同意，那么即使无辜的买方也要承担相应损失：交易无效，买方唯一能做的是从卖方收回所付款项。然而，该项修正案违反了普通法的基本规则之一，也就是，即使卖方没有合法出售的权利，只要货物或土地购买者能够在公开市场上有诚意地购得良好的所有权，采取的补救措施要针对不诚实的卖方，而不是无辜的买方。因此，不出所料，这项规定也不被商业组织欢迎。

2006年，我参与起草了乌干达的一项新的抵押贷款法项目。在处理配偶同意家庭住房和土地抵押贷款问题方面，我是根据经修订的坦桑尼亚抵押贷款规定起草的，而这些条款又重复了我1999年起草的相关条款。正如前文第8章所述，它们已经被一家伦敦金融城公司采纳，重新起草了抵押贷款法，以便对银行更加友好。然而，乌干达的银行借此机会非常强烈地反对任何此类规定，特别反对经修订的新《土地法》的第39条第4款。他们声称，如果不改变规定，他们就很难为住房所有权提供贷款。妇女团体为这项规定进行了辩护，理由是必须反对使妇女处于不利地位的交易，即便以牺牲土地市场的顺利运作为代价也要反对。我也对这条款提出了一些修改，试图在避免部分不利因素的情况下保持它的主要内容。然而，尽管各方都一致认为早就应该出台一项法律来取代始于阿明总统时期的抵押贷款法案，但该法律最终没有得到执行。

不仅如此，土地市场可能也会受到2004年《土地法（修正案）》的干扰。我在乌干达期间拜访了该国土地部的一位官员，试图了解关于"配偶同意"的新条款是如何运作的。她对我讲述了一个关于某女性没有同意一项交易的令人痛心的事件。而一周后，该女性又再次到她办公室，撤回了对那项交易的反对意见。很明显，那名女性是家庭暴力的受害者，不会对暴力伤害提出任何投诉。[1] 这个事件只是关于是否同意交易的问题。还有一些妇女团体强烈主张重新考虑法律条款的其他方面。妇女团体倡导的联名租赁与我建议的分权共同租赁不同。我在2000年离开乌干达后不久得知，一些城市中产阶级妇女对联名租赁有了新的想法，她们正在购买房产为开店及出租所用。她们开始动摇，是否应该将她们所有的努力和成果分享给那些也许并没那么努力的配偶？

特里普（Tripp）[2]的观点也表明，乌干达妇女正在采取个人和集体的战略来主张她们的土地要求。她们愿意挑战习俗，旧习俗剥夺她们在正式法院（她们更愿意选择不太正式的地方议会法院）和地方一级土地管理协会获得土地权利，她们以自己的名义购买土地。特里普如此概括道：

---

[1] 值得指出的是，英国土地法中最令人担忧的领域之一是，一方背着配偶或配偶被迫同意而获得贷款方面关于同意的问题及其不当影响，由此也引发过无数起案件，直至上议院即前英国最高法院。银行自然抵制任何将义务强加给他们的企图，以确保获得配偶真实的同意。英国法院提出的"解决方案"是将这样的义务强加给当事人，然后在很大程度上关注律师是否提供真正独立和有用的建议。在修订的《坦桑尼亚抵押贷款法（草案）》和我起草的《乌干达抵押贷款法案》中，我都试图通过一些条款来确保同意必须是知情同意，且配偶双方都应该对拟议的贷款有自己独立的意见。

[2] Tripp, A. M. (2004) 'Women's Movements, Customary Law, and Land Rights in Africa: The Case of Uganda', 7 *African Studies Quarterly*, 1–19.

妇女购买土地、获得土地所有权、向法院提出索赔，并组织围绕立法的集体抗议等一系列行为都表明抵制习俗的运动并非只有城市精英女性。女权主义律师和妇女权利活动家主张妇女的土地权，这也与农村妇女最基本的关切产生了深刻的共鸣……妇女运动正在展现一种关于土地保有权和性别关系的愿景，而这样的愿景也挑战了某种虚幻，即传统安排能够以她们知悉的方式充分保护她们的福利。

这在许多方面与坦桑尼亚妇女团体所采取的立场非常相似。

13.10 汲取经验教训

作为一个法律起草人，回顾我在上述三个国家十五年多的经验，我可以汲取什么教训？我犯过什么错误？有哪些做法可以改进？

13.10.1 与妇女和妇女组织共事

事后看来，我在开展工作时没有充分确保妇女和妇女团体密切参与起草工作。我在坦桑尼亚的支持小组都是男性，他们都是优秀的律师，但这不是一个性别均衡的群体。当我担任水、土地和环境部土地法实施部门（LAIU）的首席技术顾问时，我与乌干达的妇女团体和一些女律师密切合作，我在《土地法》方面的工作做得更好。然而，在起草《抵押法案》时，我没有任何这样密切的合作。在关于草案的研讨会上，妇女们批评该法案对修订后的《土地法》第39节的情况缺乏了解。在卢旺达，我的一位同行是一位女性律师，但她缺乏土地法和英语方面的经验，而我对她的语言也不懂，使得我们双方交流工作十分不方便。后来，这一语言问题变得更加突出。因为卢旺达正在向靠近英美法系的法律靠近，将远离比利时法语大陆法系。这既是卢旺达政府的决定，也是加入东非共同体的条件。草案起草语言和起草风格在普通法和大陆法系中有很大的不同，这将增加将有的土地法的一般原则转化为具体法律规

13.10.2　共同解决继承和土地问题

在整个关于法定改革和妇女土地权利的辩论中,最大的问题是土地继承问题。作为一个可以被称为教科书式的法律问题,土地法中规定的遗嘱和继承是两个不同的主题,在起草法律时通常是分开的。无论起草会议是否支持我的观点,我都坚持了这一做法。而现在回过头来看,这是一个错误,因为当时没有更努力地推动出台一部新的继承法和新的土地法。

现实世界中的妇女土地权现状是,她的配偶去世后,土地法带来的一切好处都可能会被破坏,即便土地法的目的是通过市场而促进妇女的土地权。② 坦桑尼亚从来没有对其法律改革委员会关于继承法的报告采取过行动,尽管该继承法是在20世纪90年代中期开始整个土地法改革进程之前颁布的。这绝非偶然。乌干达也在继承法方面遇到了问题。在种族灭绝后的新政府成立初期,卢旺达处理继承问题是正确的。虽然卢旺达在执行继承法方面有困难,但至少现在有相关法律,而坦桑尼亚或乌干达却没有类似法律。

另一个更深层次的问题是相关国家穆斯林群体的立场。乌干达和坦桑尼亚都比较注意这一点,而卢旺达人却不太关心。伊斯兰法律对妇女土地继承权有明确的规定,但却歧视妇女。如何处理一部基于宗教且歧视女性的法律,在上述任何一个国家都未得到解决。

13.10.3　程序规则与实际情况

我也认为,我对我写进法律的一些程序规则过于乐观了。主要有几

---

① Van Erp, S. (2002) 'A Comparative Analysis of Mortgage Law', in Jordan, M. E. S. and Gambaro, A. (eds) *Land Law in Comparative Perspective*, The Hague, Kluwer Law International, 69 – 86 esp. 78 – 84.

② Coldham, S. (1978) 'The Effect of Registration of Title upon Customary Land Rights in Kenya', 22 *Journal of African Law*, 91 – 111; Guyer, J. (1987) *Women and the State in Africa: Marriage Law, Inheritance and Resettlement*, Working Papers in African Studies No. 129, Boston, MA, African Studies Centre, Boston University.

个问题。首先，规定妇女参加某些委员会的百分比没有考虑到是否有妇女愿意和能够参加这些机构。怎样才能说服妇女参加竞选呢？起草一项法律不能做到这一点。某些人想当然地认为，妇女是愿意也有能力站出来的，她们的配偶也不会反对她们这样做。在城市地区可能是这样，但在农村地区可能就不是这样。立法强迫丈夫允许妻子参加委员会显然是不切实际的。其次，另一个问题与让女性参与公共事务有关。例如，要求土地委员会、其他专业委员会、地方法院等机构男性女性比例分别不少于35%是很容易的。但是，是不是土地委员会的每次会议都必须达到一定的出席率，否则就是没达到法定比例？是否可以立法不准在妇女不方便的时候举行会议，就像乌干达那样，从而回避要求妇女参加处理土地问题的地方委员会的规定？这些领域的法律不具强制性，我也没有提供任何机制来确保某些更高的机构有责任确保法律得到执行。卢旺达宪法规定设立一个性别监测办事处，负责监测并确保两性平等方案的性别指标的执行情况。在这方面，卢旺达做得比坦桑尼亚和乌干达好。这样一个办事处可能比设立向法院上诉的机制，甚至比坦桑尼亚和乌干达设立的特别土地法院或法庭，更能确保遵守旨在促进妇女享有土地权利的法律，因为监测办事处可以采取积极主动的措施，而上诉机制对上诉人来说是程序性的、缓慢的、昂贵的，且并不一定能够成功。

13.10.4 结论——迈向最佳实践

西卡塔（Tsikata）审慎地批评了坦桑尼亚总统土地事务委员会对待法定改革的态度，认为它违反了民主原则和权利。对于这个问题，我很高兴在这里引用一些比较智慧之看法：

> 享有文化习俗的权利正与不受以文化和传统为名的歧视性习俗威胁的权利对立起来。在涉及一个人生活的所有问题上参与决策的权利，即自下而上的方法，与拥有实质和形式上的民主权利相抵触。要求妇女等到习惯做法在其社会内部通过竞争演变成自己的习惯做法是剥夺她们公平的竞争环境，这是歧视性的……那么，对于任何法定干预所提出的问题就是，无论是剥夺国家的根本所有权，

还是改革歧视性的习惯法规则,如何才能让成文法更贴近普通人?如何鼓励以民主和公平的方式执行成文法?①

我非常同意西卡塔对希夫吉的批评,因为希夫吉反对通过立法开始改变妇女土地权利的进程。然而,认为起草法律可以提供一根魔杖来确保妇女拥有土地的权利,这也是一种谬论。诚然,新法律是政策执行和公众教育过程的重要组成部分。但是,如果不改变社会态度,无论新法律起草得多么好,都将难以实施。法律必须以有力的公共教育和宣传方案作为后续,这不能留给非政府组织和民间社会。政府也必须做出承诺。

在东非,本部分讨论的这三个国家在通过立法增进妇女的土地权利方面比该区域大多数其他国家做得更好。官方对妇女拥有土地的权利也有更好的接受度。但是,在中央和地方层面的实践都落后于法律和官方辞令。而且,除了卢旺达外,没有具体的提高性别地位的方案来执行这些法律。无论官方成文法如何规定,该地区所有国家的绝大多数公民都通过习惯法而占有、使用和交易土地,成文法在实践中对习惯法的适用非常有限。因此,无论制定了多少法律,无论执行得多么积极,结果一定是要实现东非男女之间的土地权利的充分平等,这仍然需要许多年的时间。尽管如此,在这里讨论的几个国家已经通过更进步的立法迈出了第一步。如果这几个国家的政府不允许的话,这一切就不会发生。这表明,已经有了一些积极变化的迹象。今后,该区域正在进行的类似土地改革进程的其他国家也可以向它们学习,这样,这种变化就有希望在全社会实现。

这三个案例和莫桑比克的研究都突出了土地关系中性别问题所引起的一个主要困境。现在,国家和社会都出现了非常明确的动向,要求恢复习惯法,这在国际层面也得到了某种程度的支持。一些人认识到,习惯保有权有相当大的优势;试图废除传统的土地保有制,代之以基于欧洲土地法和对土地的法定的土地保有制,这是一种误导,是一种反作用。相反,前进的方向应该是在传统使用权基础上进行突破,而非取

---

① Tsikata, op. cit., 179–180.

代它。

但是，非洲的女权主义律师和妇女团体通常不赞成这种方法，其出发点是：

> "习俗"被认为是一种社会制度，是一种社会关系，也是一种话语体系。从总体上来说，男人比女人拥有更多的权利……正是农村社会中权利关系的不平等在现代背景下发挥作用，导致了女性在个人所有制发展过程中丧失了对土地的所有权……这意味着，如果不扩大男女获得土地机会差，农村传统土地保有权就没法任其发展。必须自觉地管理应对相关变化，以便在农村妇女资源分配方面实现更大的性别公正。①

换句话说，国家需要介入并通过立法带来改变，而这仅靠传统是做不到的。但是，正如我们所看到的那样，"法律和合法性的正式论述的原则，诸如形式上的平等和个人权利等，在社会关系根深蒂固的习俗中很难得到体现"。引进这些原则和适用这些原则的正式机制将走上政府和捐助者现在正在放弃的道路。然而，特里普认为，妇女们准备在习惯做法方面与主流发展实践者和机构作对，并对这些做法提出挑战，这表明她们严肃地认为这些做法阻碍了她们的进步。

针对这种一新一旧的方法，怀特海德等（Whitehead & Tsikata）指出：

> 非洲妇女有很多理由对国家感到失望。许多国家都有抵制妇女要求的历史，妇女几乎不能在国家和地方各级参与政治事务。国家权力的主要拥有者不需要使用传统的语言来破坏性别公正和妇女的要求。

这样看来，无论妇女右派走哪条路，都会遇到阻力。无论她们是通过习惯法还是成文法来运作，她们都会被认为正在破坏法律和社会基础，她们应该接受她们的命运。另一种情况是，她们被要求为实现社会的普遍民主化而努力，因为这将使她们以某种不是很明确的具体方式在

---

① Whitehead and Tsikata, 98.

土地权利方面得到更大的解放。她们对这样的建议持怀疑态度是可以理解的，因为这样做不会让建议者付出任何代价，也会无限期推迟土地关系的真正改变。怀特海德等人的结论如下：

> 我们在讨论传统做法时所指出的危险表明，我们不能在土地问题上背弃国家作为妇女得到平等权利的靠山……非洲农村妇女不会发现在反国家话语的氛围中更容易提出要求。这是真的……女性发现在男性占主导地位的国家很难获得公正，但答案是民主改革和国家问责制……并非采取传统做法。更具体地讲，妇女的土地要求需要以一套微妙和高度敏感的政策话语和政策工具为基础，这些政策工具反映了土地要求的社会嵌入性、在这种关系中经常存在的性别不平等性以及非洲妇女的谋生权利。[①]

13.11 结论

上述讨论表明，解决土地关系中的性别问题有三种相互联系的方式：第一，妇女可以利用已有的传统制度和机构争取获得土地的机会或获得土地的权利，因为这些制度和机构在理论上已经提供了这些机会和权利。但是，在实践中不要总是让步，除非来自妇女团体的压力迫使她们不得不这样做。相当多的案例研究表明，这是一种可以带来积极结果的策略。但这种方式各不相同，难以一概而论。这种方式在可预见的将来会使绝大多数妇女处于目前的不利地位，对整个社会都有不利影响。

第二种方式是运用国家这个工具，启动法律改革的正式程序。现在有越来越多的法律规定范本可以加以调整，可以适用于不同的国家和不同的情况。许多国家已经开始沿着这条路解决土地关系中的性别问题，它们开始修改宪法、宣布性别歧视为非法等。因此，这毫无疑问不会破坏国家的社会基础。此外，各国还签署了许多关于妇女权利的国际公约，即软国际法。因此，现在不能把主张各国同时履行其国家和国际义

---

① Ibid.，103.

务的做法视为特别激进、不切实际或以城镇为中心。

现在，已成为一种将性别土地关系视为基于人权问题的方法，并要求各国对教育、法律和经济制度以及治理制度进行广泛改革。它们认为，土地法改革、共同所有权等只是第一步。没有广泛的法律宣传，没有对传统领导人的再教育，没有对妇女土地权利的肯定行动，没有对继承法、家庭法、抵押贷款和信用法等其他法律的改革，没有具体的国家监督和执行机构等，妇女的土地权利将无法得以实现。虽然有几个国家已经采取了其中的一些措施，但还没有任何一个国家真正做到位了。在这些建议中，是否有任何东西会像某些领导人所声称的那样，有可能破坏社会或损害经济呢？

第三种方式是利用市场购买或租用土地，用自己的名字登记土地，或在需要的时候借钱进行。乌干达的证据表明，这是越来越多的妇女所采用的一种策略。坦桑尼亚和肯尼亚等其他国家的证据表明，她们都愿意采取这个方法。通过运用土地市场，妇女们摆脱了传统的限制和政府对改革的反感。但请注意，在肯尼亚，即使已婚妇女用自己的钱购买了土地，土地也是以其丈夫的名义登记的。

妇女的财产和土地权利问题似乎没有任何单一或简单的解决办法。不幸的是，有证据表明，如果没有妇女本身不断施加压力，各国政府、传统习俗和国际社会就不会把漂亮话变成实际行动。"妇女人数占农业劳动力的70%，但大多数妇女不拥有或控制土地和其他自然资源。如果占非洲人口50%以上的妇女失去了发展，则非洲家庭失去了发展，甚至整个非洲大陆也失去了发展"，这没有任何争议。这是对偏见战胜原则的悲哀评论。

第14章 变革、传统或政治：改革概述

我们现在来看看是否能够得出东非这些国家改革方案的某种共同点。在导言中，我列出了与土地有关的正义概念的关键要素（空间正义及正义之城）以及罗尔斯（Rawls）和森（Sen）关于正义认识上的根本区别。我认为这对于本书中的改革方案的评估是很重要的。我解释了变革性改革和传统改革的区别，这反映了费恩斯坦对非变革性改革和革命性改革之间的区别，我打算用这种区别来评估过去50年来土地法变化的公正性，以后不再重复这一原则。

在谈到改革的公正问题之前，有必要详述改革的政治维度，导言也简要地指出了这一点。从政治层面讨论土地改革问题，曼吉（Manji）和伯内（Boone）[1]的贡献很重要，因为他们对这个问题采取了非常不同的方法，可以换一个角度理解这里提出的改革。

在我看来，曼吉采用了外部视角，而伯内则采用了内部视角。我的意思是，曼吉主要关心的是要讨论外部因素对土地改革方案的影响，比如捐助者、国际金融机构、外国顾问的影响，并将其与各个国家的人员和组织、政府部门、立法机构、非政府组织、个人等的影响进行对比。由世界银行领导并由各种国际专家和顾问实施的国际做法是，将土地关系正式化、私有化和个体化并在非洲各国开发土地市场，而非洲国内非政府组织、妇女团体、学术评论员则倡导非洲社会在土地关系方面需持

---

[1] Manji, op. cit.; Boone, op. cit., 75, 103. 这两本书都侧重于土地保有权的改革，而没有纠结城市土地利用规划法改革，因为在土地法改革时代，东非当然也进行了同等数量的法律改革。

续团结，但是这种倡导基于国际压力正慢慢被边缘化。她将二者进行了对比。她的书没有对正在引入的新法律的内容进行详细查证，重点是介绍这些新的法律是如何被引入的。

另外，伯内侧重于各国已经或正在进行的实际改革方案，并从这些不同的改革方案中推断出土地改革的三种占有主导地位的方法，而这些方法正在取代早期的后殖民土地管理方法，并支持两种不同类型的农村地方政府。她的论点如下：[1]

我们可以用两种基本类型来区分早期的土地制度。在第一种类型下，非洲各国政府利用其权力和特权来维护殖民统治时期即建立的土地保有制度，个人有权在地方当局——被国家制裁过——承认其为该地区土著居民的地方获得住房和耕种的土地。

在第二种类型下，各国政府通过支持和强制执行"土地耕种者"对其土地的主张，运用现代国家的权力对原有的权利、土地管理程序和土地分配机构提出挑战。

过去十年，许多非洲政府寻求改革土地法，以解决贫穷、公平、归还过去征用、农业投资及创新和/或可持续性等问题……

保有权改革影响到与公民身份、社区、社会不平等和政治权威有关的长期悬而未决的问题。这有助于解释为什么在许多正在向更民主的统治形式过渡的非洲国家，或经历了最近的政权更迭的国家，土地法改革的国内压力正在达到顶峰。

在这里，我们对比了三种土地改革战略或土地改革愿景，它们构成了政策讨论的两极：(1) 加强社区权利；(2) 促进私有产权；(3) 将用户权利制度化。

伯内在她的文章中提到了19个国家，其中5个在本书中讨论过（肯尼亚、坦桑尼亚〈大陆〉、乌干达、莫桑比克和卢旺达），有5个是西非法语国家。这19个国家中有12个国家颁布了新的土地法，有7个制定了土地政策，很快就有新的土地法。

---

[1] Boone, op. cit., 563, 564, 568, 569, 570.

第 14 章 变革、传统或政治：改革概述

伯内明确表示，她提出的土地法改革三方模式是一种理想状态，并不是所有的国家都会一成不变地采取其中某种模式。然而，往往在不知不觉中不可避免地会强加一种分析国家土地改革的特定模式，而这种模式在国家改革者心目中可能并非如此。因此，尽管我承认她的观点中土地法改革的内部政治因素以及分析方法都很重要，但我为了从整体角度看待本书所讨论的这些国家的土地法改革，更愿意从当地发生的事情着眼，并从中推断出结论。也许这就是普通律师和政治科学家的区别。[①]

作此说明之后，我继续对本书作一个概括。综观本书所调查国家的土地法改革，有以下几个特点比较突出。

第一，无论多么精心地用管制和法规加以粉饰，所有的改革都拥抱并促进了以现代成文法为基础的土地市场的发展和运作，从极端革命的桑给巴尔到市场友好的现代化卢旺达，莫不如此。不得不说，这与我十多年[②]来在写作中所持的长期观点相吻合，即国际社会推动了基于英美法律模式的国家土地法的同质化，以促进国际土地市场。我没打算要在本书中来"证明"这一理论。当我开始写这本书时，我不知道该期待什么，但现在回头来看，证据很充分。很简单，世界银行赢了。土地市场是国家土地管理的首选途径。曾有人试图像坦桑尼亚抵押贷款法一样来缓和市场的严酷，世界银行和国际社会则全力出击，"纠正"偏离原始市场原则的异常行为。在这种情况下，重要的是，肯尼亚国家土地政策提出的一些改革，确实表明肯尼亚正在摆脱不受约束的土地市场，而且似乎已经被 2012 年为实施新宪法中有关土地的一章而颁布的新法律所削弱。除土地市场外，还继续致力于产权登记和土地保有权的私人化，这也被视为市场的重要组成部分。

第二，对于在本书所涉国家土地关系中具有长期和同等作用的习惯保有权而言，可能是不祥之兆。我认为，这是一个必然结果。诚然，莫

[①] 我还认为，伯内的分析对西非法语国家的土地法改革给予了很大的重视，由于它们自己内部政治原因，它们关心区分外国人和土著人，这可能对她的分析产生了不应有的影响。

[②] 我第一次推出该观点是 2001 年在巴西 Belo Horizonte 举行的城市法律会议上发表的'"From Greenland's Icy Mountains, From India's Coral Strand" The Globalisation of Land Markets and its Impact on National Land Law'。

桑比克、坦桑尼亚和乌干达的土地改革法律以及肯尼亚新宪法中关于社区土地的规定有可能得到提升，但在所有案例中，这种提升可能都受到了习惯保有权登记的影响。登记即是对传统权利的法定正式承认，与传统的终身保有权相对立，就像在英格兰和威尔士一样，所有权的登记给这些国家的普通法永久保有权的性质带来了根本性的变化。传统使用权的登记只是万里长征第一步，将是一个漫长的过程，并对坦桑尼亚《土地法案》所规定的国家共同土地法的发展提出各种挑战和困难。本书所讨论的几个国家之间最主要的差别在这个问题上也许因为和理论相反，在现实中没有任何区别，比如卢旺达和桑给巴尔以及索马里兰城镇地区在某种程度上都在试图废除传统保有权，而其他国家虽然继续承认传统保有权，但并没有提供任何保护措施防止法定所有权的侵犯。

我并不是说，在今后十年左右的时间里，习惯保有权将会消失——它将在今后相当长的一段时间内继续支配农村地区土地占有者和使用者之间的关系。但是，就发展方向而言，它会同时受到来自外部（比如国际社会的"建议"、外来者获取农业土地等）和内部（比如精英阶层获取那些本身已经通过习惯保有权而持有的土地，中央政府继续参与土地管理等）的压力，以及面临性别平等的压力。当然，也确实没有人敢声称这种保有权形式能持续及长期存在。

第三，在审查国家的土地改革法律时，一个共同的主题是保持甚至增强中央政府的控制。这个特点也许更有争议。几乎所有的法律都规定或承诺将土地管理职能下放给下级机构——区、村、县等，但下放的权力有非常明确的限制。这一直是对坦桑尼亚改革持续批评的主题。但是，批评者可能不太愿意承认，该国一直认为对土地问题实行强有力的中央控制是有好处的，即便这种做法过去和现在都是不现实的。《土地法案》和《农村土地法》在某种程度上是旧传统的延续。同理，规范坦桑尼亚房产管理部门的做法，在很大程度上也出自对一种典型的、相当混乱的土地市场操作进行控制的渴望。

卢旺达虽然热情地拥抱土地市场，但实际上它已将足够的权力写入《土地编制法》，使中央政府能够确保土地法改革的"隐藏议程"得以实现。乌干达政府与布干达在土地问题上的冲突可能是所有这些国家权力下放的最好例子。在伯内的文章中强调了这一点。该文提请注意中央政府的关切,即承认布干达管理"自己"土地的主张"将以牺牲中央政府和国家公民身份原则为代价"。[①] 正如持同情态度的评论员所强调的那样,莫桑比克正在放弃权力下放,重新确立对社区及其土地权利的旧式中央控制。索马里兰也努力在土地权力下放与保持对土地政策和管理的关键要素的中央控制之间取得平衡,却未能解决阻碍国家土地政策发展的这一困境。在这个问题上,肯尼亚的国家土地政策也面临着两个方面的问题:未来政策包含着数量惊人的中央政府权力,未来,中央和地方之间的土地争夺仍有待解决。因此,我们可能会发现,这个特点存在着一种强烈的路径依赖因素:如果它们的法律不能延续至21世纪,那可能就得回到中央控制的旧殖民习俗。

第四,这些政策和新的土地法并没有真正解决城市土地问题。坦桑尼亚的土地法是个例外,尽管它在实践中被忽视。这一点是美国国际开发署对肯尼亚国家土地政策草案的审查中提到的一个观点,但它适用于所有国家。新土地法处理农村土地事务,既涉及农村土地使用权问题,也涉及农村地方政府问题。在某种程度上,这完全可以理解。在我们讨论的所有国家中,大多数人口居住在农村地区并耕种土地,他们的所有权利益需要得到解决。但城市化带来了可怕的问题,所有国家都在其首都和其他主要城市中心有大量的非正式的、"非法"定居点。其也是城市化所致。在土地法改革的同一时期,上述讨论的国家都颁布了新的城市规划法律。如果这些法律解决好了这个问题,这是可以理解的,但事实上并没有解决。

这引出了第五个特点。除了肯尼亚的2011版《城市地区和城市法》还没有经过检验外,新城市规划法取代了各种殖民的和新殖民主义规划法,因其自上而下的官僚式城市规划方法而引人注目。这种方法与以社区为导向的参与性城市规划以及以位于内罗毕地区中心的联合国人居署为代表的国际社会所支持的非正式定居点的规划法都完全不同。事实上,以联合国人居署和城市联盟为代表的国际社会的理念和方法与所谓

---

① Boone, op. cit., 572.

的现代主义思想之间最大的差距莫过于城市规划的功能和操作。在该区域内，没有关于"公正的城市""城市的权利"或如何发展民主城市的公开著作或公众共识。所有公民，无论社会阶层、经济地位或保有权状况如何，都在城市规划管理中发挥着平等作用。① 迈尔斯已经提请大家注意非洲城市封闭式社区的迅速发展以及城市贫民与城市精英之间的鸿沟日益加深。皮特斯呼吁应关注南部城市的激进民主，认为"在这样的城市，有基础的、激烈的但必须渐进式变革的空间是巨大的"。② 但没有迹象表明这一点，该地区也没有任何意愿朝着这样的方向发展。同样，尽管许多关于非洲城市问题的文章都提请注意国际金融机构和捐助者对非洲国家施加的新自由主义经济政策的有害影响，但绝对没有任何迹象表明，新的城市规划法与遵守这些政策的推定之间有任何相关性。在这一点上，路径依赖也占据了主导地位。其原因与以前一样：往好了说，就是不愿意接受城市穷人对城市有任何权利；往坏了说，就是害怕城市暴徒的危险。

我们能否判断在这样一个改革时期所实施的这些改革是变革性的还是非变革性的？变革性改革是指那些"社会正义影响并塑造财产制度的改革；相反，认识到社会改革的必要性则意味着接受财产制度改革的理由。"③ 就空间正义而言，问题之一是分配问题："社会价值资源在空间中的公平公正分配以及利用这些资源的机会公平"。④ 很明显，对于沃尔特来说，基于社会正义的变革性土地法改革关注的是纠正财产及土地拥有者和无产者之间的平衡。同理，索雅之于空间正义亦如此。这类根本性的

---

① 南非城市主义者中有很多关于"北方"理论与南方城市（尤其是非洲城市）相关性的争论。如果要看怀疑性的观点，可以看 Watson, V. (2002) 'The Usefulness of Normative Planning Theories in the Context of Sub – Saharan Africa', 1 *Planning Theory*, 27, 52; 要看论证其相关性的，可以看 Parnell, S. and Pieterse, E. (2010) 'The Right to the City; Institutional Imperatives of a Developmental State', 34 *International Journal of Urban and Regional Research*, 146–162. 沃森（Watson）特别反对费恩斯坦（Fainstein）使用阿姆斯特丹作为正义城市的例子来表明正义城市路径与非洲城市无关紧要。但是，Fainstein 在 The Just City, op. cit., 中讨论了正义城市的一般原则，而这些原则对非洲和其他地方的城市都同样适用。

② Pieterse, op. cit., 176.

③ van der Walt, op. cit., 21.

④ Soja, (2008), op. cit., 3.

社会改革或再分配，是否在本书中讨论过的任何一部土地改革法律中加以规定？可以说，就财产权而言，莫桑比克、坦桑尼亚和乌干达的新土地法，特别是乌干达的新土地法，已经促成了一些转变：这些国家的法律现在都可以更好地保护传统保有权了。在土地权和土地再分配给穷人或无地者方面，桑给巴尔早期的土地改革法和莫桑比克的土地法都曾试图对其作出规定，但在桑给巴尔，革命性的法律已被更正统的新自由主义土地法所取代（虽然没有从那些在革命初期获得土地者手中收回土地）。在莫桑比克，新法律的实际执行正在阻碍他们实现社会正义。此处所指的变革并非卢旺达《土地编制法》的一部分（相反，正如我们所指出的，实际情况恰恰相反）。尽管需要进行革命性的改革以使社会正义成为肯尼亚实施新土地法的基石，但索马里兰和肯尼亚的立法工作仍在继续。

　　传统的改革或非革命性的改革就是殖民地基本土地法律制度的延续，这些土地法改革只是对原来的制度做了一些边缘性的修订。正如伯内的评论及本书所显示的那样，其实这些改革总体上就是改革之前时代该地区的一种土地改革立法，桑给巴尔除外。但土地法改革中是否还存在着传统改革的因素？答案必须是肯定的，因为中央政府控制着土地管理，而把土地管理委托给地方政府和农村农民的矛盾心理也一直存在。如我上面所讲，人们可以辩称，如果追溯到1955年东非皇家委员会的建议，以法定使用权取代习惯使用权，引入土地市场推动土地使用权个性化，而且由世界银行接管并继续执行，那么为实施这些政策而制定的相关法律法规也是传统的而非变革性的。因此，比较矛盾的结论可能就是，从宏观改革的角度来看，即从整体的长期结果来看，1990年后的土地法改革是传统的；但是，如果从微观改革的角度来看，这些改革法律中又包含了转型的要素。

　　从转型和传统的角度来讨论改革，的确有一种假设，即政府在改革时最看重的是权属变更、再分配和变革性等问题。回顾我在坦桑尼亚、桑给巴尔、乌干达、卢旺达（虽然在该国从事的一些外围工作）和索马里兰参加的土地法改革进程，我认为所有公职人员、政客及其他人员在着手进行土地法改革时，他们的动机、思想、信仰和希望以及期望值等都是各不相同的，他们的关注点绝不是都集中在权属问题上。如果认为政治家和公职人员在任何可能削弱其权力的改革中都没有高度意识到权力（他们的权力）问题，那就太天真了。这是我1999年至2000年在乌干达工作期间所得出的结论。但是，如果假设这是他们唯一关心的问题，那也是错误的。我认为官僚们和律师们在一定程度上所重点关注的秩序、规则和可预测性问题，在土地法改革中也是非常重要的，也正是这些关切决定了法律的最终形式和内容，并限制了中央政府向地方当局和地方社区下放权力的热情或承诺。

我们也不能忽略捐助者的影响。本书所研究的每个案例中，这种影响都是显而易见的，有时甚至起着重要作用。一位美国学者型律师成了桑给巴尔法律改革中的关键人物，这不是一个孤立的个别案例。美国国际开发署一直是莫桑比克、卢旺达和肯尼亚土地法改革的重要参与者。英国国际发展署也参与了坦桑尼亚、乌干达和卢旺达的相关改革，还参与了肯尼亚国家土地政策的早期工作。如果没有我的参与，《坦桑尼亚土地法》和《乡村土地法》是否会是以前的形式和内容呢？我知道至少有一个坦桑尼亚人认为这些法律本来应该是非常不同的。正如坦桑尼亚抵押法"改革"这一案例所示，世界银行一直愿意在国家一级以积极的方式发挥作用。联合国机构也不能排除在外，因为联合国粮农组织一直深度参与莫桑比克的土地法改革，而且联合国人居署也参与了索马里兰的土地法改革。这些机构对土地法改革有自己的策略和方法，构成了在土地法改革时它们与各国对话的一部分。[①]

正是这种各方力量参与到土地法改革中，让我对伯内的方法产生了怀疑，我认为他提出的那种改革方法可以理解为三种模式之一。我更倾向于曼吉的分析，曼吉认为改革符合国家精英和国际社会的利益，但他们两个人都不是特别关心土地再分配问题（精英们想再分配给自己[②]）。在某种程度上这并不是什么特别新颖的理论。因此，非洲的土地法改革

[①] 我参与的一项联合国粮农组织为柬埔寨制定《农业土地法》的任务，使我耳目一新。粮农组织一直非常关注如何确保在起草过程中考虑到其土地法改革方法，该方法考虑到国际人权法以及联合国关于妇女权利和土著人民权利的公约与决议，并在法律草案中得到了反映。

[②] 如Boone, (2012), op. cit. 所示，肯尼亚的案例表明，独立之初就有了再分配。也就是说，Soja or van der Walt 会理解并使用再分配这个术语，即从欧洲定居者再分配给非洲小农。但此后，从一个族裔群体到另一个族裔群体，特别是在Rift Valley，出现了一轮又一轮的再分配。

240

第 14 章　变革、传统或政治：改革概述

一直如此。

在此概述中必须指出的最后一个一般性观点就是，新法律的实施需要花钱，也需要坚定、诚实和敬业的公务员、政客以及社会成员。缺乏资金妨碍了莫桑比克①、坦桑尼亚②、乌干达③和桑给巴尔等国的法律执行。同样，我认为，资金短缺或不愿意提供资金也会妨碍肯尼亚新法律的实施。卢旺达似乎能够从捐助者那里获得足够的资金。索马里兰也可以由捐助者适当地提供资金。资金短缺使法律执行工作受到了捐助者的支配，法律执行的方向和先后顺序将根据这些捐助者的优先事项而非每个国家的优先事项来确定。但问题是，如果没有捐助者的财政投入来协助新城市规划法的实施，则可能会导致这些法律根本无法实施，从而使该地区的城镇贫困人口生活更加恶化。

有证据还表明，在所有实施法律的国家中，某些方面的改革都存在很大问题。我在乌干达有过类似经历，怀特在莫桑比克也有类似报道。政治问题已延缓了桑给巴尔相关法律的实施。遗憾的是，坦桑尼亚的问题似乎是精英人士或多或少将法律放在一边，以便利自己和外国投资者抢占土地。④ 肯尼亚可能会颁布重大的土地法改革，但现有的既得利益集团不会轻易放弃它们的土地和它们对土地的控制。⑤ 只有在卢旺达，实施土地法改革似乎没有遇到任何障碍。但正如一些评论家指出的那样，他们的改革也正在使制定和实施这些改革的精英阶层受益。因此，所有土地法改革的实际变革效果都是非常值得怀疑的。

---

① Knight, op. cit.
② Pedersen, R. (2010) *Tanzania's Land Law Reform: The Implementation Challenge*, DIIS Working Paper 10, Copenhagen, Danish Institute of International Studies.
③ Chapter 7.
④ 乔恩·林赛（Jon Lindsay）指出，莫桑比克和坦桑尼亚政府显然没有承诺执行为其传统权利持有人提供保护的法律，它们将其归结为当地民众不了解此类法律的内容或如何应用它们。但是，如果政府不告知其公民将可能从相关法律中获益，或者不提供资金或人员来实施相关法律，那么公民所能做的将非常有限。Lindsay, J. (2011) 'The Policy, Legal and Institutional Framework', in Deininger, K. and Byerlee, D. (eds) *Rising Global Interest in Farmland: Can It Yield Sustainable and Equitable Benefits?* Washington D. C., World Bank, 95–127, 102.
⑤ Boone, (2012), op. cit.

241

14.1 未来

随着21世纪第二个十年的到来，东非地区的政府和公民将面临的主要土地问题可能是外国对农业用地的直接投资，通常也被称为"抢地"。① 尽管本书是关于过去50年的土地法改革的讨论，但关于土地改革法和征地现象的简评也是值得了解的。2010年，在坦桑尼亚、肯尼亚、乌干达、卢旺达、布隆迪和苏丹举办了关于该地区"土地掠夺"的奥克斯法姆（Oxfam）讲习班。② 其中的某些观点也是解决这些问题的好方法：

> 所有这些国家都发生过土地掠夺，受影响最大的是依赖土地为生的农村小农和牧民。甚至在卢旺达和布隆迪等土地较少的国家，也有许多公顷的土地被侵占，使许多人无地、无家可归，生计越来越差。
>
> 土地掠夺的主要参与者包括：
> - 对生物燃料生产感兴趣的公司，尤其坦桑尼亚和卢旺达两国的公司。
> - 对商业木材和碳贸易感兴趣的公司。
> - 对旅游业感兴趣的公司，例如游戏牧场、游览区、狩猎区和露营地。
> - 对农业感兴趣的公司，即主要用于出口目的的作物种植、盐提取和园艺。
> - 政府领导人、国际公司和有影响力的人为投机目的而抢夺

---

① Pearce, F. (2012) *The Land grabbers: The New Fight over Who Owns the Planet*, London, Transworld Publishers; Cotula, L., Vermeulen, S., Leonard, R. and Keeley, J. (2009) *Land grab or development opportunity? Agricultural investment and international land deals in Africa*, Rome, FAO, IIED and IFAD; Cotula, L. (2011) *Land deals in Africa: What is in the contracts*, London, IIED; Zoomers, A. (2010) 'Globalisation and the foreignisation of space: seven processes driving the current global land grab', 37 *The Journal of Peasant Studies*, 429-447.

② Oxfam (2010) *Report on the Regional Land Grabbing Workshop*, Nairobi, 10-11 June, 3, 5. See too Kanchika, T. (2010) *Land grabbing in Africa: A review of the impacts and possible policy responses*, London, Oxfam International.

土地。

所有国家都分享了相关案例。我们听到了下列这些案例：坦桑尼亚为抢夺生物燃料、木材和碳交易而掠夺土地；肯尼亚的私人公司在抢夺公共海滩和沿海地区；苏丹军事官员在抢占土地；在乌干达和卢旺达政府的支持下，本国公司及国际公司在掠夺土地；布隆迪政府官员和政客在掠夺土地。

对这些案例进行研究中可以发现许多常见问题。首先，传统法律、国家土地政策及其他立法存在着漏洞；其次，社区缺乏知识和能力来应对土地掠夺问题；最后，政府在促进土地掠夺方面发挥了重要作用。

政府被认定为该地区主要的土地掠夺者，因为土地征用过程涉及政府官员。这些官员大多数情况下都是腐败的，并且利用自己的影响力为投资者获取土地，从而为投资者牟取利益。此外，那些为减轻贫困而努力的诸如区议会、投资中心和其他私营部门和促进机构之类的政府机构，也从人民手中夺走了土地，它们还声称这些土地是为了"公共利益"和"发展"。当然这些术语确实在法律上的定义模糊不清。

我们必须意识到土地被大规模交易。2007年，农业燃料投资者在莫桑比克申请了将近500万公顷的土地，在坦桑尼亚则申请了2万至3万公顷的土地。"2008年11月，肯尼亚总统把塔那河三角洲的4万公顷高潜力土地租给了卡塔尔政府，以便卡塔尔政府可以用它为卡塔尔生产园艺产品。"[①] 乌干达政府也参与了从农民手中抢购土地的行为。乌干达政府完全无视农民根据《宪法》和1998年《土地法》所享有的权利，从农民那里抢夺土地进行油棕开发。[②]

[①] Fian International (2010) *Land Grabbing in Kenya and Mozambique: A report on two research missions – and a human rights analysis of land grabbing*, FIAN International Secretariat, Heidelberg, Germany.

[②] Friends of the Earth Uganda (2012) *Land, life and justice. How land grabbing in Uganda is affecting the environment, livelihoods and food sovereignty of communities*, Kampala. Published in April. 该文于4月发布，是为数不多的专门提及该地区土地权利正义的公共文件之一。

从这些案例中，必须注意几个问题：首先，各国政府远未确保遵守旨在保护小农户免受外部土地掠夺的法律，相反，却无视这些法律；其次，它们利用法律规定的土地收购权走向土地掠夺；最后，该地区所有国家的土地征用法律严重不足，仍然以殖民地模式为基础。因此，被掠夺人很少有机会对这种土地掠夺行为提出质疑或获得相应补偿金，有时甚至根本就没有机会。实际上，这些法律是精英阶层掠夺土地的一个很好的例子。他们很乐意利用殖民地法律和惯例来促进掠夺行为，因为这些行动从技术上讲可能是合法的，但显然这对穷人是十分不利的。像坦桑尼亚的《乡村土地法》一样，根据法律规定，他们很难从农民手中夺取土地，因此政府已经表示打算修改法律，以使从村民手中夺取乡村土地更加容易。

同样重要的是，世界银行总体上支持放宽对外国投资土地的限制，并通过其年度《营商环境报告》[①] 间接鼓励各国这样做。该报告根据10个指标对各国企业家建立本地企业的难易程度进行了评级。同时，世界银行还发布了一份谨慎而公正的报告，说明如何着手获得土地以进行投资：

> 好的政策、法律和体制框架可以最大限度地降低风险，并从涉及土地和相关自然资源的大规模投资中获得最大收益……但是，一个好的框架还需要遵守社会和环境标准。为此，我们有一个广泛的共识，即它需要促进权利的承认，确保自愿的土地转让，促进开放和广泛获得有关资料，在技术和经济上可行并符合国家战略，符合环境和社会可持续性的最低标准。[②]

这里所提到的东非国家的一些例子比较引人注目，因为它们完全无视这些可能被视为公正的土地管理原则。没有任何迹象表明，由国际金融机构实施的新自由主义经济改革使政府别无选择，只能让其在处理公民土地权时无视公平行政的最基本要素。在我们所讨论的国家中，土地

---

① World Bank Doing Business (2012) *Doing Business in a More Transparent World*, Washington D. C., IFC, World Bank.

② Lindsay, op. cit., 95.

掠夺的演变带来了令人沮丧的结论：像在许多土地法改革及其应用中一样，改革路径依赖的是精英们对农民延续殖民态度的礼貌用语，精英们必须克服"人民的破坏性保守主义"，并进行必要的大刀阔斧的土地改革，如果需要的话，可以使用武力，这些一直是改革背后的动力所在。我和其他人员在20世纪90年代参与土地法改革过程的乐观希望不但没有实现，现实趋势似乎反而与希望的实现背道而驰。

皮特斯提出了他所谓的"激进增量主义"①。"激进增量主义"与城市治理改革有关，包括南方城市的城市土地管理。我并不同意他的观点。我认为，至少在撒哈拉以南非洲的土地问题上，我们需要的是一场相当于"阿拉伯之春"的运动，应尽可能和平地进行（如突尼斯），但如有必要也可以使用武力进行（如埃及）。值得注意的是，这两个国家都是非洲大陆上的国家。在此，我们有必要回顾一下巴林顿·摩尔的观点：②

> 对于西方学者来说，要代表革命激进主义说一句好话并不容易，因为它与刻板的思想背道而驰。有人认为，作为促进人类自由的一种方式，渐进的和零敲碎打的改革优于暴力革命，这种观点如此普遍，以至于要相对其提出质疑都显得很奇怪。我想提请注意的是，从现代化的比较历史中得到的证据可以告诉我们有关这个问题的信息……
>
> 正如我很不情愿地关注细节证据一样，温和的代价与革命的代价至少是一样的残酷，也许还更残酷。只要强大的既得利益集团反

---

① Pieterse, op. cit., 172.

② Moore, B. (1966) *Social Origins of Dictatorship and Democracy: Lord and Peasant in the Making of the Modern World*, Boston, Beacon Press, 505, 508. See too, Harvey, D. (2012) *Rebel Cities: From the Right to the City to the Urban Revolution*, London, Verso, 特别是第二节：反叛城市。已经爆发的斗争（人民与华尔街党的斗争）对我们的集体的未来至关重要。这场斗争本质上既是全球性的，也是局部性的。它鼓励了 Tahrir 广场上的煽动者，他们认识到穆巴拉克的倒台就像皮诺切特独裁统治的结束，只是为从金钱权力中解放出来而斗争的第一步。它包括西班牙的愤怒者、希腊的罢工工人、在伦敦、德班、布宜诺斯艾利斯、深圳和孟买等世界各地出现的激进反对派。这个制度不仅支离破碎、暴露无遗，而且除了镇压外，没有任何回应能力。因此，我们的人民别无选择，只能为集体权利而斗争，以决定如何重建这个制度；and Soja, op. cit., especially Prologue, vii – xvii.

东非土地法改革：传统抑或转型

对那些能带来不那么压迫的世界的变革，那么任何对自由社会的承诺都免不了革命、强制……

毫无疑问，关于东非——实际上是整个非洲——的土地问题，强大的既得利益集团反对变革，它可能导致不那么压迫的世界，这些利益集团绝大多数都来自内部或国内，但在很大程度上也得到了国际社会的支持。举两个例子，比如津巴布韦①和巴西②，激进的、有时甚至是暴力性的土地改革也是如此。在这些国家，人们为了土地、人民的土地权以及生计而进行的斗争，超出了国家法律许可，但这能为穷人和无土地者获得更多成果。无论如何，我们需要尝试激进式渐进主义之路。但是，正如巴林顿·摩尔所建议的，不能放弃革命强制的概念。在本书所回顾的所有国家中，在土地权方面要实现城市和农村的公正，需要的是比渐进主义更具有革命性的东西。

---

① Scoones, I., Marongwe, N., Mavedzenge, B., Mahenehene, J., Murimbarimba, F. and Sukume, C. (2010) *Zimbabwe's Land Reform: Myths and Reality*, Woodbridge, James Currey.

② Meszaros, G. (2013) *Social Movements, Law and the Politics of Land Reform*, London, Routledge.

Appendix: Principal land laws enacted in states since 1961

Countries and year of independence → years ↓	Kenya 1963	Mozambique 1975	Rwanda 1962	Somaliland 1960 Joined with Somalia five days later Referendum voted to separate from Somalia and re – establish separate state of Somaliland, May 1991	Tanzania 1961	Uganda 1962	Zanzibar 1963 Joined with Tanzania in 1964 but has retained separate system of land laws
1961 Basic corpus of laws existing in states as at this date	customary laws; common law and equity as on 12/8/1897; Indian Transfer of Property Act 1882; Indian Land Acquisition Act 1894 + Ords: Crown Lands 1915; Land Titles 1908; Registration of Titles 1919; Native Lands Trust 1938; Land Control 1944; Land Registration (Special Areas) 1959 Land Control (Special Areas) 1959; Development and Use of Land (Planning) Regulations 1961	customary laws; civil code; statutes. Law of May 1901; all land which did not constitute private property in accordance with Portuguese law was state domain or available to the African population; Decree of 1918: reservation of certain areas for exclusive use of natives. 1955 Native Statute for Angola and Mozambique, article 38: 'Natives who live in tribal organisations are guaranteed, in the traditional manner, of lands necessary for their villages, their crops and for the pasture of their cattle.' Decree 43 894 of 1961: Regulation Regarding the Occupation and Grant of Land in the Overseas Provinces	customary laws; civil code; Codes et lois du Congo Beige 1886 applied 1927 ('Vacant land' the property of the state) registered land law; 1960: administrative decree suspended decisions over pasturelands in the sous – chefferie and later in hands of communal authorities		customary law; English land law as at 1/1/1922; Ords: Registration of Documents, 1921; Land (Law of Property and Conveyancing), 1922; Land 1923; Land Registration 1953; Town and Country Planning, 1956; Land Regulations 1948	customary law; common law and equity as at 11/8/1902; Indian Land Acquisition Act 1894; Ords: Crown Lands 1903; Crown Lands (Declaration) 1922; Registration of Titles 1924; Busuulu and Envujjo Law 1927	customary law; Islamic law; common law and equity as on 7/7/1897; Decrees: Land Acquisition 1909; Transfer of Property 1911; Wakf Property, 1916, 1923, 1946; Registration of Documents Decree 1919; Public Land, 1921 and 1951; Alienation of Land 1934; Land Protection (Debts Settlement) 1938; Town and Country Planning 1955

dedigikingi land tenure system and vested

xeer; common law and equity as at 16/3/1900; 'No comprehensive land legislation was enacted before independence by either administration'; ① Town Planning Ordinance 1947

① A. Hoben (1988) 'The Political Economy of Land Tenure in Somalia', in Downs, R. E. and Reyna, S. P., *Land and Society in Contemporary Africa*, Hanover, University Press of New England, 192 – 220, 201

Continued

Countries and year of independence → years ↓	Kenya 1963	Mozambique 1975	Rwanda 1962	Somaliland 1960 Joined with Somalia five days later Referendum voted to separate from Somalia and re – establish separate state of Somaliland, May 1991	Tanzania 1961	Uganda 1962	Zanzibar 1963 Joined with Tanzania in 1964 but has retained separate system of land laws
1962	Registered Land Ordinance		Constitution: recognised Belgian land tenure regulations; lands occupied by the original inhabitants were to remain in their possession. All unoccupied lands including all marshlands belonged to the state.			Public Lands Ordinance	
1963					Freehold Titles (Conversion) and Government Leases Act; Rights of Occupancy (Development Conditions) Act		
1964					Range Development and Management Act	Town and Country Planning Act	Confiscation of Immoveable Properties Decree
1965					Nyarubanja Tenure (Enfranchisement) Act; Land Tenure (Village Settlements) Act; Land (Settlement of Disputes) Act	Land Acquisition Act	

Appendix: Principal land laws enacted in states since 1961

Countries and year of independence → years ↓	Kenya 1963	Mozambique 1975	Rwanda 1962	Somaliland 1960 Joined with Somalia five days later Referendum voted to separate from Somalia and re-establish separate state of Somaliland, May 1991	Tanzania 1961	Uganda 1962	Zanzibar 1963 Joined with Tanzania in 1964 but has retained separate system of land laws
1966					Rural Farmlands (Acquisition and Regrant) Act		Land (Distribution) Decree
1967	Land Control Act	Decree 47 486 of Overseas Ministry of Portugal: defined the mechanism for the legalisation of illegal (unauthorised) occupation of land; Decree – Law 47 61 1: Urban Real Property Code			Land Acquisition Act		
1968	Land Acquisition Act; Land Planning Act; Land Consolidation Act; Land Adjudication Act; Land (Group Representatives) Act				Urban Leaseholds (Acquisition and Regrant) Act		
1969					Government Leaseholds (Conversion to Rights of Occupancy) Act	Public Lands Act	Government Land Decree

249

东非土地法改革：传统抑或转型

Continued

Countries and year of independence → years ↓	Kenya 1963	Mozambique 1975	Rwanda 1962	Somaliland 1960 Joined with Somalia five days later Referendum voted to separate from Somalia and re – establish separate state of Somaliland, May 1991	Tanzania 1961	Uganda 1962	Zanzibar 1963 Joined with Tanzania in 1964 but has retained separate system of land laws
1970		Decree – Law No. 576: authorises and regulates expropriation of land for urban planning and expansion					
1971							
1972							
1973		Law No. 6 (Overseas Land Law): attributes to Overseas Provincial Government exclusive control of vacant land		Civil Code (over 250 articles dealing with property)	Rural Lands (Planning and Utilisation) Act		
1974						Mortgage Decree	
1975		Constitution		Agricultural Land Law (nationalisation of land; allocation of land by state)	Villages, Ujamaa Villages (Registration, Designation and Administration) Act	Land Reform Decree (abolition of special land regime in Buganda)	

250

Appendix: Principal land laws enacted in states since 1961

Continued

Countries and year of independence → years ↓	Kenya 1963	Mozambique 1975	Rwanda 1962	Somaliland 1960 Joined with Somalia five days later Referendum voted to separate from Somalia and re – establish separate state of Somaliland, May 1991	Tanzania 1961	Uganda 1962	Zanzibar 1963 Joined with Tanzania in 1964 but has retained separate system of land laws
1976		Decree – Law No. 5: nationalised all real property not occupied by the actual owner; shareholdings of non – residents in corporate owners of buildings; all apartment buildings	New Law provided that all lands not appropriated according to written law belonged to the state. Lands subject to customary law, or rights of occupation granted legally, could not be sold without prior permission from the Minister responsible for lands and after the communal council had expressed an opinion on the transaction				
1977							
1978							
1979		Land Law (nationalisation of all land; villagisation policies)					

251

Continued

Countries and year of independence → years ↓	Kenya 1963	Mozambique 1975	Rwanda 1962	Somaliland 1960 Joined with Somalia five days later Referendum voted to separate from Somalia and re-establish separate state of Somaliland, May 1991	Tanzania 1961	Uganda 1962	Zanzibar 1963 Joined with Tanzania in 1964 but has retained separate system of land laws
1980							Commission for the Administration of Wakf and Trust Property Decree
1981							
1982							
1983					National Land Use Planning		
1984							
1985				Commission Act			
1986							
1987							
1988							
1989							
1990	Land Disputes Tribunals Act	Constitution reaffirmed State's ownership and control of the use and benefit of land					

Appendix: Principal land laws enacted in states since 1961

Continued

Countries and year of independence → years ↓	Kenya 1963	Mozambique 1975	Rwanda 1962	Somaliland 1960 Joined with Somalia five days later Referendum voted to separate from Somalia and re-establish separate state of Somaliland, May 1991	Tanzania 1961	Uganda 1962	Zanzibar 1963 Joined with Tanzania in 1964 but has retained separate system of land laws
1991							Commission for Land and Environment Act Land Adjudication Act; Registered Land Act
1992					Regulation of Land Tenure (Establishment of Villages) Act		Land Tenure Act
1993							
1994							Land Tribunals Act
1995		Land Policy			National Land Policy		Land Transfer Act
1996	Physical Planning Act					Constitution with chapter on land providing for holders of land under customary tenure to be owners of the land	
1997		Land Law (protection of land rights of local communities; promotion of investment between local communities and commercial investors)		Constitution: land is public property owned by the nation			

253

Continued

Countries and year of independence → years	Kenya 1963	Mozambique 1975	Rwanda 1962	Somaliland 1960 Joined with Somalia five days later Referendum voted to separate from Somalia and re-establish separate state of Somaliland, May 1991	Tanzania 1961	Uganda 1962	Zanzibar 1963 Joined with Tanzania in 1964 but has retained separate system of land laws
1998							
1999				Agricultural Land Ownership Law	Land Act Village Land Act	Land Act	
2000							
2001				Land Management Law	Land Regulations		
2002							
2003			Constitution: no specific provisions on land				
2004					Land (Amendment) Act	Land (Amendment) Act	
2005			Land Policy; Organic Land Law; Organic Law Governing the Organisation of Settlements				
2006							
2007		Town Planning Law	Expropriation Law		Land Use Planning Act; Urban Planning Act		

Appendix: Principal land laws enacted in states since 1961

Continued

Countries and year of independence → years ↓	Kenya 1963	Mozambique 1975	Rwanda 1962	Somaliland 1960 Joined with Somalia five days later Referendum voted to separate from Somalia and re-establish separate state of Somaliland, May 1991	Tanzania 1961	Uganda 1962	Zanzibar 1963 Joined with Tanzania in 1964 but has retained separate system of land laws
2008				Urban Land Management Law	Unit Titles Act; Mortgage Financing (Special Provisions) Act		Property Tax Act
2009	National Land Policy						
2010	Chapter 5 of the Constitution; Land and Environment					Land (Amendment) Act; Physical Planning Act	Condominium Act
2011	Urban Areas and Cities Act						
2012	National Land Commission Act; Land Act; Registered Land Act						

Principal secondary sources used to compile this table:

R. Debusmann and S. Arnold (eds) (1996) *Land Law and Land Ownership in Africa*, Bayreuth, Bayreuth African Studies, 41
R. E. Downs and S. P. Reyna (eds) (1988) *Land and Society in Contemporary Africa*, Hanover, University Press of New England
J. Duffy (1961) *Portuguese Africa*, Cambridge, MA, Harvard University Press
Lord Hailey (1938) *An African Survey*, Oxford, Oxford University Press
Lord Hailey (1957) *An African Survey Revised*, Oxford, Oxford University Press
T. Jackson (1970) *The Law of Kenya: An Introduction*, Nairobi, East African Literature Bureau
R. W. James (1971) *Land Tenure and Policy in Tanzania*, Dar es Salaam, East African Literature Bureau
J. T. Mugambwa (2002) *Source Book of Uganda's Land Law*, Kampala, Fountain Publishers
S. Rowton Simpson (1978) *Land Law and Registration Book 1*, Cambridge, Cambridge University Press

Bibliography

Academy for Peace and Development (2007) *Land – Based Conflict Project Somaliland Report*, Hargeisa.

Action for Southern Africa (ACTSA) (2010) Position Paper: *Southern Africa and Land: Justice Denied?*

African Union, African Development Bank and Economic Commission for Africa (2010) *Framework and Guidelines on Land Policy in Africa; Land Policy in Africa; A Framework to Strengthen Land Rights, Enhance Productivity and Secure Livelihoods*, Addis Ababa, ECA.

Agevi, E. (2008) *Pro – Poor Planning and Building Regulations, Standards and Codes for Somaliland*, Report to the Somalia Urban Development Programme, UN – Habitat.

Alden Wily, L. (2012) *Customary Land Tenure in the Modem World*, Washington D. C., Rights and Resources Initiative.

Amanor, K. S. and Moyo, S. (eds) (2008) *Laud & Sustainable Development in Africa*, London, Zed Books.

Andre, C. (2003) 'Custom, Contracts and Cadastres in North West Rwanda', in Benjaminsen, T. A. and Lund, C. (eds) *Securing Land Rights in Africa*, London, Cass, 154.

Andre, C. and Platteau, J. – P. (1996) *Land Tenure under Unendurable Stress: Rwanda Caught in the Malthusian Trap*, CRED Centre de Recherche en Économie du Développement, Faculté des Sciences économiques et sociales, Facultes Universitaires Notre – Dame de la Paix, Namur.

Ansoms, A. (2008) 'A Green Revolution for Rwanda? The Political Economy of Poverty and Agrarian Change', Institute of Development Policy and Management Discussion Paper, Antwerp, University of Antwerp, 41. Ansoms, A. (2008) 'A Green Revolution for

Rwanda? The Political Economy of Poverty and Agrarian Change', Institute of Development Policy and Management Discussion Paper, Antwerp, University of Antwerp, 41.

Ansoms, A. and Holvoet, N. (2008) 'Women and Land Arrangements in Rwanda – a Gender – based Analysis of Access to Natural Resources in a Context of Extreme Resource Scarcity and Societal Disruption', in Englert, B. and Daley, E. (eds) *Women's Land Rights & Privatization in Eastern Africa*, Woodbridge, James Currey, 138 – 157.

Barry, M. and Bruyas, F. (2007) 'Land Administration Strategy in Post Conflict Situations: The Case of Hargeisa, Somaliland', FIG Working Week, Hong Kong SAR China.

Battera, F. (2004) 'State – and Democracy – Building in Sub – Saharan Africa: The Case of Somaliland – A Comparative Perspective', 4 (1) *Global Jurist Frontiers*, 1—21.

Benjaminsen, T. A. and Lund, C. (eds) (2003) *Securing Land Rights in Africa*, London, Frank Cass.

Berman, B. (1990) *Control and Crisis in Colonial Kenya: The Dialectics of Domination*, Oxford, James Currey.

Besterman, C. and Roth, M. (1988) *Land Tenure in the Middle J ubha: Issues and Policy Recommendations*, Madison, Land Tenure Centre.

Bissell, W. C. (2011) *Urban Design. Chaos, and Colonial Power in Zanzibar*, Bloomington, Indiana University Press.

Blarel, B. (1993) 'Tenure Security and Agricultural Production under Land Scarcity: The Case of Rwanda', in Bruce, J. W. and Migot – Adholla, S. E. (eds) *Searching for Land Tenure Security in Africa*, Dubuque, Kendall/Hunt Publishing Co, 71—95.

Boone, C. (2007) 'Property and Constitutional Order: Land Tenure Reform and the Future of the African State', 106 *African Affairs*, 557 – 586.

Boone, C. (2012) 'Land Conflict and Distributive Politics in Kenya', 55 (1) *African Studies Review*, 75—103.

Bradbury, M. (2008) *Becoming Somaliland*, Cirencester, James Currey, Bloomington, Indiana University Press/Progessio.

Brown, S. (2011) 'The Rule of Law and the Hidden Politics of Transitional Justice in Rwanda', in Sriram, C. L., Martin – Ortega, O. and Herman, J. (eds) *Peacebuilding and the Rule of Law in Africa: Just Peace?* London, Routledge, 179—196.

Bruce, J. W. (2006) 'Reform of Land Law in the Context of World Bank Lending', in Bruce, J. W., Giovarelli, R., Rolfes Jr., L., Bledsoe, D. and Mitchell, R. (eds)

Land Law Reform: Achieving Development Policy Objectives, Washington D. C., World Bank.

Bruce, J. W. and Migot - Adholla, S. E. (eds) *Searching for Land Tenure Security in Africa*, Dubuque, Kendall/Hunt Publishing Co.

Caplin, J. (2009) 'Failing the State: Recognizing Somaliland', 30 *Harvard International Review*, 9—10.

Cheema, G. S. with Work, R. (1991) *Cities. People and Poverty: Urban Development Co-operation for the 1990s*, New York, UNDP.

Chretien, J. - P. (2003) *The Great Lakes of Africa: Two Thousand Years of History*, New York, Zone Books.

Christodoulou, D. (1990) *The Unpromised Land: Agrarian Reform and Conflict Worldwide*, London, Zed Books.

Cliffe, L. and Cunningham, L. (1973) 'Ideology, Organisation and the Settlement Experience in Tanzania', in Cliffe, L. and Saul, J. S. (eds) *Socialism in Tanzania Vol. 2: Policies*, Dar es Salaam, East African Publishing House, 131 - 140.

Coldham, S. (1978) 'The Effect of Registration of Title upon Customary Land Rights in Kenya', 22 *Journal of African Law*, 91 - 111.

Colin, J. - P. and Woodhouse, P. (eds) (2010) 'Interpreting Land Markets in Africa', 80 *Africa* (special issue).

Contini, P. (1969) *The Somali Republic: an Experiment in Legal Integration*, London, Frank Cass & Co.

Cotran, E. (1963) 'Legal Problems Arising out of the Formation of the Somali Republic', 12 *International and Comparative Law Quarterly*, 1010—1026.

Cotula, L. (2011) *Land deals in Africa: What is in the contracts*, London, IIED.

Cotula, L., Vermeulen, S., Leonard, R. and Keeley, J. (2009) *Land grab or development opportunity? Agricultural investment and international land deals in Africa*, Rome, FAO, IIED and IFAD.

Critical Planning (2007) 14, special issue on spatial justice.

Daley, E. and Englert, B. (eds) (2010) 'Securing Women's Land Rights in Eastern Africa', 4 (1) *Journal of Eastern African Studies*, 91 - 199 (special issue on women's land rights in Eastern Africa).

Dal Pont, G. (2000) 'The Varying Shades of "Unconscionable" Conduct – Same Term,

Different Meaning', 19 *Australian Bar Review*, 135 – 166.

Debusmann, R. and Arnold, S. (eds) *Land Law and Ownership in Africa*, Bayreuth, Bayreuth African Studies, 131 – 183.

Deininger, K. (2003) *Land Policies for Growth and Poverty Reduction*, Washington D. C. , a co – publication of the World Bank and Oxford University Press.

Deininger, K. and Binswanger, H. (1999) 'The Evolution of the World Bank's Land Policy: Principles, Experience, and Future Challenges', 14 *World Bank Research Observer*, 247 – 276.

Deininger, K. and Castagnini, R. (2006) 'Incidents and impact of land conflict in Uganda', 60 *Journal of Economic Behaviour & Organisation*, 321 – 345.

Deininger, K. and Squire, L. (1998) 'New Ways of Looking at Old Issues: Inequality and Growth', 57 *Developmant Economics*, 259—287.

Delville, P. L. (1998) *Rural land tenure, renewable resources and development in Africa*, Ministere des Affaires Etrangeres — Cooperation et Francophone, Paris.

Demisse, B. and Kishiue, A. (2010) *Urban Planning Manual for Somaliland*, Nairobi, UN – Habitat.

Dowall, D. E. and Clark, G. (1992) *A Framework for Reforming Urban Land Policies in Developing Countries*, Urban Management Programme 7, Washington D. C. , World Bank.

Duffy, J. (1961) *Portuguese Africa*, Cambridge, MA, Harvard University Press.

Durand – Lasserve, A. and Royston, L. (eds) (2002) *Holding Their Own: Secure Tenure for the Urban Poor in Developing Countries*, London, Earthscan.

East African Royal Commission (1955) Cmd. 9475, London, HMSO.

Englert, B. and Daley, E. (eds) (2008) *Women's Land Rights & Privatization in Eastern Africa*, Woodbridge, James Currey.

Fainstein, S. S. (2010) *The Just City*, Ithaca, Cornell University Press.

Falloux, F. (1987) 'Land management, titling and tenancy', in Davis, T. J. and Schirmer, I. A. (eds) *Sustainability issues in agricultural development – Proceedings of the Seventh Agricultural Sector Symposium*, Washington D. C. , World Bank, 190 – 208.

FAO (2009) *Land Use Planning Guidelines for Somaliland*, Project Report No L – 13, Nairobi, Somalia Water and Land Information Management.

Farvacque, C. and McAuslan, P. (1992) *Reforming Urban Land Policies and Institutions in Developing Countries*, Urban Management Programme 5, Washington D. C. , World Bank.

Fian International (2010) *Land Grabbing in Kenya and Mozambique: A report on two research missions – and a human rights analysis of land grabbing*, FIAN International Secretariat, Heidelberg, Germany.

Fimbo, G. M. (1974) 'Land, Law and Socialism in Tan2ania', in Ruhumbika, G. (ed.) *Towards Ujamaa: twenty years of tanu leadership*, Dar es Salaam, East African Literature Bureau, 230 – 274.

Fimbo, G. M. (1992) *Essays in Land Law Tanzania*, Dar es Salaam, Faculty of Law, University of Dar es Salaam.

Financial Sector Assessment Report (2003) Washington D. C. , World Bank.

Fraser, N. (2003) 'Social Justice in an Age of Identity Politics', in Fraser, N. and Honneth, A. , *Redistribution or Recognition? A Political – Philosophical Exchange*, New York, Verso.

Friends of the Earth Uganda (2012) *Land, life and justice. How land grabbing in Uganda is affecting the environment, livelihoods and food sovereignty of communities*, Kampala.

Ghai, Y. P. and McAuslan, P. (1970) *Public Law and Political Change in Kenya*, Nairobi, Oxford University Press.

Government of Finland/Revolutionary Government of Zanzibar (2009) Programme Document for Sustainable Management of Land and Environment Phase II, July 2009 – June 2013, Zanzibar.

Gray, A. (1946) *The Socialist Tradition: Moses to Lenin*, London, Longmans, Green and Co.

Guyer, J. (1987) *Women and the State in Africa; Marriage Law, Inheritance and Resettlement*, Working Papers in African Studies No. 129, Boston, MA, African Studies Centre, Boston University.

Hallaq, W. B. (2009) *Sharī 'a Theory Practice Transformations*, Cambridge, Cambridge University Press.

Harvey, D. (2002) [1993] 'Social Justice, Postmodernism and rhe City', in Fainstein, S. S. and Campbell, S. , *Readings in Urban Theory*, 2nd edn, London, Wiley – Blackwell, 386 – 402.

Harvey, D. (2012) *Rebel Cities: Prom the Right to the City to the Urban Revolution*, London, Verso.

Hendrix, S. E. (1995) 'Property Law Innovations in Latin America with Recommendations', XVIII *Boston College International and Comparative Law Review*, 1–58.

Hoben, A. (1988) 'The Political Economy of Land Tenure in Somalia', in Downs, R. E. and Reyna, S. P., *Land and Society in Contemporary Africa*, Hanover, University Press of New England, 192–220.

Hobsbawm, E. J. (2005) 'Cities and Insurrections', 1*Global Urban Development*, 1—8.

Holden, S. T., Otsika, K. and Place, F. M. (eds) (2009) *The Emergence of Land Markets in Africa: Impacts on Poverty, Equity and Efficiency*, Washington D. C., Resources for the Future.

Huggins, C. and Clover, J. (eds) (2005) *From the Ground Up: Land Rights. Conflict and Peace in Sub–Saharan Africa*, Pretoria.

Human Rights Watch (2001) *Uprooting the Rural Poor in Rwanda*, London.

Hurndall, A. (1998) 'Belgium', in Hurndall, A. (ed) *Property in Europe: Law and Practice*, London, Butterworths.

Ikdahl, I. (2008) ' "Go Home and Clear the Conflict": Human rights perspectives on gender and land in Tanzania', in Englert, B. and Daley, E. (eds) *Women's Land Rights & Privatization in Eastern Africa*, Woodbridge, James Currey, 40—60.

Ikdahl, I., Helium, A., Kaarhus, R., Benjaminsen, T. A., Kameri–Mbote, P. (2005) *Human rights, formalisation and women's land rights in southern and eastern Africa*, Studies in Women's Law No. 57, Institute of Women's Law, Oslo, University of Oslo.

Iliffe, J. (1979) *A Modern History of Tanganyika*, Cambridge, Cambridge University Press.

Isaksson, A.–S. (2011) 'Unequal Property Rights: A study of land right inequalities in Rwanda', Working Papers in Economics No. 507, Department of Economics, School of Business, Economics and Law, Gothenburg, University of Gothenburg.

James, R. W. (1971) *Land Tenure and Policy in Tanzania*, Dar es Salaam, East African Literature Bureau.

Janneh, A. (2006) Opening Statement, 'Land Policy in Africa: a framework of action to secure land rights, enhance productivity, and secure livelihoods', AUC–ADB–ECA Consultative Workshop, Addis Ababa.

Jones, C. (1996) 'The Evolution of Zanzibar Land Law from Colonial Times to the Present', in Debusmann, R. and Arnold, S. (eds) *Land Law and Ownership in Africa*, Bayreuth, Bayreuth African Studies, 131 – 183.

Juma, C. and Ojwang, J. B. (eds) (1996) *In Land We Trust: Environment, Private Property and Constitutional Change*, Nairobi, Initiatives Publisher.

Juul, K. and Lund, C. (eds) (2002) *Negotiating Property in Africa*, Portsmouth, NH, Heinemann.

Kameri – Mbote, P. (2002) *Property Rights and Biodiversity Management in Kenya: The Case of Land Tenure and Wildlife*, Nairobi, ACTS Press.

Kanchika, T. (2010) *Land grabbing in Africa: A review of the impacts and possible policy responses*, London, Oxfam International.

Kanyinga, K., Lumumba, O. and Amanor, K. S. (2008) The Struggle for Sustainable Land Management and Democratic Development in Kenya: A History of Greed and Grievances', in Amanor, K. S. and Moyo, S. (eds) *Land & Sustainable Development in Africa*, London, Zed books, 100 – 126 at 123.

Kaplan, S. (2008) 'The Remarkable Story of Somaliland', 19 *Journal of Democracy*, 143 – 157.

Karuti, K., Lumumba, O. and Amanor, K. S. (2008) 'The Struggle for Sustainable Land Management and Democratic Development in Kenya: A History of Greed and Grievances', in Amanor, K. S. and Moyo, S. (eds) *Land & Sustainable Development in Africa*, London, Zed Books, 100 – 126.

Keith, S., McAuslan, P., Knight, R., Lindsay, J., Munro – Faure, P. and Palmer, D. (2009) *Compulsory Acquisition of Land and Compensation*, Rome, FAO Land Tenure Studies 10.

Kiriro, A. and Juma, C. (eds) (1991) *Gaining Ground: Institutional Innovations in Land – Use Management in Kenya*, Nairobi, African Centre for Technological Studies (ACTS Press).

Kitchen, F. (2010) 'Reflections from Africa: Mozambique and South Africa, United Cities and Local Governments', *Policy Paper on urban strategic planning*; *Local leaders preparing for the future of our cities*, Mexico City, 20—22.

Knight, R. S. (2010) *Statutory recognition of customary land rights in Africa: An investigation into best practices for law – making and implementation*, FAO Legislative Study 105, Rome, FAO.

Larsson, P. (2006) *The Challenging Tanzanian Land Law Reform: A study of the implementation of the Village Land Act*, Stockholm, Royal Institute of Technology.

Leach, M. and Mearns, R. (eds) (1996) *The Lie of the Land: Challenging Received Wisdom on the African Environment*, Oxford, James Currey.

Leaf, M. and Pamuk, A. (1997) 'Habitat II and the Globalization of Ideas', 17 *Journal of Planning Education and Research*, 71—78.

Lewis, I. (2008) *Understanding Somalia and Somaliland*, London, Hurst and Company.

Lindsay, J. (2011) 'The Policy, Legal and Institutional Framework', in Deininger, K. and Byerlee, D. (eds) *Rising Global Interest in Farmland: Can It Yield Sustainable and Equitable Benefits?* Washington D. C., World Bank, 95 – 127.

Lipton, M. (2009) *Land Reform in Developing Countries: Property Rights and Property Wrongs*, London, Routledge.

Lofchie, M. F. (1965) *Zanzibar: Background to Revolution*, Oxford, Oxford University Press.

Lynch, G. (2012) 'Becoming indigenous in the pursuit of justice; The African Commission on Human and Peoples' Rights and the Endorois', 111 *African Affairs*, 24 – 45.

McAuslan, P. (1967) 'Control of Land and Agricultural Development in Kenya and Tanzania', in Sawyerr, G. F. A (ed.) *East African Law and Social Change*, Contemporary African Monographs Series No. 6, Nairobi, East African Institute of Social and Cultural Affairs, 172 – 257.

McAuslan, P. (1978) 'Law, Housing and the City in Africa', in Kanyeihamba, G. W. and McAuslan, P. (eds) *Urban Legal Problems in Eastern Africa*, Uppsala, Scandinavian Institute of African Affairs.

McAuslan, P. (1997) 'The Making of the Urban Management Programme: Memoirs of a Mendicant Bureaucrat', 34 *Urban Studies*, 1705—1727.

McAuslan, P. (2001) '"From Greenland's Icy Mountains, From India's Coral Strand": The Globalisation of Land Markets and its Impact on National Land Law', paper given at a conference at Belo Horizonte, Brazil.

McAuslan, P. (2003) *Bringing the Law Back In; Essays in Land, Law and Development*, Aldershot, Ashgate.

McAuslan, P. (2003) 'A Narrative of Land Law Reform', in Jones, G. A. (ed.) *Urban Land Markets in Transition*, Cambridge, MA, Lincoln Institute of Land Policy.

McAuslan, P. (2006) *Land Market Regulation and the Regulation of Estate Agency in Tanzania: An Issues and Options paper*, Dar es Salaam, BEST.

McAuslan, P. (2006) *Improving Tenure Security for the Poor in Africa*, LEP Working Paper No. 1, Rome, FAO.

McAuslan, P. (2007) 'Land Law and the Making of the British Empire', in Cooke, E. (ed.) *Modern Studies in Property Law*, Vol. 4, Oxford, Hart Publishing, 239 – 262.

McAuslan, P. (2007) 'Law and the Poor: The Case of Dar es Salaam', in Philippopoulos – Mihalopoulos, A. (ed.) *Law and the City*, London, Routledge Cavendish.

McAuslan, P. (2009) *Carrying Out the Needs Assessment for the Registry of Titles (Lands/C/l) Task 6: Legislative Review*, Dar es Salaam, Ministry of Lands, Housing and Human Settlements Development, United Republic of Tanzania.

McAuslan, P. (2010) 'Personal reflections on drafting laws to improve women's access to land: is there a magic wand?' 4 *Journal of Eastern African Studies*, 114.

McAuslan, P. (2011) 'Post – Conflict Land in Africa: The Liberal Peace and the Transformative Agenda', in Home, R. (ed.) *Local Case Studies in African Land Law*, Pretoria, Pretoria University Law Press, 1 – 19.

McAuslan, P. (2011) 'Postconflict Statebuilding: the Liberal Peace and the Transformative Alternative', a paper given at a conference on Security Sector Reform and the Rule of Law at the 6th Hague Network Rule of Law Meeting, The Hague, April.

McMaster, D. N. (1973) 'The Colonial District Town in Uganda', in Beckinsale, E. P. and Houston, J. M. (eds) *Urbanisation and its Problems*, Oxford, Blackwell.

Mabogunje, A. L. (1990) 'Urban Planning and the Post – Colonial State in Africa: A Research Overview', 33 *African Studies Review*, 121—203.

Manji, A. (2006) *The Politics of Land Reform in Africa*, London, Zed Books.

Mapuri, OR. (1996) *Zanzibar, The 1964 Revolution: Achievements and Prospects*, Dar es Salaam, Tema Publishers Co.

Medard, C. (2010) 'City Planning in Nairobi: the stakes, the people, the sidetracking', in Rodriguez – Torres, D. (ed.) *Nairobi Today: The Paradox of a Fragmented City*, Dar es Salaam, Mkukina Nyota Publishers Ltd, 25—60.

Meszaros, G. (2013) *Social Movements, haw and the Politics of hand Reform*, London, Routledge.

Middleton, J. (1961) *Land Tenure in Zanzibar*, London, HMSO.

Migot – Adholla, S. E., Place, F. and Oluoch – Kosura, W. (1993) 'Security of Tenure and Land Productivity in Kenya', in Bruce, J. W. and Migot – Adholla, S. E. (eds) *Searching for Land Tenure Security in Africa*, Dubuque, Kendall/Hunt Publishing Co, 119 – 140.

Ministry of Lands, Housing and Urban Development, United Republic of Tanzania (1994) *Report of the Presidential Commission of Inquiry into Land Matters*, Uppsala, Scandinavian Institute of African Affairs.

Mitchell, T (1988) *Colonising Egypt*, Cambridge, Cambridge University Press.

Moore, B. (1966) *Social Origins of Dictatorship and Democracy: Lord and Peasant in the Making of the Modern World*, Boston, Beacon Press.

Morris, H. F. and Read. J. S. (1966) *Uganda: The Development of its Laws and Constitution*, London, Stevens and Sons.

Moyo, S. and Yeros, P. (eds) (2005) *Reclaiming the Land*, London, Zed Books.

Mugambwa, J. (2007) 'A Comparative Analysis of Land Tenure Law Reform in Uganda and Papua New Guinea', 11 *Journal of South Pacific Law*, 39—62.

Mullins, C. (2011) *Decline and Fall*, London, Profile Books.

Museveni, Y. (2009) 'President Museveni hails Land Amendment Act', *New Vision online* 6 September. 2011.

Musisi, J. S. A. (1982) 'The legal superstructure and agricultural development: Myths and realities in Uganda', in Arntzen, J. W., Ngcongo. L. D. and Turner, S. D. (eds) *Land Policy and Agriculture in Eastern and Southern Africa*, UN University, chapter. 11.

Mwangi, E. and Patrick, E. (2006) *Land Rights for African Development*, Washington D. C., Collective Action and Property Rights (CAPRi), UNDP, International Land Coalition, 9 – 11.

Myers, G. A. (2003) *Verandahs of Power: Colonialism and Space in Urban Africa*, Syracuse, Syracuse University Press.

Myers, G. A. (2011) *African Cities: Alternative Visions of Urban Theory and Practice*, London, Zed Books.

New Zealand Law Commission (1994) *A New Property Law Act: Report No. 29*, Wellington.

Njonjo, CM. (2002) *Report of the Commission of Inquiry into the Land Law System of Kenya on Principles of a National Land Policy Framework, Constitutional Position of Land*

and *New Institutional Framework for Land Administration*, Nairobi, Republic of Kenya.

Nkururmza, E. (2010) 'Low cost Titling in Africa, Land Tenure Regularisation in Rwanda', Presentation to the World Bank Annual Land Conference, Washington D. C., World Bank.

Nnkya, TJ. (2008) *Why Planning Does Not Work? Land Use Planning and Residents' Rights in Tanzania*, Dar es Salaam, Mkukina Nyota Publishers Ltd.

Norton, G. (2008) *Property, Land and Housing in Somalia*, Norwegian Refugee Council, UNHCR and UN – Habirat, Nairobi, UN – Habitat.

Nyamu – Musembi, C. (2006) 'Ruling Out Gender Equity? The Post – Cold War Rule of Law Agenda in Sub – Saharan Africa', 27 *Third World Quarterly*, 1193.

Obol – Ochola, J. (ed.) (1969) *Land Law Reform in East Africa*, Kampala, Milton Obote Foundation.

Ojienda, T. (2008) *Conveyancing Principles and Practice*, Nairobi, Law Africa.

Okello, J. (Field – Marshal) (1967) *Revolution in Zanzibar*, Nairobi, East African Publishing House.

Okoth – Ogendo, H. W. O. (1991) *Tenants of the Crown: Evolution of Agrarian Law and Institutions in Kenya*, Nairobi, ACTS Press.

Okoth – Ogendo, H. W. O. and Tumushabe, G. W (eds) (1999) *Governing the Environment: Political Change and Natural Resources Management in Eastern and Southern Africa*, Nairobi, ACTS Press.

Onkalo, P. J. and Sulaiman, M. S. (2011) 'Zanzibar: Sustaining the Environment at the Confluence of Cultures', FIG Working Week, Bridging the Gap between Cultures, Marrakech, Morocco, 18 – 22 May.

Oxfam (2010) *Report on the Regional Land Grabbing Workshop*, Nairobi, 10—11 June.

Paice, E. (2007) *Tip and Run: The Untold Tragedy of the Great War in Africa*, London, Phoenix.

Palmer, R. (1999) 'The Tanzanian Land Acts, 1999: An Analysis of the Analyses', http://www.oxfam.org.uk/landrights, Oxford, Oxfam.

Parnell, S. and Pieterse, E. (2010) 'The Right to the City: Institutional Imperatives of a Developmental State', 34 *International Journal of Urban and Regional Research*, 146 – 162.

Parsons, T. H. (2010) *The Rule of Empires: Those Who Built Them, Those Who Endured Them and Why They Always Fall*, Oxford, Oxford University Press.

Pavoni, A. (2010) 'Looking for Spatial Justice', *Critical Legal Thinking*, http: // criticallegalthinking. com/2010/12/01/looking – for – spatial – justice/.

Payne, G. (ed) (2002) *Land, Rights and Innovation: Improving Tenure Security for the Urban Poor*, London, ITDG Publishing.

Pearce, F. (2012) *The Landgrabbers: The New Fight over Who Owns the Planet*, London, Transworld Publishers.

Pedersen, R. (2010) *Tanzania's Land Law Reform: the Implementation Challenge*, DIIS Working Paper 10 Copenhagen, Danish Institute of International Studies.

Pienaar, J. M. (2010) 'Lessons from the Cape; Beyond South Africa's Transformation Act', in Godden, L. and Tehan. M. (eds) *Comparative Perspectives on Communal Land and Individual Ownership*, Abingdon, Routledge, 186—212.

Pieterse, E. A. (2008) *City Futures*, London, Zed Books.

Platteau, J. – P. (1992) *Land reform and structural adjustment in Africa: controversies and guidelines*, Rome, FAO Economic and Social Development Paper 107.

Polgreen, L. (2012) 'Blacks See Divides in a Rainbow City', *New York Times*, 1 April.

Poore, B. (2009) 'Somaliland: Shackled to a Failed State', *Stanford Journal of International Law*, 117—150.

Pottier, J. (2002) *Re – Imagining Rwanda: Conflict, Survival and Disinformation in the Late Twentieth Century*, Cambridge, Cambridge University Press.

Pottier, J. (2006) 'Land Reform for Peace? Rwanda's 2005 Land Law in Context', 6 *Journal of Agrarian Change*, 509 – 537.

Prunier, G. (1995) *The Rwanda Crisis: History of a Genocide*, Kampala, Fountain Press.

Rabenhorst, C. S. and Butler, S. B. (2007) *Tanzania: Action Plan for Developing the Mortgage Finance Market and Report on Legal and Regulatory Issues in the Mortgage Market in Tanzania*, Washington D. C., Urban Institute.

Rawls, J. (2001) *Justice as Fairness: A Restatement*, edited by Kelly, E., Cambridge, MA, Harvard University Press.

Razavi, S. (ed.) (2003) *Agrarian Change. Gender and Land Rights*, Oxford, Blackwell Publishing.

Republic of Kenya Minisrry of Lands (2009) *Sessional Paper No. 3 of 2009 on National Land Policy*, Nairobi, Government Printer.

Republic of Kenya Ministry of Lands (2012) Community Land Rights Recognition Model,

Nairobi.

Republic of Kenya Ministry of Lands (2012) Community Land Rights Recognition Model Launching, http://www.savelamu.org/community-lands, 19 September.

Reyntjens, F. (2011) 'Rwanda, Ten Years on: From Genocide to Dictatorship', 110 *African Affairs*, 1-34.

Robinson, J. (1990) '"A Perfect System of Control"? State Power and "Native Locations" in South Africa', 8 *Environment and Planning D: Society and Space*, 135-162.

Rose, L. L. (2004) 'Women's Land Access in Post-Conflict Rwanda: Bridging the Gap Between Customary Land Law and Pending Land Legislation', 13 *Texas Journal of Women and the Law*, 197-250.

Roughton, G. E. (2007) 'Comprehensive Land Reform as a Vehicle for Change: An Analysis of the Operation and Implications of the Tanzanian Land Acts of 1999 and 2004', 45 *Columbia Journal of Transnational Law*, 551—585.

Rowat, M., Malik, W. H. and Dakolias, M. (1995) *Judicial Reform in Latin America and the Caribbean*, Technical Paper 280, Washington D. C., World Bank.

Rwanda Ministry of Lands, Environment, Forests, Water and Mines (2005) *National Land Policy < (draft)*, Kigale.

Rwegasira, A. (2012) *Land as Human Right: A History of Land Law and Practice in Tanzania*, Dar es Salaam, Mkuki Na Nyota.

Sachs, A. and Welch, G. H. (1990) *Liberating the Law: Creating Popular Justice in Mozambique*, London, Zed Books.

Sagashya, D. and English, C. (2009) *Designing and Establishing a Land Administration System for Rwanda: Technical and Economic Analysis*, Kigale.

Sait, S. and Lim, H. (2006) *Land. Law and Islam*, London, Zed Books.

Schreiberg, S. L. and Levy, H. A. (1993) 'The Uniform State Law Movement in the United States as a Model for the Development of Land Privatization Legislation in the Newly Independent States' (unpublished manuscript) quoted in Burke, D. W. (1995) 'Argument for the Allocation of Resources ro the Development of a Well-Defined System of Real Property Law in the Czech Republic', 29 *Vanderbilt Journal of Transnational Law*, 661—690.

Schwartz, J. (2008) 'What Should be Done to Enhance Security in Uganda and Further Development? The Land (Amendment) Bill 2007, its Shortcomings and Alternative Policy Suggestions', http: //library. fes. de/pdf - files/bueros/uganda/05914pdf.

Scoones, I. , Marongwe, N. , Mavedzenge, B. , Mahenehene, J. , Murimbarimba, F. and Sukume, C. (2010) *Zimbabwe's Land Reform*; *Myths and Reality*, Woodbridge, James Currey.

Scort, J. C. (1998) *Seeing like a State*: *How Certain Schemes to Improve the Human Condition have Failed*, New Haven, Yale University Press.

Sen, A. (2009) *The Idea of justice*, London, Allen Lane.

Shivji, I. G. (1998) *Not yet democracy*: *reforming land tenure in Tanzania*, Dar es Salaam, IIED/Hakiardhi.

Shivji, I. G (1999) 'The Land Acts 1999: A Cause for Celebration or a Celebration of a Cause?', Keynote Address to the Workshop on Land, held at Morogoro, 19—20 February.

Smith, S. (2011) 'Rwanda in Six Scenes', *London Review of Books*, 17 March, 3 – 8.

Soja, E. W (2008) 'The City and Spatial Justice', paper at a conference on Spatial Justice, Nanterre, Seprember.

Soja, E. W. (2010) *Seeking Spatial Justice*, Minneapolis, University of Minnesota Press.

Sundet, G. (2005) 'The 1999 Land Act and Village Land Act: A technical analysis of the practical implications of the Acts', http: //www. fao. org/fileadmin/... /1999_ land_ act and village_land_act. rtf.

Swantz, M. – L. (1996) "Village Development: On Whose Conditions?', in Swantz, M. L. and Tripp, A. M. , *What Went Right in Tanzania*: *Peoples Responses to Directed Development*, Dar es Salaam, Dar es Salaam University Press.

Swynnerton, RJ. M. (1954) *A Plan to Intensify the Development of African Agriculture in Kenya*, Nairobi, Colony and Protectorate of Kenya.

Tanner, C. (2002) *Law – Making in an African Context*: *The 1991 Mozambican Land Law*, FAO Legal Papers Online No. 26, Rome, FAO.

Thompson, G. (2003) *Governing Uganda*: *British Colonial Rule and its Legacy*, Kampala, Fountain Press.

Thornton White, L. W. , Silberman, L. and Anderson, P. R. (1948) *Nairobi*: *Master Plan for a Colonial Capital*, A Report prepared of the Municipal Council of Nairobi, London, HMSO.

Tibaijuka, A. (2004) opening address, IIED/NRI/RAS Conference on Land in Africa:

Market Asset or Secure Livelihood? London.

Torhonen, M. (1998) *A thousand and one nights of land tenure: The past, present and future of land tenure in Zanzibar*, London, Royal Institute of Chartered Surveyors.

Toulmin, C. and Quan, J. (eds) (2000) *Evolving Land Rights, Policy and Tenure in Africa.*

Tripp, A. M. (1997) *Changing the Rules: The Politics of Liberalization and the Urban Informal Economy in Tanzania*, Berkeley, University of California Press.

Tripp, A. M. (2004) 'Women's Movements, Customary Law, and Land Rights in Africa: The Case of Uganda', 7*African Studies Quarterly*, 1 – 19.

Tsikata, D. (2003) 'Securing Women's Interests within Land Tenute Reforms: Recent Debates in Tanzania', in Razavi, S. (ed) *Agrarian Change, Gender and Land Rights*, an UNRISD publication, Oxford, Blackwell Publishing Co.

UN – Habitat (1996) *Habitat Agenda*, Nairobi, UN – Habitat.

UN Office for Humanitarian Affairs (2002) 'Tanzania: land reform needed for agricultural investment', http.//www.irinnews.org./report.asp? Report ID = 28923.

United Republic of Tanzania (1995) *National Land Policy*, Dar es Salaam.

United Republic of Tanzania Programme Management Unit (2008) The Property and Business Formalization Programme Reform Proposals Vol. III: Property Formalization Reform Outlines and Packages for Zanzibar, Zanzibar.

USAID (2009) *Kenya hand Policy: Analysis and Recommendations*, Nairobi.

USAID (2012) Legal Review of the Draft Legislation Enabling Recognition of Community Land Rights in Kenya, Kenya Secure Project, Nairobi.

USAID Country Profile (2011) *Property Rights and Resource Governance Mozambique*, Washington D. C. , USAID.

USAID Land Tenure and Property Rights Portal (2012) 'Kenya Government Endorses New Method for Recognizing Community Land Rights Through its Kenya SECURE Project', USAID, http://www.usaid.gov/info_technology/xweb/contracts.html.

van der Walt, A. J. (2009) *Property at the Margins*, Oxford, Hart Publishing.

Van Erp, S. (2002) 'A Comparative Analysis of Mortgage Law', in Jordan, M. E. S. and Gambaro, A. (eds) *Land Law in Comparative Perspective*, The Hague, Kluwer Law International, 69—86.

Van Zyl, J. , Kirsten, J. and Binswanger, H. (1996) *Agricultural Land Reform in South Africa: Policies, Markets and Mechanisms*, Cape Town, Oxford University Press.

Wachira, G. M. (2011) *Vindicating Indigenous Peoples' Rights in Kenya*, LLD thesis, Faculty of Law, University of Pretoria.

Wanjala, S. C. (ed.) (2000) *Essays on Land Law: The Reform Debate in Kenya*, Nairobi, Faculty of Law, University of Nairobi.

Wanyeki, L. M. (ed.) (2003) *Women and Land in Africa: Culture, Religion and Realizing Women's Rights*, London, Zed Books.

Watson, V. (2002) 'The Usefulness of Normative Planning Theories in the Context of Sub-Saharan Africa', 1*Planning Theory*, 27 – 52.

Watson, V. (2009) 'The planned city sweeps the poor away … Urban planning and 21st century urbanisation', 72*Progress in Planning* 151—193.

Wegelin, E. (1994) 'Everything you always wanted to know about the urban management programme (but were afraid to ask)', 18*Habitat International*, 127 – 137.

Werlin, H. H. (1974) *Governing an African City, a case study of Nairobi*, London, Holmes and Meier.

West, H. W. (1970) *Land Policy in Buganda*, Cambridge, Cambridge University Press.

Widner, J. A. (2001) *Building the Rule of Law: Francis Nyalali and the Road to Judicial Independence in Africa*, New York, WW. Norton & Co.

Williams, R. C. (2010) 'The African Commission "Endorois Case" — Toward a Global Doctrine of Customary Tenure?' Terra Nullius website posted on 17 February 2011.

World Bank (1961) *The Economic Development of Tanganyika*, Washington D. C., World Bank.

World Bank (1962) *The Economic Development of Uganda*, Washington D. C., World Bank.

World Bank (1975) *Land Reform Policy Paper*, Washington D. C., World Bank.

World Bank (1991) *Urban Policy and Economic Development: An Agenda for the 1990s*, Washington D. C., World Bank.

World Bank Doing Business (2012) *Doing Business in a More Transparent World*, Washington D. C., IFC, World Bank.

Zoomers, A. (2010) 'Globalisation and the foreignisation of space; seven processes driving the current global land grab', 37*The Journal of Peasant Studies*, 429 – 447.